熊野古道

みちくさひとりある記

細谷昌子

新評論

まえがき

「今度は、熊野《くまの》古道《こどう》を歩いてみませんか？」

四国八十八か所を六九日間かけて歩いてから四年の歳月が流れ、またぞろ一人旅の〝歩きたい虫〟が騒ぎ始めていた私を見透かすように、編集者のTさんが提案した。一九九九年、「ジャパン・エキスポ南紀熊野体験博」が大々的に開催されていたころのことである。

「熊野古道」は、初めて聞く名称だった。それは紀伊半島の南端にある熊野三山《さんざん》（熊野本《ほん》宮《ぐう》大社、熊野速玉《はやたま》大社、熊野那智《なち》大社）[1]への参詣道《さんけいみち》だが、もしこのときにもう少し予備知識があったら、容易ならぬことを察知して辞退していたかもしれないし、少なくとも即答は避けたにちがいない。紀伊半島は北部の、それもほんの一部しか行ったことがない。南紀熊野にはかねがね言い知れぬ魅力を覚えていたが、それはテレビや映画のなかで見るスターに憧れるようなもので、私の日常には無縁の世界だった。しかし、日常的でないものに魅きつけられるのが人の性《さが》だろうか、深い緑と静寂、何より「熊野古道」という言葉の響きがいい……。見知らぬ世界に、イメージばかりが際限なく膨らんでいった。

とはいえ、多くの人出が予想され、宿の確保も難しくなりそうなこうしたイベントの時期に訪ねる気にはなれなかった。できれば、普段の姿のままの熊野古道を歩きたい。イベントが終わればいつもの静かな古道に戻るだろうと思って、つい答えてしまった。

「来年、行ってみます！」

1．熊野本宮大社、熊野速玉大社、熊野那智大社：以前、熊野本宮大社は「熊野坐《くまのにます》神社」「熊野本宮」、熊野速玉大社は「熊野速玉神社」「熊野新宮」、熊野那智大社は「熊野夫須美神社」「熊野那智神社」などと称したが、1950年にそれぞれ現在の名称に改めた。

思い返せば、このときTさんの企画に軽々しく乗ってしまったのが〝運の尽き〟だった。おそらくTさんも「人選を誤った」と、あとで悔やんだにちがいない。

ミレニアムの二〇〇〇年から翌年にかけて、私は熊野の深みにはまり、溺れ続け、いまだに脱出できずにいる。この間、「熊野古道」という、いささか神秘的な言葉の響きに共鳴し、緑深い道をそぞろ歩くことだけを思い描いてこの企画に飛びついてしまった軽薄なおのれを何度悔やんだことだろう。「熊野」は、さまざまな意味で生易しい相手ではなかった。

「徒歩《かち》より参れば道遠し　勝《すぐ》れて山峻《きび》し　馬《むま》にて参れば苦行ならず」（後白河法皇撰『梁《りょう》塵秘抄《じんひしょう》』）と嘆じつつも、いにしえの人々が馬（乗り物）を排して歩き続けた熊野詣《くまのもうで》のルートは、いくつかある。

大阪から紀伊半島の西側を南下して田辺から東の山中に入る「紀伊路～中辺路《なかへち》」（総行程約三〇〇キロ）と、紀伊半島東側（三重県）の伊勢神宮から熊野三山へ向かう「伊勢路」（約一八〇キロ）が代表的だが、ほかに田辺から海沿いに回る「大辺路《おおへち》」（約九二キロ）、高野山からの「小辺路《こへち》」（約七〇キロ）、奈良の吉野から二〇〇〇メートル級の峰々を越えて熊野へ至る「大峯奥駈道《おおみねおくがけどう》」（約二八〇キロ）などもある。これらのルートのなかから、Tさんは、紀伊路から中辺路に入るもっともオーソドックスな道をすすめた。

小辺路と修験《しゅげん》者が行く大峯奥駈道は、険しいうえに道が荒れて迷いやすい所もあり、一人旅では困難が多すぎる。江戸時代に庶民が詣でた伊勢路も捨てがたい魅力があるが、まずは〝本来〟の熊野古道をたどり、伊勢路は次回の楽しみとするように、とアドバイス

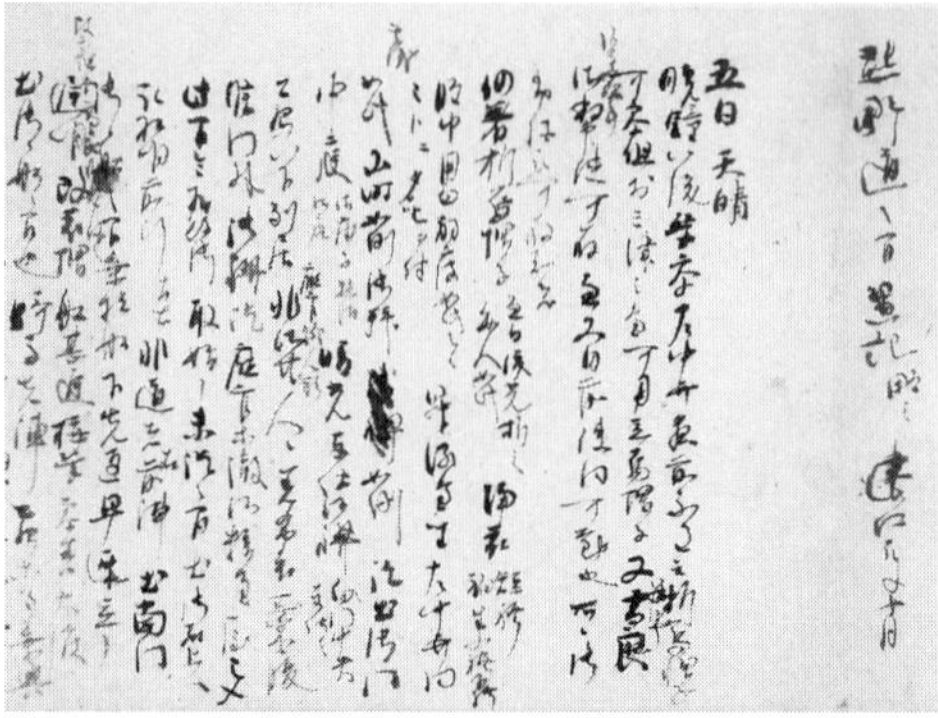

国宝「熊野道之間愚記（御幸記）」（財団法人三井文庫所蔵）

してくださった。そして、この紀伊路～中辺路ルートは、歴代の上皇《じょうこう》が歩き、歌人藤原定家（一一六二～一二四一）が後鳥羽《ごとば》上皇（一一八〇～一二三九）に随行してたどった中世の道で、定家が一九歳から終生書き続けた日記『明月記《めいげつき》』[2]に見ることができる。そのなかで熊野詣の部分を採録したものが「後鳥羽院熊野御幸記」、あるいは単に「御幸記《ごこうき》」[3]と呼ばれているものであるが、古道歩きに先立って、「最低、『御幸記』には目を通しておく必要があるでしょう」と、おもむろに付け加えた。

　そこで、図書館で『明月記』あるいは『御幸記』を探してもらったが漢文体か訓読本の『明月記』しかなく、[4]現代語訳は出版されていないとのこと。浮かれ気分も色鮮やかなイメージも一瞬のうちに吹き飛んで、私は半泣きになった。かろうじて「藤原定家」の名前だけは知っているものの、古文や和歌に私は無知蒙昧である。

　熊野も遠いが、定家も遠い。もとより定家が記したままの漢文体などに私の歯が立つはずはなく、訓読本を借り出して、堀田善衛の『定家明月記私抄』や西口勇著『くまの九十九王子をゆく』などを参考にしながら、「御幸記」の項を苦心惨憺、何度も繰り返し読むところから私の熊野への旅が始まった。そして、二〇〇〇年五月一日、私は「御幸記」と、詳細地図を掲載した山と渓谷社のガイドブック『熊野古道を歩く』を手に、熊野古道の出発点である大阪の天満橋へ向かった。

2．『明月記』：現存するのは1180（治承４）年２月５日から1235（嘉禎元）年12月30日までだが、欠けている期間もある。定家が書かなかったのか、失われたのかは不明。

3．「御幸記」：定家は「熊野道之間愚記」（三井文庫蔵）と題している。

4．漢文体では『明月記』（全３巻／国書刊行会、1911年）を、訓読本では『訓読明月記』（全６巻・今川文雄訳／河出書房新社、1977年）を参考にした。本書では、この『訓読明月記』の建仁元年10月５日から26日を「御幸記」として掲載・引用している。

もくじ

紀伊路編

中辺路編

熊野三山編

終章

■熊野人物年表（七〜一三世紀）

500　600　700

・仏教公伝（538）
・四天王寺造営（593）
・十七条憲法制定（604）
・小野妹子を隋に派遣（607）
・第一回遣唐使派遣（630）
・難波豊碕宮に遷都（645）
・大化改新の詔（646）
・海会寺建立（650?）
・有間皇子、藤白坂で処刑（658）
・飛鳥浄御原令施行（689）
・道成寺建立（701）
・「古事記」成る（712）
・「日本書紀」成る（720）

聖徳太子（574〜622）
皇極／斉明天皇（594〜661）
孝徳天皇（594〜654）
有間皇子（640〜658）
天智天皇（614〜671）
天武天皇（623?〜686）
持統天皇（645〜702）
文武天皇（683〜707）
（679?〜754）
（701〜756）
中臣（藤原）鎌足（614〜669）
藤原不比等（659〜720）
役小角（634?〜701?）
（668〜749）

※（　）内は、生没年（西暦）

・難波宮に遷都（744）
・平城京に遷都（745）
・東大寺大仏開眼（752）
・紀三井寺創建（770）
・平安京に遷都（794）

800

・快慶、初代熊野別当に（812）
・空海、高野山を開く（816）
・慶龍上人、初の補陀洛渡海（868）

900

・宇多院、上皇初の熊野御幸（907）

宇多院（867〜931）

藤原宮子

聖武天皇

桓武天皇（737〜806）

嵯峨天皇（786〜842）

菅原道真（845〜903）

安倍晴明（921〜1005）

行基

最澄（767〜822）

空海（774〜835）

1000		1100	

- 花山院、熊野御幸（992）
- 平等院鳳凰堂造営（1053）
- 白河院、鳥羽殿を造営し、院政を始める（1086）
- 熊野三山に検校を置く（1090）
- 「中右記」の宗忠熊野へ（1109）
- 白河・鳥羽・待賢門院熊野御幸（1125）
- 保元の乱（1156）
- 清盛、熊野に参詣。平治の乱（1159）
- 文覚、熊野で荒行（1161）

熊野詣時代

花山院（968〜1008）
白河院（1053〜1129）
待賢門院（1101〜1145）
鳥羽院（1103〜1156）
崇徳院（1119〜1164）
後白河院（1127〜1192）

藤原道長（966〜1027）
藤原頼通（990〜1074）
平清盛（1118〜1181）
源頼朝（1147〜1199）
源義経（1159〜1189）
弁慶（?〜1189）
湛増（1130〜?）
藤原秀衡（?〜1187）

安倍晴明（続き）
西行（1118〜1190）
法然（1133〜1212）
文覚（?〜?）
覚鑁（1095〜1143）

清少納言（966?〜?）
紫式部（978?〜1014?）
和泉式部（?〜?）
藤原宗忠（1062〜1141）
藤原俊成（1114〜1204）

1300	1200

- 熊野水軍、義経軍に荷担（1185）
- 平家滅亡（1185）
- 頼朝、征夷大将軍に（1192）
- 水無瀬殿造営（1200）
- 「御幸記」定家、熊野へ（1201）
- 北条政子、熊野参詣（1203）
- 法然、土佐に流さる（1207）
- 実朝暗殺（1219）
- 承久の乱（1221）
- 施無畏寺建立（1231）
- 後嵯峨院、熊野御幸（1250）
- 文永の役（1274）
- 一遍、熊野に参詣。時宗を開く（1275）
- 弘安の役（1281）
- 亀山院、上皇最後の熊野御幸（1281）
- 鎌倉幕府滅亡（1333）
- 建武の中興（1334）
- 後醍醐天皇、吉野に南朝を開く（1336）
- 足利尊氏、征夷大将軍に（1338）
- 中将姫寺開山堂建立（1351）

上皇の

後鳥羽院（1180～1239）
土御門天皇（1195～1231）
順徳天皇（1197～1242）
後嵯峨院（1220～1272）
亀山院（1249～1305）
後醍醐天皇（1288～1339）
大塔宮（1308～1335）
足利尊氏（1305～1358）
足利義満（1358～1408）
源実朝（1192～1219）
北条政子（1157～1225）
北条義時（1163～1224）
北条泰時（1183～1242）
法燈国師（1207～1298）
一遍（1239～1289）
明恵（1173～1232）
藤原家隆（1158～1237）
藤原定家（1162～1241）

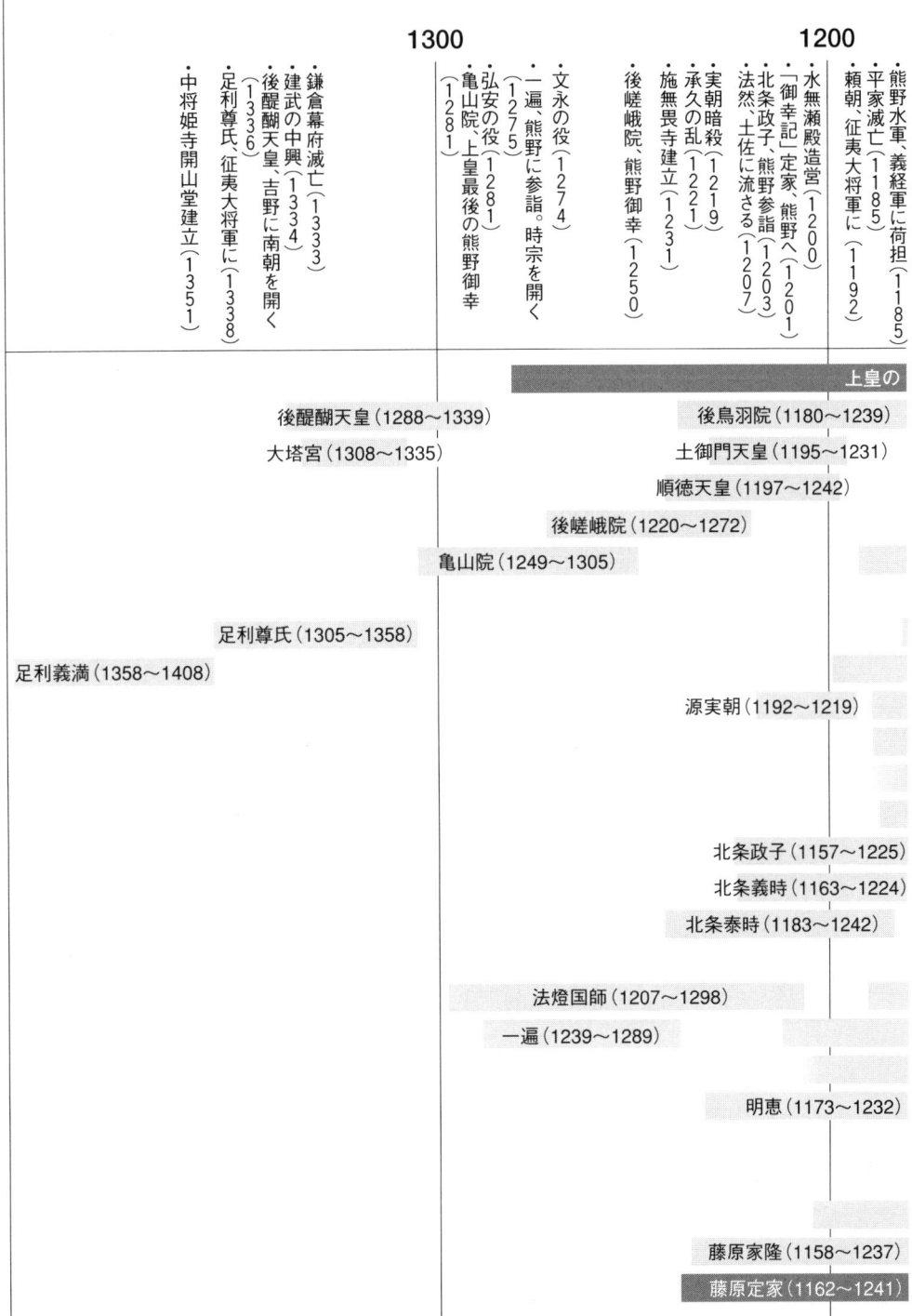

那智参詣曼荼羅（熊野那智大社蔵）

「熊野古道」みちくさひとりある記

京都編

再現された熊野詣姿の「上皇」と「女院」（写真提供：城南宮）

はるかなる熊野

紀伊半島の南端にある熊野は、思いのほか遠い。

熊野本宮大社、熊野速玉大社、熊野那智大社の三社で成り立つ「熊野三山」へのアクセスポイントになる和歌山県の新宮《しんぐう》までは、新大阪から特急「くろしお」で約四時間。飛行機を別にすれば、東京からは名古屋で紀勢本線の特急「ワイドビュー南紀」に乗り換えて、三重県側を南下する最短コースでも五時間以上かかる。これは最速新幹線の「のぞみ」で九州の博多まで、あるいは東北新幹線の盛岡[1]乗り継ぎで青森までの時間に等しい。また、同じ時刻に東京駅を出発しても、岡山駅乗り換えで四国の高松に着くほうが早い。ハイウェイバスでも同じで、新宮より徳島や高松のほうが時間がかからないのだ。

博多や青森は、すでに「遠い」というイメージができているから、「五時間」と聞いてもかえって「近い」感じがする。しかし、紀伊半島の北部には奈良、京都、大阪といったなじみの都市がひかえているため、それに隣接する和歌山県に対しても「遠い」という観念がどうしても薄くなる。紀伊半島は日本最大の半島で、和歌山県は南北に長く、熊野はその南端にあるのだから遠くて当たり前なのだけれど、旅立ちをひかえて時刻表を調べたとき、紀伊半島の大きさと南紀熊野の遠さに思わずため息をついてしまった。

地理的に遠い熊野は、私の想念のなかでも遠い。

熊野については、知らないこと、わからないことだらけだが、ことに「熊野信仰」は、

1．東北新幹線は、2002年12月に八戸まで延長された。それにより、青森までは４時間余り、函館までは６時間余りで行けるようになった。

知ろうとすればするほどわからなくなる。たとえば、「那智参詣曼荼羅《まんだら》図」である。

いま私は、熊野古道の起点・大阪へ向かう新幹線の車中にいる。そして、熊野古道解説書のカラーグラビアページに掲載されたその「那智参詣曼荼羅図」に見入っている。室町時代、熊野比丘尼《びくに》や念仏《ねんぶつ》聖《ひじり》が熊野信仰を広めるために携えて、全国を布教して歩いたという絵図である（一二ページ参照）。

那智大社の風景と、そこに詣でる人々を鮮やかな色彩で細かに描いたその絵図のなかでひときわ目をひくのは、補陀洛渡海《ふだらくとかい》の小船だ。補陀洛とは海の彼方にあるという観世音菩薩の浄土だが、その小さな帆船は、「渡海上人」と呼ばれた観世音菩薩をあつく信仰する僧侶を乗せて外からしっかりと釘打ちされ、那智浜沖まで見送りの船に曳航された後、綱を断たれて補陀洛浄土へ漂っていくのだという。しかも、渡海船で〝浄土〟へ向かったのは一人や二人ではない。なかには途中で恐ろしくなり、船から脱出する僧もあったが、そうした者は連れ戻され、さらに厳重に船に閉じ込められて再び海へ送り出されたという。

渡海船に乗り込むということは、「生」を捨てて「死出の旅」につくことを意味している。通常、死は忌み嫌われるものだし、信仰とは生きるよすがを与えてくれるものではないかと思うのだが、中世・近世の庶民たちは、熊野比丘尼が解説するこの曼荼羅図を見て何を思い、どう考えたのであろうか。熊野に混沌と渦巻いた「生」と「死」は、現代人の常識的感覚からはとうてい計り知ることができない。

また、平安・鎌倉の院政時代、上皇や貴族たちは憑かれたように熊野《くまの》詣《もうで》を重ねた（曼荼羅図には、社殿の前に座る上皇と貴族も描かれている）。白河院八回、鳥羽院二一回、後白河院三三回、後鳥羽院三二回……。(2) 近世には、庶民もまた「蟻《あり》の熊野詣」と称されるほどに続々と熊野へ向かった。旅の手段は自らの足に頼るほかなかった時代に、時間をかけ、危険を冒して、なぜ人々はそれほどまでに遠い熊野に思いを馳せたのか。

熊野は、古代より「聖地」「霊地」とされ、そこにまします神は「熊野権現」と崇められた。神道、仏教の隔たりを超え、性別も身分職業の貴賤もなく、あらゆる人々を受け入れた熊野の神は、熊野詣が一世を風靡した近世や中世を逆上るはるか昔から、日本人の心に、それもかなり深いところでずっとかかわってきたらしい。にもかかわらず、いつのころからか沈黙のとばりを下ろし、霧の彼方に遠のいてしまったかのように思われる。

熊野詣の道は巡礼の道である。やはり、長い信仰の歴史をもつ四国八十八か所の遍路道(3)は今日でも大勢のお遍路さん（巡礼）が歩いているが、修験者の道場大峯奥駈道は別として、熊野古道を行く巡礼の話はあまり聞こえてこない。

熊野とは、熊野三山とは、いったいどんな所なのか。熊野古道はどんな道なのか。そしてそれは、私に何を語りかけてくれるのか。「那智参詣曼荼羅図」を眺めながら、渡海上人たちが船出していった那智の海を、巡礼たちが歩き続けた熊野詣のはるかな道を想う。

現代に生きる私に熊野は遠い。あまりにも遠い。その遠い遠い熊野へ、いま私は向かっている。

2．各上皇の熊野詣の回数は、本書においては『コンサイス人名辞典』（三省堂）の記述に従ったが、資料により多少異なる。
3．四国にある弘法大師の霊場で、「札所」と呼ばれる88か所の寺をめぐるための道。徳島県の１番札所の霊山寺から香川県の88番札所の大窪寺まで、時計回りに四国をほぼ海沿いに１周するように続いている。

古道の起点

二〇〇〇年五月一日、新大阪駅から地下鉄を乗り継いで谷町線の天満橋《てんまばし》で降りた。熊野詣に向かう人々がまず最初に参詣し、御祓いを受けて出発したという「窪津王子《くぼつおうじ》」(4)を探すためである。

熊野三山の入り口になることから「口熊野《くちくまの》」と呼ばれていた田辺市へは、ほぼ海沿いに鉄道や車の幹線道路が走っているが、その陰に隠れるようにして、ときには峠へ、また宿場町から海辺へと旅人をいざなった古い巡礼道（熊野古道）がひっそりと熊野に向かって続いている。その道沿いには「王子社」があって、室町時代には「九十九王子」と呼ばれるほど数多くの王子社が設けられていたという。

「王子」とは、熊野三山から金剛童子などを勧請《かんじょう》して祀った末社のことで、人々はそこで参拝と休憩を繰り返しながら熊野への旅を続けた。何々王子という王子名には、たいていその土地の名が冠されている。

当時、熊野詣をはじめとして京《みやこ》から大坂方面へ向かう人々は、山崎や鳥羽の川湊から、古くは「窪津」、江戸時代には「八軒家《はちけんや》」と呼ばれた淀川沿いの船着場まで船で下ることを常としていたようだ。京から大坂までの四〇数キロを船は半日で下ったというから、陸路を行くより楽で安全で早かったにちがいない。「御幸記」の一行も、淀川を下って窪津で船を降りた。そして、まず船着場近くにあったという窪津王子を拝し、その後、道中の

4．「王子」の語は「童子」「御子神」の意味で、熊野の本社の御子神信仰に、仏説の王子（童子）の宗教観念が習合されたものと推測されている（熊野路編さん委員会編『熊野中辺路―歴史と風土―』熊野中辺路刊行会発行、1994年）。

王子を参詣しながら熊野三山へと向かっている。

だが現在は、道中ほぼ二キロごとに設けられていたというそのほとんどの王子社が消えて、跡を示す石碑が残されているにすぎないらしい。熊野古道はこの王子社が目印であり、それを探すことが旅の必要条件になるわけだが、私には大阪や和歌山の地理がさっぱりわからない。

四国路を歩いたときは、地理に不案内でも八十八か所の寺は有名だから迷うことはほとんどなかったが、熊野古道の王子跡を、はたして地元の人は知っていてくれるだろうか。もし、知らなかったとしたら、ガイドブックと方位磁石だけで所在のはっきりしない王子跡を探し出すことができるだろうか。見知らぬ大阪に降り立って、早くも〝脳内パニック〟の影がチラつき始めている。

天満橋駅で降りると、地下鉄の出入口のある松坂屋デパートの向かい側の、永田屋昆布店の店先に「八軒家船着場跡」の石碑が立てられていた。川べりにあるのかと想像していたが、前は賑やかな土佐堀通り、あたりはビルが林立するオフィス街で、やや拍子抜けした思いにとらわれる。では、熊野詣の人たちがここで船を上がったとして、窪津王子はどこなのか。王子が祀られていたという「坐《ざ》摩《ま》神社《じんじゃ》行宮《あんぐう》」を永田屋さんで尋ねると、おかみさんらしい人がわざわざ店の外に出て、「二つ目の信号を渡らずに、左へ曲がった所です」と、西の方向を手で示しながら教えてくださった。

土佐堀通りの彼方から傾きかけた午後の日差しがまっすぐに射し込んで、信号機がよく見えないほどまぶしい。このとき、おかみさんは店のすぐそばの信号は数に入れず、私は

「熊野かいどう」の石碑

そこから数えてしまったことでさっそく〝パニック〟に陥るのだが……。

教えられたとおりに進むと、私が数えた信号二つ目の角に「熊野かいどう」と刻んだ銅板をはめ込んだ大きな石碑があった。一九九〇年に大阪市が設置したもので、説明と略地図も刻まれ、不案内な私の目には何より心強い存在として映った。ここが古道の入り口で、この道が熊野へと続いているのだ。

その道は緩やかな上り坂で、両側の歩道に大きな楓《かえで》の街路樹が四～五メートル間隔に植えられた、落ち着いた雰囲気の通りだった。が、しばらく歩いても目ざす坐摩神社行宮はない。曲がり角ごとに路地の奥まで注意して目をやったが、それらしき建物が見あたらない。もう、陽が落ちかかってあたりは暗くなりかけている。初めからこれでは先が案じられる……。

この日は諦めることにして、勤め帰りらしい人たちの流れにのって天満橋駅へ向かって歩いてゆくと松坂屋デパートの裏手に出て、眼前に堂々たる川が現れた。夕暮れの川面が太陽を照り返して、川沿いのビルの窓という窓を赤々と染めている。川に架かる橋は「天満橋」、川は淀川の支流「大川」。これだ！　これが「御幸記」一行の船が下ってきた川にちがいない。建物に隠れてわからなかったが、たしかにこのあたりは船着場だったのだ。当時は広い河原があって、永田屋昆布店の付近からも川の流れが見渡せたのだろう。そこにはきっと、八軒の船宿が並んでいたのだろう。夕暮れの川を下ってきた旅人たちは、岸辺に灯る八つの明かりを目にして、ほっとしながら下船の準備にかかったことだろう……。

大川に出合って、初めて自分が「熊野古道」の出発点に立っていることが実感された。

大川と天満橋

後鳥羽院と定家、熊野詣に向かう

一二〇一（建仁元）年一〇月五日の早朝、後鳥羽院一行は鳥羽殿《とばどの》を出て、船で窪津へ向かった。このとき、後鳥羽院は四度目の熊野御幸で、御年二二歳。三年前に譲位して上皇に就き、四歳で即位した土御門《つちみかど》天皇の後ろ楯として、この上ない身分を存分に謳歌し始めていた。身体もすこぶる壮健である。

いっぽう定家は初老の四〇歳で、初めての熊野御幸の随行である。身体もそれほど丈夫ではなかったらしく、三七歳ごろから生涯にわたって悩まされる「咳病」が始まっている。今回の熊野御幸での定家の役割は、先駆けと、道中催される歌会を務めることにあったようだ。しかし、熊野詣について、それまで定家はあまり積極的ではなかった。「供人に故障者が多い」などと言って敬遠していたが、今回は一転して、「此の供奉《ぐぶ》、世々の善縁なり。奉公の中、宿運の然らしむ。感涙禁じ難し」と、大喜びしている。定家は、藤原氏の祖道長[5]の血を引く家系の生まれだが、道長の時代から一世紀半も隔たった定家のころには、すでに摂政関白を務めるような位の高い身分ではなくなっていた。父俊成[6]譲りの和歌の才能を武器にして、宮仕えの定家は昇進に必死である。

後鳥羽院は多芸多才の人だ。文武両道に秀で、流鏑馬《やぶさめ》、水練、相撲、琵琶、蹴鞠《けまり》等々を好み、御所や離宮の造営、修築などにもその才を発揮したが、なかでも和歌には格別の関心を寄せた。「御幸記」の熊野詣に向かうその年の七月には、定家を含む一一三人を寄人《よりうど》

5．藤原道長（966～1027）：
右大臣、左大臣、摂政、太政大臣を歴任。宮廷の外戚の縁を謀って、長女彰子・次女妍子・三女威子を入内させ、それぞれ中宮とした。一条天皇の中宮彰子には紫式部が、皇后定子には清少納言が仕えて、文才を競ったことは名高い。道長は関白には就かなかったが、その日記は『御堂関白記』と呼ばれている。

6．藤原俊成（1114～1204）：
平安末期から鎌倉初期の代表的歌人。初め顕広といったが、54歳で俊成（としなり）と改名。通常「しゅんぜい」と読む。1187年、後白河院の命で『千載和歌集』を撰進。1203年、後鳥羽院により和歌所で九十賀を祝われるなど、和歌第一人者の名声を博し、新古今時代を開花させた。歌論書『古来風躰抄』、私家集『長秋詠藻』など。

（職員）に任命して和歌所《わかどころ》を設立している。定家にとって、熊野詣は自己アピールの絶好のチャンスである。おそらく、熊野詣そのものより、道中で催される歌会で、上皇や上級貴族と接触の機会が増えることに魅力を感じたに相違ない。

一〇月五日の出発に先立って、定家らは一日から鳥羽殿内の精進屋《そうじゃ》に入った。精進屋とは、精進潔斎して心身を清める場所（家）だが、そのための合宿所のような特別の施設があったわけではなく、城南寺（現・城南宮）や貴族の宿所などを適宜選んでそれにあてていたようだ。上皇から従者まで、熊野詣に向かう全員が五～七日間、鳥羽殿内でそれぞれ精進屋に籠もるのが習わしだったらしい。

熊野詣に際しては、「穢《けが》れを払う」ことがきわめて重要である。この間は、精進屋内に不浄が及ばないように、軒先に注連縄《しめなわ》を張り巡らし、犬拒《いぬふせぎ》を備え、食器や食材、調理法にも細心の注意が払われる。当事者は髪を洗って浄衣《じょうえ》に着替え、礼拝や読経を繰り返して精進を重ねながら出発の日を待った。おおむね、精進屋入りは申《さる》の刻（午後四時ごろ）、熊野詣の出発は寅の刻（午前四時ごろ）が陰陽師《おんみょうじ》[7]によって選ばれた。この日時は厳格に守られ、当日は雨でも風でも、たとえ病気で熱があっても、「すべてを熊野権現にゆだねて」決行された。

そして、いよいよ出発の朝を迎える。装束にも厳しい決まりがあって、上皇、公卿、殿《でん》上人《じょうびと》から北面《ほくめん》の武士、末端の供人まで、全員が白装束である。上皇は立烏帽子《たてえぼし》に、浄衣、指貫《さしぬき》、手甲《てっこう》、脛巾《はばき》（脚絆《きゃはん》）を着け、襪《しとうず》（くつした）、乱緒《みだれお》（わらじ）を履いて金剛杖を手にした。公卿、殿上人の装束は上皇とほぼ同じだが、上皇の立烏帽子に代えて風折《かざおれ》

7．陰陽師：
「おんようじ」ともいう。古代中国の陰陽五行説に基づき、天文、暦数、卜筮などの技術的知識を有した人。律令制度の下では中務省所管の陰陽寮に職員として所属した。

烏帽子をつける。定家は、御幣使《ごへいし》[8]を務める際には「衣帽を改め」て、立烏帽子をかぶる必要もあった。着替えの帽子や衣装だけでも大変な荷物だったにちがいない。「御幸記」に一行の人数は記されていないが、およそ二〇〇人から三〇〇人ぐらいだったらしい(『くまの九十九王子をゆく』参照)。しかし、元永元(一一一八)年に行われた白河院の熊野御幸の総員は八一四人(『中右記』参照)で、建暦元(一二一一)年の後鳥羽院の御幸はその三倍もの人数だったと推測されている(『吉野・熊野信仰の研究』参照)ほどだから、実際はもっと多かったかもしれない。

また、定家が随行した一二〇一年の御幸には、女院《にょういん》が同行した様子はないが、上皇に同伴もしくは独自で、歴史上数人の女院が熊野詣を行っている。なかでも鳥羽院[9]の中宮で一三回も熊野詣を行った待賢門院《たいけんもんいん》[10]は、山伏が着る篠懸衣《すずかけごろも》に虫垂衣《むしのたれぎぬ》の付いた市女笠《いちめがさ》、金剛杖のいでたちだった(「京都編」扉写真参照)というから、ほかの女院も同じような装束だったと想像される。

「御幸記」では、公卿以下、全員所定の位置につき、上皇が庭に出て床子《しょうじ》(腰掛け)に座して「出立の儀」が行われた。陰陽師の祈祷や御祓いが滞りなく終わり、精進屋を撤収すると、一行は見送りの人々の居並ぶなかを松明に導かれて進み、「南の門」を出て船に乗り込んだ。

城南宮

8．御幣使：神前に供える御幣を、上皇や天皇の使いとして持ってゆく役目の者。御幣とは、白色または金銀五色の紙を段々に切って竹や木の幣串に挟んだもので、不吉なものを祓うとされている。

9．鳥羽院（1103～1156、天皇在位1107～1123）：父の堀河天皇が29歳で崩御すると、祖父・白河院の院政下で５歳で即位。白河院の死後、崇徳、近衛、後白河天皇３代にわたって28年間院政を行う。崇徳上皇との対立は、崩御後まもなく「保元の乱」（本書212ページ参照）を引き起こす原因となった。

10．待賢門院（1101～1145）：鳥羽天皇の皇后で崇徳・後白河両天皇の母。実父は権大納言藤原公実。生後まもなく白河院の養女となる。1117年、入内。翌年皇后となり、1124年、院号宣下。1125年、白河院、鳥羽院に同行し、文献上初の女院による熊野参詣を行う。

出立の地――壮大な鳥羽殿

近鉄京都線、または地下鉄烏丸線の竹田駅から歩いて一五分ほどの所に城南宮《じょうなんぐう》(11)があり、そのすぐそばに鳥羽離宮公園がある。熊野御幸一行が出立していった豪壮華麗な「鳥羽《とば》殿《どの》」は、いまは影も形もないが、かつてこのあたりにあったらしい。鳥羽殿は平安後期の院政の舞台となった所で、邸内には「鴨川に通ずる広大な池があり、船着場が設けられ」ていて、一行はそこから船に乗ったといわれている。

城南宮は、桓武天皇（七三七～八〇六、在位七八一～八〇六）が平安京遷都の際、都の南方を守護する城南明神として祀ったことに始まり、院政時代には、代々の上皇が熊野詣などに向かう際の方除《ほうよ》けや精進所にあてられていた。現在も、方除けの大社として信仰を集めているが、城南宮の神苑には『源氏物語』に出てくる樹木や草花が植えられ、「曲《きょく》水《すい》の宴《うたげ》」など、四季折々に華麗な儀式が催されることでも知られている。「南紀熊野体験博」のときには、記念行事の一環として、一一三四年正月に行われた鳥羽院と待賢門院の熊野御幸を想定した「出立の儀」が再現されたという。

二〇〇一年一一月三日、私は「曲水の宴」の鑑賞を兼ねて城南宮を訪ねた。当日はあいにくの雨で曲水の宴は中止になったものの人出は多く、社務所も忙しいさなかではあったが、文献の考証に基づいて再現した出立の儀の様子などを権禰宜《ごんねぎ》（神官・神職の一つ）の金築《かねつき》芳之さんが説明してくださった。ただ、池や船着場など、鳥羽殿のことに関して

再現された「出立の儀」。先達、上皇、公卿、女院、北面の武士の順に出発（写真提供：城南宮）

11. 城南宮：京都市伏見区中島鳥羽離宮町7
TEL：075-623-0846
神苑拝観時間＝9時～16時30分（入苑16時まで）／有料

は「市の機関が発掘調査していますから、そちらで聞かれたほうが詳しいことがわかるでしょう」と、（財）京都市埋蔵文化財研究所の鳥羽離宮事務所[12]を訪ねることをすすめてくれて地図を書いてくださった。

埋蔵文化財研究所の事務所は、城南宮から歩いて一〇分ほどの安楽寿院[13]境内にある。突然の訪問だったが、長年発掘調査に携わってきた前田義明さんが仕事の手を休めて地図を広げ、「鳥羽殿の遺構」について詳しく説明してくださった。

鳥羽殿[14]は、白河天皇[15]が譲位に先立ち、御所の真南にある鳥羽村に一〇八六年に造営したもので、「鳥羽離宮」とも「城南《せいなん》離宮」とも呼ばれているが、それは想像を絶する広さだった。城南宮も鳥羽離宮公園も、鳥羽殿内のほんの一部でしかなかった。

当時は「まるで遷都のよう」と囁かれたほど大がかりに構築された鳥羽殿だったが、中世からの戦乱で焼失し、当時の華やかな面影を今日に伝えるものはほとんど残されていない。長いこと文献上で知るしかなかった鳥羽殿の遺構が明らかになったのは、一九五〇年代に造られた国道1号と名神高速道路建設に伴う発掘調査がきっかけだった。それによると、鳥羽殿の位置は、竹田駅と交わるように走っている名神高速道路から鳥羽離宮公園の南を走る府道伏見日向線までの南北約一キロ、竹田駅を通る近鉄京都線から桂川までの東西約一・二キロ範囲であったという。

鳥羽離宮公園は、白河院が造った南殿《みなみどの》の跡を史跡公園として保存したもので、城南宮は邸内中心部の馬場殿あたりにあったらしい。実際に、鳥羽離宮公園の南端から北の名神

前田義明さん

12. 京都市埋蔵文化財研究所鳥羽離宮事務所：
京都市伏見区竹田中内畑町74　TEL：075-612-1403
13. 安楽寿院：京都市伏見区竹田中内畑町74
TEL：075-601-4168
14. 鳥羽殿：上皇の院御所で、「離宮」（帝室の別宮として皇居以外の地に定められた宮殿）とは異なり、文献上でも「鳥羽殿」と記されている。ただし、遺跡名は「鳥羽離宮跡」で登録されている。
15. 白河天皇（1053～1129、在位1072～1086）：
後三条天皇の第１皇子。1086年譲位後、堀河、鳥羽、崇徳３天皇の43年間、院政を行って絶大な権力を振るった。院御所の北面を詰所として御幸の供奉や警護にあたる「北面の武士」を創設。また、『後拾遺和歌集』『金葉和歌集』を勅撰する。

高速道路あたりまで歩いてみると、その広さに驚かされる。これはたしかに「屋敷」というより「町」の面積で、当時の人々が遷都と思ったとしても不思議はない。道沿いに立つ大きなオフィスビルが、みんなちっぽけに見えてくる。

鳥羽殿内にはおよそ四つの院御所があり、白河院によって「南殿」と「北殿」が、鳥羽院によって「東殿」と「田中殿」が造営されたようだ。そして、その大規模な邸宅はすべて「御所・御堂・苑池がセットになって」造られていて、これが鳥羽殿の特徴だと前田さんは語る。

御所に付属して御堂《みどう》（阿弥陀堂）や苑池を造ったのは一一世紀後半に流行した末法《まっぽう》思想の浄土信仰（阿弥陀信仰）によるもので、同じ思想で造られたものに宇治の「平等院」[16]がある。平等院は、藤原頼通（九九〇～一〇七四）が父道長から譲られた別荘を一〇五二年に寺に改め、翌年に阿弥陀堂（鳳凰堂）を建立したものだが、鳥羽殿はこの平等院を模して極楽浄土の具現化を図ったと推測されている。

白河院が崩御すると、遺骸は邸内の浄菩提院陵に埋葬され、鳥羽殿は白河院の墓所的なニュアンスを強めてくる。白河院の院政を継いだ鳥羽院は、自らも東殿御堂の安楽寿院に建立した三重塔に葬るように遺言し、そのとおりに実行された。その後、鳥羽殿は後白河院、後鳥羽院、後嵯峨院の院御所となったが、一二二一年の承久の乱（四二ページ参照）以後しだいに荒廃し、鳥羽殿の面積の半分近くを占めていた広大な池も、事実上院政が廃止された室町期にはほぼ埋まって田野と化した。「盛者必衰」とはいうものの、贅のかぎりを尽くして造営した〝極楽浄土〟の鳥羽殿が消えるなど、白河院や鳥羽院に想像するこ

鳥羽離宮公園

16. 平等院：宇治市宇治蓮華116
TEL：0774-21-2861
拝観時間＝８時30分～17時30分／有料
12月～２月は９時～16時30分／
鳳翔館（宝物館）は９時～17時

とができただろうか。

鳥羽殿が構築されてからおよそ九〇〇年後の現在、安楽寿院にひっそりと祀られている鳥羽院念持《ねんじ》の美しい阿弥陀如来座像だけが、往時の夢を伝えている。

「上皇の熊野詣」が盛んになったのは白河院以後のことだが、それ以前にも二人の上皇が熊野に詣でている。最初は九〇七年の宇多法皇《うだ》[17]の御幸で、それから一〇〇年近く経った九九二年から九九四年にかけて、陰謀によって退位を余儀なくされた花山院《かざん》（九六八〜一〇〇八、在位九八四〜九八六）が那智で「一〇〇〇日の山ごもり」の修行をしたと伝えられている。

それからさらに一世紀を経て、一〇九〇年の白河院の熊野詣を契機に、鳥羽院、後白河院[18]、後鳥羽院による盛大な熊野詣の時代を迎えるのだが、その是非はともかく、当時の末法思想とそれを裏づけるような時代背景を思い合わせると、とくに支配階級の人々が抱いたすさまじいまでの危機感、恐怖感がひしひしと伝わってくる思いがする。「末法思想」とは、釈迦の入滅後、一〇〇〇年、二〇〇〇年を経ると正しい仏法が廃れて社会が混乱するという仏教思想で、一〇五二年からその末法の世に入ると考えられていた。そして実際、壮大な鳥羽殿が築かれてから鎌倉幕府に政権が移るまでのおよそ一〇〇年間は、まさに末法を思わせる時代であった。

「この世をば我が世とぞ思う望月の　欠けたることもなしと思えば」という藤原道長の歌に象徴される貴族の支配体制が凋落し、上皇が絶大な権力を握るとともに武士が台頭し、

17. 宇多法皇（867〜931、在位887〜897）：
律令国家の再編成をめざして菅原道真を重用。醍醐天皇に譲位後、899年、仁和寺で落飾（法皇号の始まり）。902年の道真左遷は、法皇を排除して藤原時平により決行された。909年、時平没後は天皇・法皇と藤原忠平による三者共同の政治が行われた。
18. 後白河天皇（1127〜1192、在位1155〜1158）：
鳥羽天皇の第４皇子で、母は待賢門院璋子。近衛天皇没後、鳥羽院・美福門院らに推されて即位。1156年「保元の乱」に勝利。在位３年で譲位し、二条、六条、高倉、安徳、後鳥羽天皇の５代、34年間、院政を行う。諸国の源氏に、巨大な勢力をもった平氏を追討させるなど、権謀術数を用いて王朝権力の確保をはかる。源頼朝は策謀巧みな後白河院を「日本一の大天狗」と評した。音楽的才能豊かで笛や今様を好み、『梁塵秘抄』を撰した。

「平家にあらずんば人にあらず」と豪語した平氏も海の藻屑となって壇ノ浦に滅んだ。京は戦場と化し、武士や僧兵、群盗が闊歩し、疫病や飢饉の死者は数知れず、貴族の館には連日のように火が放たれた――。

藤原定家も後鳥羽院も、そうした「不確かな時代」に生まれ合わせた。定家はひたすらに和歌の道を歩んだが、帝王の血が流れ、豊かな才と壮健に恵まれた後鳥羽院は、絶大な権力を握り続けていたい、王権を取り戻したいという熱い想いを消し去ることができなかったのだろう。その熱血はやがて承久の乱となって燃え上がるが、時代の大河の流れを変えることはできなかった。

承久の乱後、鎌倉幕府によって院政は停止され、後鳥羽、土御門、順徳の三上皇が配流されて、その後しばらくは上皇が熊野に向かうことはなかったが、土御門院の長子である後嵯峨天皇が譲位して、後深草、亀山の二代の天皇のときに院政を行い、この間二度（一説には三度）熊野に詣でている。そして、一世を風靡した上皇の熊野詣は、一二八一年、亀山院の「蒙古降伏祈願」の御幸をもって終わり、武士の政権が確立するとともに末法思想も薄らいでいった。

船着場はどこに

さて、定家らが出発した「船着場」であるが、鴨川を取り込んで船着場が設けられていたという「広大な池」はどこに造られていたのだろうか。

「鳥羽殿内には、そのような池を築いた形跡はないんです」

前田さんから、思いがけない答えが返ってきた。

「たしかに、東殿には南北約一三〇メートル、東西約一二〇メートルの広大な池があり、東寄りの中央部には出島も築かれていました。池の西側には石を積み上げて突堤状にした遺構があって、発見された当初は舟を入れる舟入り遺構と推定されましたが、不都合な点が多く、現段階では建物の基礎地業と考えられています。池は池として掘られたもので、鴨川からは独立していました。調べてみると、御所ごとに池の水位がちがうし、川を引き込んだ形跡もありません」

このあたりは地下水の豊富な地域で、都市化が進み、地下水量の激減した現在でさえ二メートルも掘れば水が出るのだから、当時において池を造るのにはそれほどの困難はなかったはず、と前田さんは推測する。「意のままにならぬは、鴨川の水、双六の賽、山法師」と白河院が天下三不如意の筆頭に挙げた〝暴れ鴨川〟の水を、危険を冒してわざわざ邸内に引き込む必要もなかったというわけだ。

邸内に船着場がなかったとすると、上皇一行は、いったいどこから船に乗ったのであろうか。「御幸記」の一〇月五日、「〈南の門〉を出で了んぬ」と書かれた部分がある。

「鳥羽殿の西には、川湊から京の町なかに続く『鳥羽の作り道』と呼ばれる道がありました。『作り道』というのは新道、つまり新しく造った道のことです。ただし、鳥羽の作り道は鳥羽殿が造られる以前からあったのですが、鳥羽殿は鳥羽の作り道を邸内に取り込んでいて、北と南にそれぞれ門が設けられていました。南の門の外は川で行き止まりになり、そこに船着場があった様子が『法然上人絵伝《ほうねんしょうにんえでん》』に描かれていますから、御幸記の〈南の門〉は鳥羽の作り道の南の門のことではないでしょうか」

と言いながら、前田さんは『法然上人絵伝』を開いて見せてくださった。

鳥羽の作り道の沿道には、院の近臣の宿所があったほか、庶民も暮らし、鳥羽湊からは京への食料や生活物資が荷揚げされていたという。

「その船着場は、現在のどのあたりになるんですか？」

「それはまだ、特定できていないんですよ」

前田さんは答えにくそうだった。確証もないまま、推測だけの判断を下したくないといった様子で何度も考え込みながら、そして、私のしつこい問いかけに辟易しながらようやく教えてくださった。

「大雑把な目印としては、恋塚寺《こいづかでら》あたりではないかと思います。当時は、そのあたりで鴨川が桂川に合流していましたから、河港に適した場所だったはずです」

現在の鴨川は、鳥羽離宮公園のすぐ西側を流れているが、これは太閤秀吉が伏見城を築いたときに流れを変えたと言い伝えられているもので、それ以前は現在の近鉄京都線の東側を南下し、鳥羽殿の南で流れを西に変えて桂川に合流していたという。つまり、鳥羽殿は鴨川と桂川に挟まれた地域に造営されていたことになる。

鳥羽離宮公園の南から鴨川左岸の堤防に上がると、きれいなサイクリングロードになっ

二つの川の合流点。羽束師橋より上流を望む（向かって左が桂川、右が鴨川）

ていた。嵐山の渡月橋から木津までの全長約四五キロのコース。一キロほど川下に、橋桁が壊れて〝モニュメント〟と化した古いコンクリートの龍門橋があり、そこで鴨川と西高瀬川が合流していた。車の走る旧道がこのあたりでカーブして堤防のサイクリングロードに接しているが、この旧道こそ鳥羽の作り道の名残なのだろう。この旧道を北へ向かえば、（現在は、鴨川や鉄道などに阻まれて迂回したり途切れたりしているが）昔は東寺と西寺の間に設けられていた京の南の玄関口「羅城門」に突き当たり、当時の御所（いまの京都御所を囲む京都御苑の二倍以上の広さだった！）の正門に続くメインストリート「朱雀大路」に入ったのだ。「朱雀大路」は、現在の「千本通り」という。

　サイクリングロードからその旧道に移って少し北へ行くと、右側の道端に小さな「恋塚寺」がひっそりとたたずんでいた。『源平盛衰記』や映画『地獄門』[19]などで知られた、遠藤盛遠と袈裟御前ゆかりの寺である。一七歳の北面の武士遠藤盛遠は、一途に思いを寄せた人妻の袈裟御前を誤って斬殺した後、おのれの非を悔いて出家し、袈裟御前の菩提を弔ってここに庵を結んだと伝えられている。

　名を文覚《もんがく》と改めた盛遠は、熊野などで苦行の後に京に戻り、高雄山神護寺[20]の再興を志して果たすが、後白河院に勧進を強要したり源頼朝に挙兵を促すなど、その豪胆な行動から「荒法師文覚」と呼ばれた。『明月記』の正治元（一一九九）年三月二〇日の項にも「文覚上人、前夜流罪定まり了んぬ」とある。このとき文覚は佐渡に流されて三年後に召還されたものの、翌建仁三（一二〇三）年、三度目の流罪で鎮西《ちんぜい》（北九州）に流され、彼の地で没したと伝えられるが生没年は定かでない。

恋塚寺

19. 『地獄門』：1953年、カンヌ国際映画祭でグランプリ受賞。監督＝衣笠貞之助。主演＝長谷川一夫、京マチ子。

20. 神護寺：京都市右京区梅ヶ畑高雄町5
TEL：075-861-1769
拝観時間＝9時～16時／有料
＊唐から帰った空海が809年に入山・住寺し、真言宗立教の基礎を築いた。最澄や弟子に灌頂をさずけた空海真筆の「灌頂暦名」（人名簿）や「文覚上人45箇条起請文」などが現存する（いずれも国宝）。

茅葺きの山門に、いまも庵の風情が漂う。個人宅のようにも見え、ベルを押して住職夫人の許可をいただいて入った庭の一隅に袈裟御前の供養塚（首塚）という古い宝篋院塔《ほうきょういんとう》があった。表に「渡邉左衛門尉源渡妻袈裟御前秀玉尼」、裏に「天養元年（一一四四年）六月文覚上人開基戀塚根元之地　嘉應二年（一一七〇年）建立」（西暦は著者注）と刻んだ板石は、文覚の手になるものという。

再びサイクリングロードに戻り、さらに川下へ二〇分ほど行くと、羽束師《はづかし》橋あたりで鴨川は桂川と合流して大きな流れになっていた。かつての鴨川は東から西に流れていたというし、昔はもっと水量も豊かで現在とはまるで景色がちがっていただろうが、恋塚寺あたりで西高瀬川に合流し、そこに下鳥羽の川湊があったであろうことは想像に難くない。そして、熊野御幸の一行はここから何隻もの船に乗り、まず「石清水《いわしみず》八幡宮」を目ざして進んでいった。

石清水八幡宮と三川合流の地

石清水八幡宮(21)は、大阪府境に近い男山《おとこやま》（標高一四三メートル）山頂にある。八五九年に宇佐八幡宮（大分県）から勧請した神々が祀られ、伊勢神宮、賀茂神社と並ぶ高い社格を得て、朝廷の厚い崇敬を受けていた。

「遅明、衣帽を改む。船甚だ遅し。構へ営みて、大渡りに参じ著く」（御幸記）

21．石清水八幡宮：京都府八幡市八幡高坊30
TEL：075-981-3001

定家は御幣使を務めるため折烏帽子を立烏帽子に替えるなどして船内で着替えを済ませ、用意万端整えて船を降りた。「大渡り」とは「淀」の湊らしい。

琵琶湖を水源とする宇治川は現在でも淀川の本流だが、当時の宇治川はいったん伏見の南に広がる巨椋《おぐら》池に流れ込み、その西端で淀川に流れ落ちていた。桂川も木津川も、巨椋池の西端あたりで淀川に注いでいたらしい。そこには川が運んでくる土砂が堆積し、大小さまざまな島ができていた。その島の一つに淀川をさかのぼって瀬戸内海から物資を運んでくる船が停泊するようになり、淀ノ津（湊）になったという。

淀は、淀川の中州「島ノ内」にできた町で、そこには各地の荘園から送られてくる年貢や物資などを保管する倉庫が立ち並び、取引の盛んな魚市場もあって、西国街道沿いの山崎とともに平安京の外港として賑わっていた。島ノ内とそれぞれの対岸の集落は小橋で結ばれていて、ここで荷揚げされた物資は、小舟に積み替えられて鳥羽湊へ送られたり、陸路なら鳥羽の作り道から朱雀大路を通って都に運び込まれていたという。鳥羽の作り道の経路を考慮して平安京が築かれたのではないかと推測する人もいるほど、京の繁栄は淀川の水運によるところが大きい。京の真南に鳥羽殿を築き、水運、陸運の要衝の地を押さえて最高権力を手にした白河上皇のしたたかさにも改めて驚かされる。

さて、大渡りで船を降りた定家は「騎馬して先陣」した。定家が御幣を仕った「高良《こうら》社」は石清水八幡宮の摂社で、八幡市《やわたし》駅から歩いて一～二分の山裾にある。一行はここに参じて後、歩いて坂を上ったようだ。そして、石清水八幡宮で厳かに儀式を執り行い、神楽なども奉納した後、木津に出て昼食と休養をとってから再び船に乗り込んだ。定家はこ

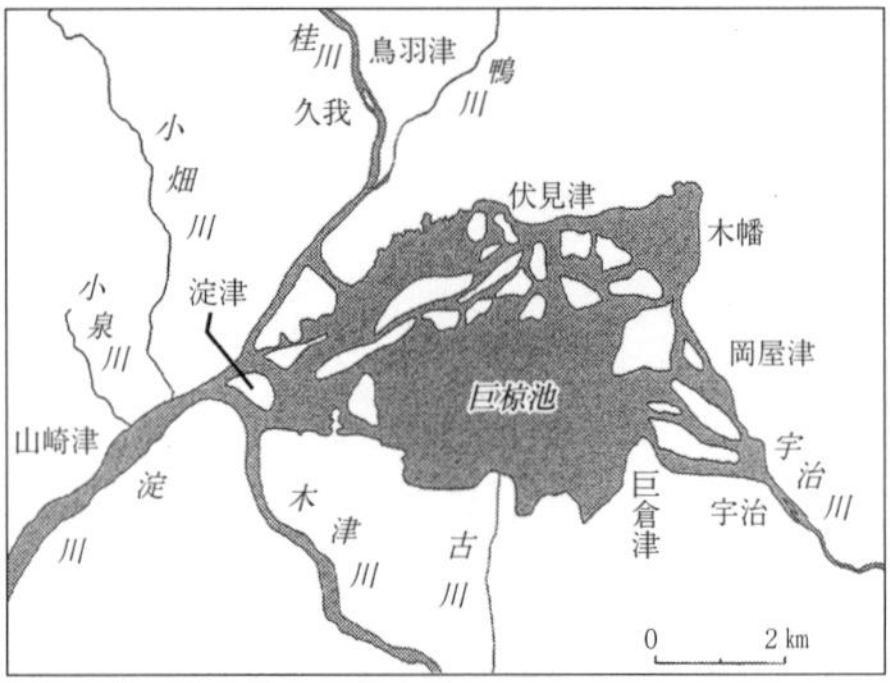

近世以前の淀川周辺の地形
（大山崎町歴史資料館発行「はるかなる淀川」より）

こでやっとほっとして「衣裳を解き」、窪津に着くまでの間「一寝に及ぶ」のである。

定家らは船を使ったが、今日、桂川や淀川を行き来する船はない。堤防のサイクリングロードをたどって石清水八幡宮へ行くこともできるのだろうが、私は京都駅から近鉄京都線に乗り、「丹波橋」で京阪線に乗り換えて八幡市駅で降りた。「男山ケーブル駅」が隣接していて、それに乗ると一〇分ほどで山頂に着き、さらに木々の繁る道を少し歩いて上ると展望台に出た。ここからは木津川、宇治川の流れが一望の下で、長い御幸橋が二つの川に架かり、向こう岸に「勝敗の分かれ目」の代名詞になった天王山《てんのうざん》が見える。

深い樹林の中を一五分か二〇分、道なりに歩いて石清水八幡宮に着いた。徳川三代将軍家光の寄進という荘厳かつ華やかな社殿が、白い玉石を敷きつめた境内をぐるりと取り囲んでいる。創建以来「神仏習合」で祀られた山内には多くの寺があったが、明治の廃仏毀釈で取り壊されたという。

帰路は歩いて下山。途中には、「石清水」の名の元とされる湧き水を祀った社や、石清水八幡宮の真言僧で、近衛信尹《このえのぶただ》（一五六五〜一六一四）、本阿弥光悦（一五五八〜一六三七）とともに寛永三筆の一人に数えられる松花堂昭乗（一五八二〜一六三九）の「庵跡」があり、麓の町には昭乗の墓所「泰勝寺」（俗称・松花堂）がある。茶室と庭園を拝観したかったが、予約が必要とのことでまたの機会とした。ちなみに、四角い箱形で、中に十字の仕切りがある「松花堂弁当」の器の形は昭乗の考案といわれている。

はるかに流れ下ってきた桂川、宇治川、木津川の三川《さんせん》は、男山と天王山に挟まれたこの

石清水の名の起こりとなった
湧き水を祀る社殿

付近で合流して淀川になるが、現在の三川合流地点は定家のころよりだいぶ西に移動している。これは一七世紀後半から二〇世紀前半までの治水事業によるもので、むろん、淀の湊も巨椋池もいまはない。

三川合流地点では、木津川が運んできた土砂で川底が浅くなり、以前からしばしば洪水が起きていた。これは木津川流域が風化しやすい花崗岩でできていることに加えて、近世からの都市開発や木材・燃料用に山林の樹木が伐採されて山が荒れ、大雨が降るたびに多量の土砂が流れ込んでいたことによる。

自然は「菩薩」と「修羅」の顔をもつ。淀川は、近畿一帯の生活・文化の大動脈となっていたが、その一方で氾濫洪水が深刻な被害をもたらした。土砂の流出堆積が水運に支障をきたし、沿岸の田畑を荒して、三川合流地点では長い間、川と人間の激戦が続いた。また、湖のように広かったが水深は二メートルに満たなかった「巨椋池」は、伏見城築城とともに行った豊臣秀吉（一五三六〜一五九八）の大規模な土木工事で宇治川と切り離され、堤防で囲まれたことで一変する。その後、巨椋池の築堤や干拓は現代まで続き、一九三三年から一九四一年の干拓でついに姿を消した。

石清水八幡宮の展望台から、木津川、宇治川と、その二つの川に架かる長い御幸橋が見えたが、桂川も含めた三川が淀川に合流する様子を見ることはできないだろうか……。御幸橋へ出るには、八幡市駅まで戻って踏切を渡るのがもっとも近道だと地元の人に教えられて駅方面へ向かったが、その途中に珍しい神社があった。航空安全を祈願する「飛行神

木津川に架かる御幸橋。向こう岸は男山

社[22]」で、創建は一九一五（大正四）年。ライト兄弟より早く人力飛行機を考案した二宮忠八（一八六六〜一九三六）が航空殉難者の御霊を慰めるために祀った神社で、忠八は晩年、自らも神職に就いたという。主座祭神は、天磐舟《あまのいわふね》に乗って大和国に天降《あまくだ》ったという古代の飛行神「饒速日命《にぎはやひのみこと》」で、「航空殉難者諸神」と「薬祖神」も祭神になっている。

東京・秋葉原の電気街に近い神田明神ではパソコンに侵入するウィルス予防のお守りが人気を呼んでいるというが、科学が発達した現代でも「絶対安全」などどこにもありはしない。それどころか、安全神話のベールに包まれた現代社会には、想像を絶する危険な落とし穴がそこかしこに潜んでいる。八百万《やおよろず》の神々のご多忙は、未来永劫続きそうである。

踏切を渡って木津川のほとりに出た。自動車の振動で揺れる御幸橋を渡った所は木津川と宇治川に挟まれた中州で、左手は木々の繁るきれいな公園になっている。橋はさらに宇治川の上に続いているが、その先の桂川はすぐには渡れず、桂川を越えて対岸に渡る橋は二キロ以上も川上にある。入り口で出会った管理人さんに、公園の先端まで行けば三川が合流する様子が見られるか、と尋ねてみた。答えは「ノー」。葦が繁っていて先端までは行けない。合流点を見たければ木津川の堤防を川下へ行くように、と言う。その場に居合わせた散歩中の男性も、管理人さんと同じ意見だった。

二人のアドバイスに従って御幸橋を戻り、木津川の遊歩道を川下へ向かったが、まもなく遊歩道は雑草に埋もれて怪しげになってきたので堤防に上がった。遊歩道より高い堤防に上がっても、河川敷の雑木雑草に阻まれて川は見えない。堤防上は片側一車線の車道で、路肩に歩道ともいえない狭い幅で白線が引いてあるだけ。車は勢いよく飛ばし、狭い白線

22．飛行神社：八幡市八幡土井44　TEL：075-982-2329

内もときどきバイクや自転車が走るから、のんびり景色を楽しんでいる余裕などはない。

八幡市駅の隣の橋本駅付近まで来てようやく川が見えるようになったが、川砂を掘っているのか、それとも河川敷を整備しているのか、数台のショベルカーが作業中で、広い河川敷の彼方の流れは痩せ、どことなく精気がない。結局、「三川合流」を目にすることはできず、橋本駅から帰ることにした。もう少し先まで行けば見られたのかもしれないが、歩道のない堤防をこれ以上歩き続ける勇気はなかった。

油座で繁栄した「山崎長者」の町

京都駅からJRで約一五分、右手の山裾に鬱蒼とした竹林が目立つようになり、まもなく静かな山崎駅に着いた。山崎はかつて京都の外港として、また西国街道の首駅として繁栄した地である。

京に都が置かれると郊外の山崎には離宮や社寺が次々に建てられ、対岸の男山に石清水八幡宮が鎮座して後はその表参道としても賑わった。いにしえの繁栄ぶりは、一二世紀の作と推定される『信貴山《しぎさん》縁起絵巻』（三巻／国宝・作者不詳）の「飛倉《とびくら》の巻」で、倉に多量の俵米を蓄え、邸内に油絞り機を据えた〝山崎長者〟がテーマになっていることからもうかがい知ることができる。

「山崎長者」は、荏胡麻《えごま》を原料にした灯油の製造・販売で財を成した。山崎は荏胡麻の産地ではないが、背後に石清水八幡宮をはじめ寺社仏閣の灯油の大消費地をひかえ、陸運・水運の要衝地として原材料や製品の搬出入に絶好の地の利を得ていたことで多くの「長者」が生まれた。熊野詣の前年の正治二（一二〇〇）年一二月二三日、定家は亥の刻（午後一〇時ごろ）に水無瀬殿《みなせどの》（四〇ページ参照）を退出し、「山崎の油売りの小屋」に泊まったと『明月記』にある。定家から見れば小屋であっても、貴人の宿泊を受け入れるだけの邸宅を構えた長者がいたのだろう。

中世の山崎は「油座」を結成し、荏胡麻による灯油の専売権を得て巨万の富を築くが、一七世紀になると大坂近郊の遠里小野《おりおの》（七六ページ参照）などで生産された安価な菜種油、綿実油に押され、幾世紀も続いた繁栄の歴史に幕を下ろすことになる。

駅前広場に面して建つ「妙喜庵《みょうきあん》」[23]は室町時代に建立された禅宗の寺で、千利休創作の二畳の茶室「待庵《たいあん》」（国宝）がある。駅前にこんな古刹があるのは驚きだが、妙喜庵も待庵も、拝観には一か月以上前からの予約が必要という立て札が掲げられていた。ということですぐには観られないが、阪急大山崎駅のそばの「大山崎町歴史資料館」[24]に実物大に復元された待庵があり、ここでは歴史の町山崎を詳しく紹介している。

北の天王山に連なる丘陵と南の三川の間に開けた山崎あたりは、かつての繁栄の面影はないが、歴史の香りを色濃く残すひなびた地域である。駅の南を走る西国街道を西へ折れた所にある「離宮八幡宮」は、嵯峨天皇（七八六～八四二、在位八〇九～八二三）の離宮跡。鉄道開設によって社地が分断されるまでは現在の三倍以上の敷地があり、離宮だった

23. 妙喜庵：
〒618-0071　京都府乙訓郡大山崎町字大山崎小字龍光56
＊拝観申込みは往復葉書で（子ども不可）。

24. 大山崎町歴史資料館：
京都府乙訓郡大山崎町字大山崎小字竜光３
大山崎ふるさとセンター２Ｆ　TEL：075-952-6288
開館＝９時30分～17時（入場は16時30分まで）／有料
休館＝月曜・祝日の翌日／12月28日～１月７日
＊２週間前に申し込めば、ボランティアグループ「大山崎ふるさとガイドの会」のメンバーが見どころを案内してくれる。（団体・個人共可）

時代にはさらに広大なものだったという。妙喜庵といい、離宮跡といい、この場所を選んで建てた古人の心情を想うと、現代人としては痛々しいような申し訳ないような気持ちになる。

車がすれ違うのがやっとぐらいの街道をさらに西へ進むと、左側の角に「関大明神」を祀った古い小さな社がある。昔の関所跡で、傍らに幅一メートルもないような小溝の流れがあり、そこが現在の京都府と大阪府の境界になっている。

後鳥羽院うたかたの夢——水無瀬神宮

小溝を渡ってすぐ南へ折れる道の角に、「水無瀬《みなせ》神宮」への道標があった。水無瀬神宮は後鳥羽院が一二〇〇年に造営した広大な水無瀬殿跡の一角に建てられたもの。後鳥羽院はことのほか水無瀬殿がお気に入りで、しばしば訪れては狩猟や蹴鞠など楽しんでいたが、一二一六年の洪水で流出し、翌年の二月、少し山寄り（現在のサントリー山崎蒸留所あたり）に贅を尽くして再建した。後鳥羽院が承久の乱を引き起こす三年前のことである。

当時五六歳の定家は、国家の費用を湯水のように使ったこの新御所再建と、そのころますます激しさを増していた後鳥羽院の専横にかなり義憤を感じていたらしい。『明月記』の建保五（一二一七）年の項に次のような文が見える。

「……又水無瀬殿山上に新御所を造営（眺望をなすのみ）。此の前後の土木、惣じて海内

水無瀬神宮

の財力を尽す。又北白川の白砂を引くと云々（遼遠耳を驚かす。件の白砂を振ひて之を運ぶと云々）。……」（二月八日）

「……海内の財力、末世更に陵遅[25]なきか。金銀錦繍、雲の如く、雨の如し」（二月九日）

阪急電鉄京都線の線路沿いに大阪方面へ行くと、川下で桂川に注ぐ水無瀬川に突き当たった。橋に立つとあたり一帯が見渡せて、北のほうに山を背にしたサントリー山崎蒸留所のきれいな建物も見える。鳥羽殿を出た上皇の船は水無瀬殿の船着場に直接寄せられたといわれるから、この川をさかのぼったのかもしれない。降り注ぐ陽光の下に穏やかな風が流れ、風光明媚であったに相違ない遠い昔の水無瀬の里がしのばれる。

水無瀬川を越え、一キロほど先を右折して、樹林に抱かれた水無瀬神宮[26]に着いた。祭神は、後鳥羽、土御門[27]、順徳[28]の三天皇。「承久の乱」により、御鳥羽院は隠岐、順徳院は佐渡に流され、父を諌めた土御門院は流刑の対象から外されていたが、自ら望んで土佐（のちに阿波）に赴き、それぞれの地で崩御した。

由緒によれば、後鳥羽院は崩御の前に、水無瀬殿を管理して院の帰還を待ちわびていた水無瀬信成・親成父子に宛てて、「永く後生の菩提を弔うように」と両の掌を捺した置文《おきぶみ》を送った。これにより、水無瀬殿跡に後鳥羽院の御影堂を建立したのが水無瀬神宮の始まりで、土御門、順徳両天皇（配流当時は上皇）は明治に入ってから合祀されたという。

参拝して、薄暗い本殿の正面に目をやると、後鳥羽院の似絵《にせえ》（肖像画）が掲げられていた。気のせいか、どことなく寂しげに見える。この似絵のオリジナルは国宝で、承久の

25. 陵遅：物事がしだいに衰退すること。
26. 水無瀬神宮：大阪府三島郡島本町広瀬３-10-24
TEL：075-961-0078
27. 土御門天皇（1195～1231、在位1198～1210）：
後鳥羽天皇の第１皇子。父の討幕計画に批判的だったため、譲位させられた。後鳥羽院の勅勘をこうむった定家には同情的で、お忍びで歌を召している。
28. 順徳天皇（1197～1242、在位1210～1221）：
後鳥羽天皇の第３皇子。土御門の後を受けて即位。「承久の乱」１か月前の４月、４歳の第４皇子仲恭天皇に譲位する。（仲恭天皇は、鎌倉幕府の命により、わずか70余日で譲位させられた。）内裏歌会ではしきりに定家を招き、定家も配流先の順徳には文を送っている。

乱直後の鳥羽殿幽閉中に藤原信実（一一七六～？）に描かせたものと伝えられている。なお、信実の父藤原隆信（一一四二～一二〇五）も宮廷画師で、歌人としても名高く、定家の異父兄にあたる。

院政の終焉――承久の乱

熊野古道は、平安・鎌倉時代に代々の上皇が参詣した道として知られるが、その最盛期は、院政を始めた白河院が一〇九〇年に詣でてから、事実上院政の幕を下ろした後鳥羽院までのおよそ一三〇年間だった。一二二一年に後鳥羽院が引き起こした承久の乱は、上皇による華やかな熊野詣と院政の終焉を告げると同時に、政治の実権が朝廷から幕府を中心とする武士階級に決定的に移ったことを示す歴史的大事件であった。

平安末期の一一八三年、平氏一門とともに都落ちし、壇ノ浦に消えた安徳天皇（一一七八～一一八五、在位一一八〇～一一八五）の後を受けて後鳥羽は四歳で皇位を継承した。平氏から源氏へ、朝廷から武家へ、激動する時代のはざまで即位した後鳥羽は、不運な帝王だったといえるかもしれない。

後鳥羽天皇一三歳の一一九二年、祖父の後白河院が没し、同年、源頼朝は征夷大将軍に就いた。すでに政治の実権は鎌倉幕府に移っているのだが、このころまでは権力の頂点に立つ上皇の威光が残照のように輝いていたに相違なく、権謀術数渦巻く朝廷で少年帝王後鳥羽が院政の復権を目ざすのは当然の成り行きだったのだろう。彼は一九歳で譲位し、院政を開始して専制君主の道に踏み込んでいった。

承久元（一二一九）年正月、三代将軍源実朝[29]が鎌倉鶴岡八幡宮で甥の公暁に暗殺されたというニュースが後鳥羽院の耳に飛び込んできた。鎌倉幕府開設以来、武士の権力が日増しに強くなっていったことに不快感をつのらせていた後鳥羽院は、このニュースを〝吉報〟と受け取ったにちがいない。頼朝の直系子孫が断絶した以上、鎌倉幕府は崩壊して政治の実権は朝廷側すなわち自分に返上されるはずであり、またそうでなければならないと考えたのであろう。後鳥羽院は、幕府の皇族将軍下向の要請を拒み、幕府に不満をいだく武士を集めるなど、幕府との対決姿勢を急速に強めていった。

しかし、すでに北条氏による執権体制の基礎固めができていた幕府は、いっこうに崩壊する様子がない。幕府の出方を探る意味もあってか、後鳥羽院は愛妃亀菊の荘園で彼女の命令に従わない地頭の罷免を幕府に命じたが、執権北条義時はこの要求を断固拒絶し、重ねて皇族将軍の下向を要請した。最高の富と権力を背景に、何事も思い通りに押し通してきた四二歳の後鳥羽院は、これで完全にキレたらしい。

承久三（一二二一）年五月一四日、後鳥羽院は城南寺の流鏑馬に事寄せて近畿諸国の兵を集め、翌日、北条義時追討の宣旨《せんじ》を発した。しかし、幕府はすでに状況を察知しており、〝尼将軍〟北条政子[30]は諸将を集めて武士の結束を説き、武士たちもこれに応じて積極攻勢に出た。総勢一九万騎が京へ攻め上り、途中、上皇軍を打ち破って六月一五日に入京、後鳥羽院の討幕計画はあっけなく崩壊し、院政は停止された。

29. 源実朝（1192～1219）：
源頼朝の次男。1203年、兄の２代将軍頼家に代わって３代将軍に就く。しかし、実権は北条氏が握っていたことで政治から逃避。和歌・管弦に熱中して御家人の不満を招いた。定家は実朝の和歌を激賞、定家に師事する実朝から送られてきた663首を『金槐和歌集』としてまとめ(1213年)、実朝に『新古今集』『万葉集』などを送っている。

30. 北条政子（1157～1225）：
父の北条時政の反対を押し切って源頼朝と結婚、頼家、実朝と２人の娘を産む。頼朝の死後、尼となってから鎌倉幕府統一に尽力して政治的手腕を発揮、尼将軍と呼ばれた。政子は２度、熊野に参詣している。

承久の乱後、鎌倉幕府による処罰は一般的には寛大だったが、上皇近臣への処分は苛烈をきわめた。当時、定家は正三位民部卿であり、和歌を通じて上皇側近の一人であったが、前年の内裏歌会に詠進した歌が後鳥羽院の激怒を買い、勅勘《ちょっかん》をこうむって自宅謹慎中であった。しかし、その勅勘は正当性を欠いていたため、定家が周囲から非難されることはなく、また幸いなことに、謹慎中だった定家は幕府の処分の対象にもならなかった。

四歳の土御門天皇に譲位して自由の身となり、和歌に熱中して、定家を伴って和歌会を続けながら熊野詣に向かったころのまだ初々しい若者だった後鳥羽院と、京に入った幕軍の前にあっさり兜を脱いで北条義時追討の宣旨を撤回し、この乱は謀臣の企みで上皇の意志ではなかったと責任回避したあげく、泣きの涙で隠岐に流されていった後鳥羽院は、定家の記憶にどんなふうに刻み残されたのだろうか。

定家は承久元年二月二三日、水無瀬の里の梅の花を衣筥《ころもばこ》（長櫃）の蓋に入れ、和歌を一首添えて宮中に送っている。

みなせ山ほどはくもゐにとをけれど　にほひばかりをきみがまにまに

天皇（順徳）からは、次のような返歌があった。

みなせ山ほどは雲井のはるながら　ちよのかざしのいろぞうれしき

この日の記録を最後に、元仁元（一二二四）年末までのほぼ六年間、『明月記』は途絶えている。

後鳥羽院の最後の熊野御幸は承久三年二月。その後、二人の上皇が熊野御幸を行っているが、国費を傾けて豪奢に営まれた上皇の熊野詣は後鳥羽院をもって終わりを告げた。この上皇の頻繁な熊野詣は宗教的な意味合いばかりでなく、一旦緩急の際には武勇でならした熊野の僧兵を上皇の味方に引き込む縁を課す目的もあったといわれている。承久の乱で上皇に加担せざるをえなかった熊野は、鎌倉幕府からの補助を打ち切られ、上皇という絶大なパトロンを失って衰退を余儀なくされるのだが、これは人間世界の問題であって、熊野権現はあずかり知らぬことだったにちがいない。承久の乱からおよそ五〇年後、熊野権現の神託を得た一遍が時宗を開き、やがて盛大な「蟻の熊野詣」の時代が始まるのだから。

淀川上流あたり——山崎渡し跡／天王山

再び線路沿いの道を戻り、山崎駅にもっとも近づいたあたりで阪急電鉄京都線と新幹線の高架を潜って国道に出ると「山崎」の信号があり、向かい側には「桂川」と横書きした大きなプレートが立っている。その向こうは広い河川敷で、樹木に隠れて川は見えない。国道を渡った側の歩道を西へ五〇メートルほど行くと、プレートには「淀川」とある。「桂川」と「淀川」のプレートが同じ歩道沿いに並んでいるところをみると、このあたり

山崎渡し跡

で桂川が淀川に流れ込んでいるにちがいない。「淀川」のプレートの手前の、橋の下の流れは桂川に注ぐ水無瀬川。橋のたもとには河川敷に下りる石段があり、その石段の下り口に「官幣大社水無瀬神宮南西三丁」の古い石碑が立っている。ここが「山崎渡し」の跡で、一九六二（昭和三七）年まで、対岸の橋本との間を渡し船が行き来していたという。渡し船に乗り降りする人たちのために造られたらしい、その古い石段を下りる。

なんとか川に合えないだろうか。河川敷には広いグランドがあり、川とグランドの間には果てしないほどの遊歩道が続いている。犬を連れて散歩中の人やサイクリングの若者と行き交いながらしばらく西へ歩いてゆくと、左側の樹木の間に大きな流れが見え始めた。岸辺は自然のままで、コンクリートで固め込まれている様子はない。頃合をみて丈の高い雑草をかきわけて踏み込み、やっと川端に下りることができた。

そこに、豊かな水を湛えた流れがあった。すでに木津川を抱え込んだ宇治川が眼前で桂川と交わり、淀川となって川幅を広げていた。流れは静かに岸辺を洗いながら、ひたすら西へ向かって進んでいた。

石清水八幡宮の男山に三川を隔てて対座する天王山（標高約二七〇メートル）は、一五八二年、備中高松城を攻略中に「本能寺の変」の報を受けた羽柴秀吉が、急遽引き返して明智光秀を破った「山崎合戦」の古戦場として知られているが、いまはハイキングコースが整備され、市民の憩いのオアシスになっている。

ＪＲ山崎駅のすぐ北側、「天王山ハイキングコース」の急坂を登り始めてまもなくの右

大山崎山荘美術館

手の山麓に、大正から昭和初期にかけて建てられた関西の実業家加賀正太郎（一八八八〜一九五四）の山荘を修築し、一九九六年春にオープンした「アサヒビール大山崎山荘美術館」[30]がある。英国風の瀟洒な本館には、昭和初期の民芸運動にかかわった河井寛次郎、浜田庄司、バーナード・リーチらの陶芸作品が、「地中の宝石箱」と名づけられた安藤忠雄設計の円形の新館にはクロード・モネの「睡蓮」が展示されている。庭園や睡蓮の咲く池が落ち着いた雰囲気を醸し出し、「川の流れ」を意識してここに山荘を築いたというだけあって、本館二階のバルコニーからの眺めもよく、女性たちが静かに午後のティータイムを楽しんでいた。

竹藪に囲まれたハイキングコースの途中には、聖武天皇（七〇一〜七五六、在位七二四〜七四九）の勅願で、行基（一〇二ページ参照）が開いたという「宝積寺《ほうしゃくじ》」、鎌倉時代の神輿庫《みこしぐら》（重要文化財）の残る「酒解《さかとけ》神社」などがあり、約四〇分で山頂に着く。天王山の戦いに勝利した羽柴秀吉が築いた城跡で、かつては眺望壮大だったらしいが、深く樹木が生い繁って見晴らしはまったくない。期待が大きかっただけに、少々がっかりしながら引き返した。それでも、七合目の旗立松《はたたてまつ》あたり、さらにもう少し下の登山道右側の休憩広場から雄大な流れが見渡せた。夕方近かったせいもあるが、三川を結んだ淀川が西の空の下で金色に変わり、はるか地平線の彼方まで一筋の光の帯となって続いていた。

八〇〇年前の同じ晩秋の午後、後鳥羽院一行を乗せた船団が窪津へ向かって光の帯の中を進んでいた……。

天王山中腹からの淀川の眺望

30. アサヒビール大山崎山荘美術館：京都府乙訓郡大山崎町字大山崎小字銭原5-3
TEL：075-957-3123
開館＝10時〜17時（入館は16時30分まで）／有料
休館＝月曜（祝日の場合は翌日）／年末年始／展示替時

大阪編

水の都大阪、大川

上町台地

旧暦一〇月五日の早朝、「御幸記」一行を乗せて鳥羽殿を出立した船は、淀川を下ってその日の午後、窪津《くぼつ》（大阪）に入港した。京《みやこ》の〝海の玄関口〟ともいえる窪津は、瀬戸内海からさかのぼってくる貨物船や交易船などの船泊まりとして古くから栄えた湊で、中世には「渡辺ノ津」とも称され、近世には「八軒家浜《はちけんやはま》」と呼ばれていた（川岸の船着場は一般的に「浜」と呼ばれていた）。

上皇をはじめ京都方面から熊野詣に向かう人々は、大川（旧淀川）に設けられたこの船着場から上陸していたが、その大川は、最大古墳の被葬者として名高い仁徳天皇[1]の時代（五世紀前半）に上町台地の北端に掘られた「難波《なにわ》ノ堀江」で、日本最古の人工の川という。大阪は「上町《うえまち》台地」に発展した町である。上町台地は、堺市の北部から大阪城あたりまで南北に続く幅二キロほどの細長い台地だが、地層そのものはさらに台地の北の川底に続いて、新幹線の新大阪駅あたりまで達しているらしい。縄文時代、上町台地の東側には生《い》駒《こま》山麓まで達する広大な内海があった。その内海は上町台地の北端で大阪湾につながっていたが、その後、海がしだいに退いたことと、河川が運んでくる土砂などが堆積して、「河内《かわち》湾」から「河内潟」になり、弥生時代には「河内湖」から「河内平野」に変わっていったと推測されている。

古代の河内湖には、淀川のみならず近畿一帯の河川が流入していたから、雨期ともなれ

1．「天皇」の称号と「日本」の国号は、689年に施行された「飛鳥浄御原令」で公式に定められた（『日本とは何か』参照）。したがって「飛鳥浄御原令」の編纂を開始した天武朝以前は「天皇」号は避けるべきだが、本書では便宜上、「天皇」「皇后」「皇子」で表記した。

ば水量が激増し、しばしば洪水も発生したにちがいない。しかし、上町台地の地層は固く、もっとも高い北端の大阪城あたりでも標高はわずか二〇メートルほどだが、洪水で台地が崩壊することはなかったらしい。しかし、河川の水をため込んだ湖水の出口は台地の北端ただ一か所しかなく、そこは河内湖と大阪湾を結んで非常に流れの速い水道になっていた。『古事記』にも、九州から攻め上ったイワレビコ（神武）が「浪速の渡」を経て白肩ノ津（東大阪市日下町付近と推定されている）に船を泊めたと記されているように、上町台地の北側の水道は古くから「浪速」と呼ばれ、大阪の古称「ナニワ」（浪速・難波・浪花・浪華）の語源になっている。

その浪速の激流に挑んで上町台地の北端を東西に掘削し、難波ノ堀江、のちの大川を造りだした五～六世紀の先人たちの労苦はいかばかりだったかと思うが、彼らの努力がその後の日本の発展の扉を開いたといっても過言ではあるまい。洪水が緩和されれば、地味豊かな河内平野では穀物の収穫も増して生活が安定し、定住者も増えたであろう。それに、何より波静かな船泊まりができた。海の道を通じて朝鮮半島や大陸との交流がいっそう盛んになり、やがて上町台地には四天王寺や難波宮など、国家的な施設が次々に造られていった。

大河淀川をはじめとする河川との闘いはその後も営々と続くが、大川の湊「窪津」は平安京への物流の要となり、江戸時代には大名の蔵屋敷や市《いち》が立ち並び、三十石船のターミナルとなった「八軒家浜」は〝天下の台所〟と呼ばれるほどの活況を呈して、大坂（大阪）は日本経済の心臓部へと発展するのである。

三十石船とくらわんか舟

天満橋のたもとに「水の都・大阪」の観光船アクアライナーの発着所がある。毎日一時間おきに出航していて、約一時間、大川の周遊が楽しめるというので乗ってみた。ウィークデーの日中だったせいか、乗船客は私を含めて五人だけ。戦前までの大阪市内にはたくさんの堀川があったが、現在、その大半は埋め立てられてしまったから「水の都」の呼び名はふさわしくないと、昔の大阪を知る人は寂しげに語る。しかし、大都会の真ん中を悠然と流れる大川の景観は、大阪を「水の都」と呼んで恥じない豊かさと美しさを備えているように見える。アクアライナーは、かつて「三十石船《さんじっこくぶね》」で賑わった大川をゆっくり下流に向かって進んでゆく。

「三十石船」は江戸時代の乗合船で、船頭四人と乗客二八人を乗せて京都の伏見と八軒家の間を往復していた。むろん物資を運ぶ船もあり、米が三〇石（約四二〇〇キログラム）積めることからこの名がついた。ほかに三〇石以上の船や二十石船、乗船客や船頭を相手に飲食物を売る「くらわんか舟」なども盛んに行き来し、最盛期の享保年間には一〇〇〇隻を超える船が淀川に浮かんでいたという。

これらの船は明治時代になって鉄道の発達とともに姿を消したが、近年、歴史の見直しや保存・再生の機運が高まり、京都の伏見や大阪の枚方市《ひらかた》でわずかながら復元が進んでい

アクアライナー天満橋発着場

る。

三十石船は、ＪＲ京阪線中書島《ちゅうしょじま》駅近くの宇治川に架かる観月橋のたもとの料亭が営業用に復活しているが、それとは別に、中書島駅そばの伏見港公園の西端に、「伏見開港四〇〇年」を記念して一九九四年に復元したものが濠《ごう》川に係留されている。金網の柵に囲まれての展示のみで実際に乗れないのは残念だが、伏見観光協会が中心になって復活させたモーター運行の「十石舟[2]」には乗ることができる。四～五月と九～一一月の土・日だけの運航（有料）だが、銘酒の産地だけに、伝統的な酒造り歌や地域の解説をテープで流しながら、白い酒蔵や坂本龍馬の定宿で名高い寺田屋などが立ち並ぶ岸辺に沿った濠川を約二五分間、伏見港入り口までのんびり往復している。

江戸と京都を結ぶ東海道の宿駅は一六〇一年に江戸幕府によって設置されたが、その後、大坂まで延長され、伏見、淀、枚方、守口に宿駅が設けられた。ことに八軒家と伏見の間を往復する三十石船の中継地点であった枚方は、淀川を往き来する船に「飯、くらわんか」などと、乱暴な言葉で飲食物を売りつけた「くらわんか舟」の湊として有名になり、船宿が軒を連ねて大いに賑わったという。

京阪線枚方市駅西側の京街道を南へ向かう道沿いには古い町並みが残る。次の枚方公園駅に近づいた街道沿いに二〇〇一年夏にオープンした「市立枚方宿鍵屋資料館[3]」は、江戸時代に栄えた船宿の建物（市の文化財）を生かし、当時の面影を生き生きと伝えている。イベントなどのおりに開放される二階の大広間からは淀川と広い河川敷の公園が望めるが、

十石舟

2．十石舟：運行等に関する問合せ先＝(株)伏見夢工房（TEL：075-623-1030）

3．市立枚方宿鍵屋資料館：枚方市堤町10-27
TEL：072-843-5128
開館＝９時30分～17時（入館は16時30分まで）／有料
休館＝火曜(祝日の場合は翌日)／年末年始
＊京阪本線「枚方公園駅」より徒歩５分。
＊季節により茶席あり。また、10日前までに電話予約すれば、２階の大広間で「弁当」と、精のつく食べ物としてくらわんか舟で売られていた「ごんぼ汁」(味付けは現代風にアレンジ）での食事も可能（週末／グループ対象)。

かつてはこの鍵屋のすぐ前を淀川が流れていて邸内に船を引き込む船入りが設けられ、表の街道と裏の淀川の両側から客が出入りできる構造になっていた。

不作法御免のお墨付きをもらって〝名物〟となった「くらわんか舟」の商人の人をくったような物言いと三十石船の船客のやりとりは、十返舎一九の『東海道中膝栗毛』にも面白おかしく記されているが、ここの資料館ではミラービジョン（映像）でそのくらわんか舟の様子を再現している。そのほか館内には、実物大に復元してモデル人形を乗せたくらわんか舟、くらわんか茶碗、絵地図などが展示されている。

現在、淀川の水位が浅いことなどから三十石船の運行を実現させるには至っていないが、枚方市観光協会が中心になって、かつて三十石船が往き来した淀川になんとかして船を浮かべ、川からの景観を復活させようという機運が高まっている。

「川の水位」では、伏見も同じ悩みを抱えている。十石舟の浮かぶ濠川は水位が浅く、渇水期にはさらに浅くなる。濠川は琵琶湖を水源とする宇治川の派流で、水量は琵琶湖の水量如何によるのだが、琵琶湖は近畿地方の大切な水瓶《みずがめ》なので無駄遣いはできない。現在、十石舟の運行が春と秋の土・日・祝日にかぎられているのはそうした事情による。伏見では第三セクターの町づくり会社「(株）伏見夢工房」に管理運営を移管し、将来的には平日にも十石舟を運行して「川の町・伏見」を復活する方向で検討を進めているという。

川の全体的水位の低下、上流から運ばれてくる土砂の堆積、水深の浅い所でも運行できる船の建造費等々、難問山積だが、太古から川とともに生き、川への愛着の深さがにじむ地域である。難問がクリアされ、再び川に船の蘇る日がくるのを楽しみに待ちたい。

アクアライナーで大阪城へ

大川は、東西約三キロの「中之島」を挟んで堂島川と土佐堀川に分かれ、船は天神橋をくぐって左側の土佐堀川に入った。いまは立派なコンクリートの橋になっているが、大川の川幅を現在のように広げて中之島の東に天満橋と天神橋を初めて架けたのは豊臣秀吉で、それ以前はこのあたりに「渡辺橋」という名の橋が架かっていたという。中世の渡辺橋は洪水で幾度か流されたらしく、その正確な位置は特定できていない。

現在、日本銀行大阪支店や大阪府立中之島図書館など、明治時代の堂々たる建造物が立ち並ぶ官庁街中之島だが、江戸時代には諸藩の蔵屋敷が置かれ、船で運ばれてきた米が直接荷揚げできるようになっていた。また、堂島川の右岸には米市場ができて全国の米相場の中心地となり、天満には青物市場、西の雑喉場《ざこば》には魚市場が形成されて、それぞれの荷を積んだ船が押し寄せてきたということだから、あたり一帯、すさまじいほどの喧騒と熱気がたちこめていたことだろう。街路樹や公園の緑豊かな中之島と対岸にそそり立つビル群の間を流れる土佐堀川に、昔日の船着場の面影はない。

アクアライナーは水上バスの役割も果たしていて、途中乗り降りできる港が四か所設けられている。船はいくつもの橋をくぐり抜け、「淀屋橋港」に停泊して何人かが乗り降りした後、Uターンをして中之島の東端からいったん堂島川に入り、難波橋下で再びUター

緑に覆われた府立中之島図書館

ンして川上に向かった。その後は〝桜の通り抜け〟で有名な造幣局の先の「ＯＡＰ（大阪アメニティパーク）港」で停まってから、もう一度Ｕターンして川下の平野川に入って「大阪城港」に着いた。一周して「天満橋港」まで戻ることもできるが、修学旅行以来の大阪城が観たくて、ここで降りることにした。

　大阪城港で下船して初めて気がついたのだが、大阪城はまさに平野川の縁にあり、大川、寝屋川、平野川の結節点の南の台地に構築されていた。アクアライナーの港から大阪城ホールの脇を抜けて青屋門で外堀を渡り、極楽橋で内堀を渡って本丸に入るまでにそれほど時間はかからない。大阪城は、内堀、外堀だけでなく、川という天然の堀にも背後を守られていたのだった。おまけに、全国からの食糧その他の物資が集中する窪津（八軒家）は眼下にある。大川を広げ、宇治川を巨椋池から切り離して〝暴れ鴨川〟の流れまで変えたといわれる秀吉は、「川」の力を熟知した土木事業の天才だったのかもしれない。

　修学旅行当時は何もなくてただの広場にすぎなかった本丸だが、樹木も育ってすっかりきれいな公園になり、目ぼしい展示品もなかったお城の中はエレベータを備えた立派な博物館に変身しており、映像を交えて大阪城[4]（大坂城）の歴史をわかりやすく紹介していた。

　秀吉が一五年の歳月をかけて建造した大坂城は、大坂夏の陣（一六一五年）で全焼。二代将軍徳川秀忠はこの地を直轄地として統治し、一六二〇年から大坂城の再建にとりかかった。完成は一〇年後、三代将軍家光の代となるが、幕府は豊臣時代の大坂城をすべて取り壊し、盛り土で完全に埋設した上に築城している。したがって、重要文化財となっている大手門、多聞櫓《たもんやぐら》や、いまも残る石垣の蛸石《たこいし》などの巨石もすべて江戸時代のもので、豊

大阪城

4．大阪城：大阪市中央区大阪城1-1
TEL：06-6941-3044
開館＝９時～17時（入館は16時30分まで）
夏季夜間開館実施／有料
休館＝12月28日～１月１日

臣時代の遺構は何一つ残されていない。徳川幕府による「豊臣家抹殺」は徹底していて、秀吉が造営した伏見城も、遺構の一部は京都の西本願寺、高台寺、二条城、豊国神社などに移築したが、石垣の一個にいたるまで破壊し尽くしている。

徳川氏によって再建された大坂城天守閣も、三六年後に落雷で焼失。それ以後、江戸時代に天守閣が再建されることはなく、一九三一（昭和六）年、大阪市の昭和大典記念事業として「大坂夏の陣図屛風」を参考に豊臣時代の天守閣の外観が再建された。太平洋戦争の爆撃にさらされたものの幸い天守閣は焼け残り、戦後、史跡公園として施設の充実が図られ、一九九七（平成九）年、金箔の貼り替えや内部にエレベータが設置されるなどして現在の状態になった。

なお、「大阪」の「阪」は、近世までは土偏の「坂」の字が多く使われていた。この地に石山本願寺を建立した蓮如上人（一四一五～一四九九）が「大坂」と呼び、その本願寺の跡に秀吉が「大坂城」を築いたことによるのだが、一八六八（明治元）年に設置された大阪府は、縁起がよいとされる阜偏《こざと》[5]の「阪」を採用し、以後「大阪」が定着して現在の大阪城にも「阪」の字が使われている。

九十九王子の第一王子を発つ（窪津王子／坂口王子）

さて、そろそろ定家の後を追いかけることにしよう。

5．阜偏：「盛ん」「大きい」「のびる」などの意味がある。

　かつて窪津王子が祀られていたという坐摩神社行宮は、昆布店のおかみさんが教えてくださった、「信号二つ目の角を曲がってすぐ左手の所」にこぢんまりとたたずんでいた。小さな本殿に近づいて参拝する。手入れは行き届いて境内もきれいに掃き清められているが、熊野古道の起点であり、九十九王子の第一王子の名残にしてはちょっと寂しい。当時の華やかな面影は想像するのも困難だが、「御幸記」一行は窪津王子で御経供養や里神楽を奉納した後、「坂口の王子」「コウトの王子」を経て、この日は四天王寺まで進んでいる。「熊野かいどう」の石碑まで戻り、南へ向かって楓並木の美しい坂を上る。ここはいわゆる「船場ビジネス街」で、谷町筋と松屋町筋《まっちゃまちすじ》の間にある「御祓筋《おはらいすじ》」と呼ばれる道。大阪では、大通りでも小道でも、おおむね東西を「通り」、南北を「筋」と呼んでいる。以前、大阪育ちの方に「大阪市の地図は、大阪城を中心に、東を上にして見るとわかりやすい」と教えられたことがある。通常、地図は北を上にして見るが、なるほど東を上にすると、大阪城のそびえる上町台地から西へ、海を埋め立てて街が延びていった様子がよくわかる。

　大阪市街は、すでに秀吉の時代から始まった都市計画においてびっくりするほど区画整理されていて、道路と地下鉄が碁盤の目のように東西南北を走り、ＪＲの環状線が約一時間で市街の外周を運行している。上町台地の頂を谷町筋が走り、その西側のおもちゃ問屋が軒を連ねる松屋町筋が古代の海岸線といわれているので、大阪の中心街はその松屋町筋の西側、つまり古代は海だった所に開けていることになる。堺筋、御堂《みどう》筋、四つ橋筋、なにわ筋、新なにわ筋などはいずれも松屋町筋の西にあって市街を南北に貫き、大阪駅周辺のキタの繁華街「梅田」もミナミの繁華街「なんば」も、これらの幹線道路の間にある。

窪津王子が祀られていた坐摩神社行宮

坂を上り、木漏れ日の歩道をたどってゆくと、左手に「北大江公園」。そこから一〇分ほどで「中大江公園」、さらに一〇分歩いて「南大江公園」に着いた。どこもかしこも緑、緑、緑。「大阪には緑が少ない」なんて、いつ誰が言い始めたのだろう。

「大江」のつく公園が続いたが、窪津王子も「大江王子」の別名がある。「江」は「入り江」や「川」の意味だから、「大江」とは「大川」のことか、あるいは古代、上町台地の東にあったという大きな入り江のことかもしれない。また、万葉集の時代には台地の西の海岸は「大江の岸」と呼ばれていたという。まだ上町台地の下に海が迫っていた時代には、このあたりからも大きな入り江や海が見渡せたのだろう。

「南大江公園には坂口王子跡がある」と、ガイドブックに記されている。塀沿いにこんもりとした木々の生い繁る都市型公園で、かなり広いが「坂口王子跡」への案内板はない。公園を囲む道沿いにあるのか、それとも中にあるのか……。「熊野かいどう」の立派な石碑があるのに、なぜ関連の重要史跡である「王子跡」の案内がないのだろう。とりあえず中に入ってあちこちに目を配りながら園内を歩くうちに、いちばん奥まった所に赤い鳥居が見えた。近づいてみると、その鳥居には「狸坂大明神」の額が掲げられていて、その左隣に「坂口王子伝承地の朝日神明宮旧跡」と墨書した木柱がポツンと立っていた。

坂口王子跡については異説もあるらしい。しかし、せっかくの広い公園である。そうした異説や推論も含めての説明板が立てられてもいいのではないだろうか。

南大江公園内の坂口王子伝承地（左の木柱）

エノキさん

「御幸記」一行は続いて「コウト王子」に参詣しているが、郡戸《こうと》（こうづ、とも言う）王子は谷町筋付近にある高津《こうづ》神社に合祀されているという。本来の郡戸王子社もそのあたりにあったらしいが、正確な場所は特定されていない。

南大江公園を出て御祓筋を南へゆくと、道幅が急に狭まって、その先は行き止まりのように見える。地図では、御祓筋を南下すると広い長堀通りに突き当たるはずなのだが。不安になって、通りかかった男性に道を尋ねると、このまま真っ直ぐ行けば長堀通りに出るが、どこへ行きたいのかと親切に聞いてくれた。関東では、こちらが尋ねたことだけ簡単に答えるのがほとんどだが、関西で道を尋ねると「どこへ行きたいのか」と問い返し、目的地までの便利な行き方を丁寧に教えてくれる人が多い。

「熊野古道を歩いているのですが。途中に〈榎木大明神〉があるらしいですね」と地図を見ながら話すと、「史跡めぐりでっか。エノキさんは、あれですワ」と指さした。行く手に、やや枯れかかったような大きな木が見える。行き止まりのように見えた所は階段のついた下り坂で、途中の「枯れかかったような大木」には注連縄《しめなわ》が巻かれ、その下に小さな赤い祠が祀られていた。

傍らの説明板によると、この木は榎ではなく樹齢およそ六五〇年の中国原産の槐《エンジュ》とのこと。熊野詣や伊勢参りの街道筋にあるため旅人にはよい目印となり、地元の人々には

エノキさん

「エノキさん」と親しまれ、土地神として大切に守られてきた。一里塚（一〇五ページ参照）には必ずといっていいほど榎が植えられていたので、旅人は親しみを込めてそう呼んでいたのかもしれない。

一九四五（昭和二〇）年の大空襲の際には迫ってきた猛火がこのあたりで止まり、東側一帯は類焼を免れた。一二年ほど前に一時枯死寸前となったが、市と地元の人たちが依頼した樹医の手当てでよみがえった。春のお彼岸前後には、榎木大明神の祭りが賑やかに催されているという。エノキさんに助けられたり、助けたり。樹木と人との長く深いかかわりがほほえましい。傍らには、地元出身の作家・直木三十五《なおきさんじゅうご》(6)の文学碑も建立されていた。

長堀通り（国道308号）を東へ進み、谷町六丁目の交差点から広い谷町筋を南へ向かう。谷町七丁目の交差点を渡りながら左の道に目をやると、車道の真ん中に大きな樹木が鎮座していて、車はスピードを落としてその樹を迂回しながら走っている。やはり根元に小さな祠があって、こちらは「楠大明神」。

織田作之助(7)の、一九四四（昭和一九）年の作品『木の都』も「大阪は木のない都だといわれているが……」の書き出しで始まるから、よほど以前からそのように言われ続けてきたにちがいないが、少なくとも窪津王子からここまで歩いた間では、大阪は「木のない都」とは思えない。

大阪市街地の道標

6．直木三十五（1891～1934）：作家。大阪生まれ。本名植村宗一。1923年、雑誌「文芸春秋」創刊と同時にこれに参加。その後、『踊子行状記』『南国太平記』などを発表し、流行作家として活躍。大衆文学の質的向上に貢献した功績を讃えて、没後、直木賞が設立された。

7．織田作之助（1913～1947）：作家。大阪生まれ。1940年、『夫婦善哉』で文壇にデビュー。『放浪』『雨』『表彰』『競馬』など。やわらかな眼差しで流転・放浪を好んで描く。あらゆる権威を認めず、自由で清新な作風の短編を多数発表した。

近松門左衛門を生み出した「ミナミ」

いましがた渡った長堀通りは、戦後に埋め立てられるまで寛永年間に掘削された長堀川が流れていた。この長堀川から北の大川までの間で、東横堀川（松屋町筋の西側）と西横堀川（四つ橋筋沿い）に囲まれた地域が、近世大坂の富を支えた豪商の町「船場《せんば》」だ。いまは、その東横堀川と埋め立てられた西横堀川の上を「阪神高速1号環状線」が走っているが、この二つの堀川は秀吉治世下の一六世紀末に掘られたもので、秀吉はここに堺の商人を集めて城下町の繁栄を図ったという。

この秀吉の都市計画は江戸幕府にも引き継がれ、堀川の掘削は江戸期に入ってさらに進められた。一六一五年に東横堀川と西横堀川を結んで木津川に通ずる南堀川（道頓堀川）が掘削されたのをはじめ、一七世紀前半には海部《かいふ》堀川、長堀川、立売《いたち》堀川、薩摩堀川などが開通し、その後、淀川を一直線に大阪湾に導く安治川が拓かれるなど、多くの治水事業が行われた。市中には「八百八橋」と呼ばれるほどたくさんの橋が設けられ、大坂は「水の都」と称されるようになる。ちなみに「四つ橋」は、長堀川と西横堀川が交差する所に四つの橋が架けられていたことによるもので、夏場は夕涼みの人で賑わっていたという。

船場の南、つまり北の長堀から南は道頓堀までの地域が「島之内」で、この南端の道頓堀界隈こそ、「ミナミ」と呼ばれて大阪の庶民にもっとも親しまれ愛され続けている地域であり、「日本のシェクスピア」近松門左衛門（一六五三〜一七二四）を生み出した所で

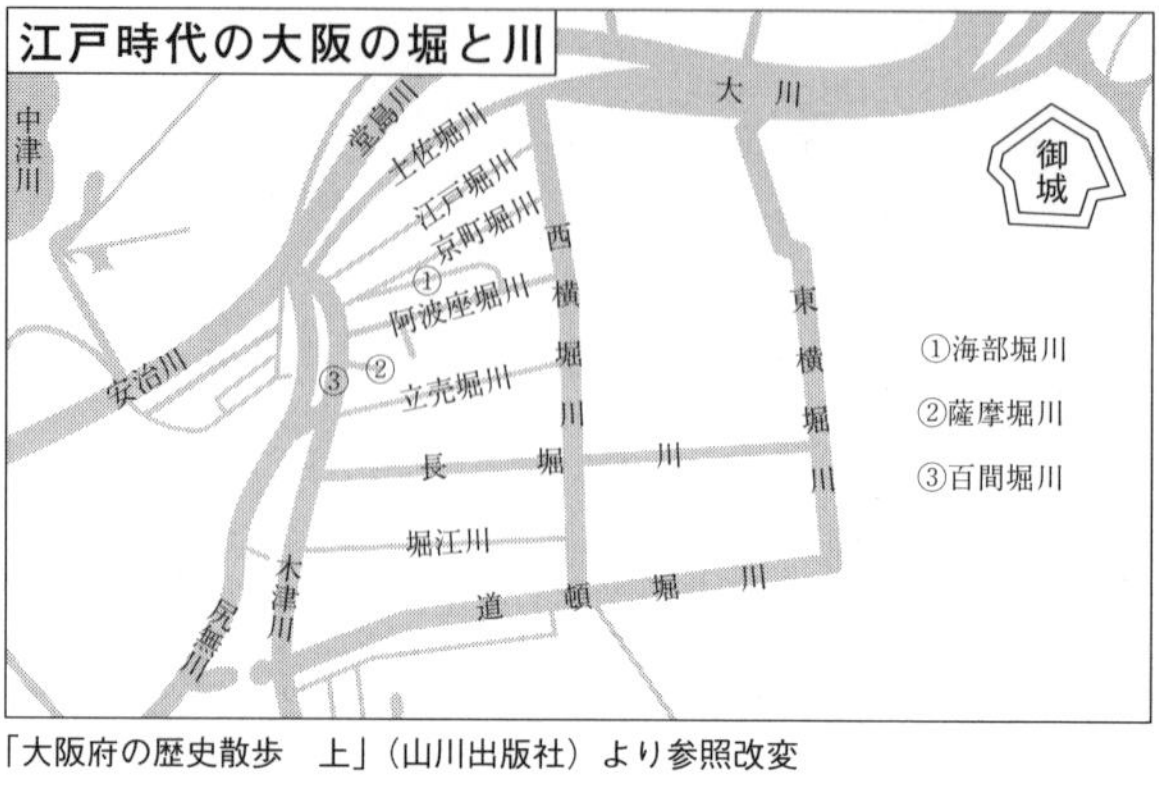

「大阪府の歴史散歩　上」（山川出版社）より参照改変

もある。

一七〇五年、京都から大坂に進出した近松は竹本座の座付き作者となり、『国姓爺《こくせんや》合戦』や『曾根崎心中』などの傑作を次々と生み出していった。竹本座は、義太夫節の開祖・初代竹本《たけもと》義太夫《ぎだゆう》（一六五一～一七一四）が興したものだが、初代義太夫の座元引退後は竹田出雲《たけだいずも》（?～一七四七）が座元を引き受け、作者の近松門左衛門、太夫《たゆう》の竹本義太夫、座元の竹田出雲が〝三位一体〟となった「操《あやつ》り浄瑠璃《じょうるり》」は歌舞伎以上の人気を呼んで、日本の演劇史上に大きな足跡を残すことになる。道頓堀川の南側、現在、戎橋筋の東にある浪花座がその竹本座の跡地という。

道頓堀に芝居小屋の設置が許されたのは一六二六年で、竹本座は一六八五年に旗揚げしている。このころから道頓堀界隈には、格式ある大がかりなものから庶民的なものまで大小の芝居小屋や芝居茶屋が次々に建てられ、歌舞伎や人形浄瑠璃が上演されて、江戸、京都と並ぶ娯楽と芝居興行の一大中心地になっていったというから、今日のミナミの源は〝花の元禄時代〟にあるらしい。

いまも多くの劇場が立ち並び、「大阪を知りたければミナミへ行け」といわれるほど、ここは〝大阪らしさ〟が沸騰しているエリア。伝統芸能の「国立文楽劇場」、お笑いの殿堂「なんばグランド花月」、情緒漂う「法善寺横丁」……〝くいだおれ〟の飲食店街や黒門市場も、優勝すると阪神ファンが飛び込む戎橋もみんなここにある。

近松門左衛門の墓所に立ち寄ってみようと、谷町筋の裏通りから、さらに路地にも入っ

法善寺横丁の水かけ不動と織田作之助ゆかりのおしるこ屋「夫婦善哉」

てくまなく探したが見つからない。立ち話していた女性に尋ね、教えられたとおりに行ってみると、なんのことはない、谷町筋の大通りに面した郵便局とガソリンスタンドの間に説明板があって、人一人がやっと通れる小道の奥に祀られていた。「墓」というので寺を中心に探していたのが間違いだったとわかったが、都会の大通り沿いに一つだけ置かれた墓というのも珍しい。本来の寺が引っ越したため、近松の墓だけがそのまま残されたようだ。

谷町筋沿いの天王寺区民センター角から西へ入った青蓮寺（天王寺区生玉寺町三）には竹田出雲の墓が、四天王寺南の交差点から東へ行った超願寺（天王寺区大道一―一四）には竹本義太夫の墓がある。いずれも、近松の墓所からそれほど遠くない所で縁者たちが眠っている。

古代の都――高津宮と二つの難波宮（郡戸王子）

谷町筋の一本西側の、ずらりと寺が立ち並んだ道を南下し、右側の高津公園を横切って郡戸王子を合祀しているという「高津神社」(8)に着いた。境内の石段を上りきると正面に立派な社殿があり、左手には舞台のような建物があった。ここは仁徳天皇の高津宮跡とも伝えられている所。仁徳天皇はここから村々を見渡し、民家で煮炊きする煙が上らないのを憂えて三年間課役を免除した。その結果、民衆は豊かになって竈《かまど》の煙が上るようになっ

高津神社の本殿への石段

8．高津神社：大阪市中央区高津１-１-29
TEL：06-6762-1122

たという説話が、その舞台のような建物の内壁に絵説きで記されている。はるか昔はここから難波の里が見渡せたのだろうが、いまは林立するビルに遮られて見晴らしは皆無である。しかし、考古学上では高津宮跡は定かでなく、難波宮《なにわのみや》跡が発掘された法円坂で五世紀の大規模な倉庫群跡などが見つかっていることなどから、高津宮もそのあたりにあったのではないかとも推測されている。

上町台地には「難波宮」が二度造営された。最初は七世紀半ばの飛鳥時代に孝徳天皇（五九四～六四五、在位六四五～六五四）の宮殿として造られた「難波長柄豊碕宮《なにわながらとよさきのみや》」で、二度目は八世紀前半の奈良時代、聖武天皇が築いた「難波宮」だが、この二つの難波宮の遺跡は重なり合って造られていることが一九五四年の発掘調査で明らかにされた。現在、その一部が、大阪城の南の法円坂に「難波宮跡遺跡公園」として保存されている。

また、大阪城と遺跡公園の間には、二〇〇一年一一月にオープンした「大阪歴史博物館(9)」がある。常設展示室は七～一〇階で、エレベータで最上階の一〇階に上がると、巨大なコンピュータグラフィックスや等身大の人形などを交えて古代の難波宮時代が紹介されており、階を下りるにしたがって時代が新しくなる。また、博物館の敷地が難波宮の遺跡の上にあることから、地下では実物の遺跡も公開している。

難波長柄豊碕宮は、六四五（大化元）年に飛鳥からの遷都に伴って造営されたもので、完成するのは七年後の六五二年だが、歴史的な「大化改新」の詔《みことのり》はこの新都で発せられた。これは、近江大津京、藤原京を経て、七一〇年に奈良の平城京に都が遷《うつ》される半世紀以上前のことで、それ以前に高津宮が置かれた時代も考慮すれば、上町台地は近畿地方で

歴史博物館前に実物大で復元された５世紀の穀物舎

9．大阪歴史博物館：大阪市中央区大手前4-1-32
TEL：06-6946-5728
開館＝９時30分～17時（金曜は20時まで）
入館は閉館30分前まで／有料
休館＝火曜（祝日の場合は翌日）／
12月28日～１月４日

はもっとも早くから開けた地域だったのかもしれない。その幅わずか二キロの小さな台地に、のちの日本を形づくる文化や政治経済が大きく花開いていったことには不思議な感動を覚える。

夕陽ヶ丘から四天王寺へ

片側三車線の、広い谷町筋をさらに南へ歩き続ける。歩道が広いうえに人通りが少なく、歩道にも中央分離帯にも楓の若葉が繁る。電線は地下に埋設されているらしく、空が広くてすっきりしている。おそらく、昔は眺めのよい丘陵の尾根道だったにちがいない。先駆けの定家は、夕陽を浴びながら馬を飛ばしてこの道を四天王寺に向かったのだろうか……などと想像しながら歩いていたら、「四天王寺前夕陽ヶ丘駅」という長い名前の地下鉄駅の出入口があった。

「夕陽ヶ丘」という地名は、藤原家隆（一一五八～一二三七）が晩年この地に隠棲し、

契りあれば難波の里に宿りきて　波の入り日を拝みつるかな

と詠んだ歌に由来するという。家隆は、定家より四歳年上。定家の父藤原俊成（一二一ページ参照）に和歌を学び、俊成をして「彼は歌仙になる」と言わしめたほどの歌詠みだった。

和歌所《わかどころ》の寄人《よりうど》の一人で、温厚な人柄だったらしく、承久の乱（一二二一年）で後鳥羽院が隠岐に流された後も上皇への文《ふみ》や慰問を続けたといわれる。

「四天王寺前夕陽ヶ丘駅」から西側の道に入った所にある勝鬘院《しょうまんいん》（愛染堂）は四天王寺の施薬院跡で、聖徳太子が勝鬘経を講義した所。北隣の大江神社には一九〇四年に建立された「夕陽岡碑」があり、境内から「なんば」の繁華街に林立するビル群が見渡せる。大江神社の脇から松屋町筋に下る愛染坂があり、このあたりが上町台地の西のはずれになるから、かつては難波の海に沈む夕陽の絶景が見られたであろう。この〝上町台地の西のはずれ〟の道を北へたどってゆくと、夕陽を眺望するような姿で立つ「伝藤原家隆塚」の前に出た。四天王寺秋野坊の僧盛順が享保六（一七二一）年に建立したと伝えられる碑が塚の上にある。さらにその北にある「浄春寺」（曹洞宗／天王寺区夕陽丘町五）は、かつては家隆塚のあたりも寺域としていて、家隆の菩提所として建立された。

「いい眺めでしょう？　ここからの夕陽はほんとうに見事です。ビルがなければもっと素晴らしいんでしょうが」

その後、何度か訪れているうちに顔なじみになった墓守さんが語りかけた。浄春寺の南隣と西隣は大阪府立夕陽丘高等女学校の敷地跡で、現在は空き地のままになっている。もっとも、学校が存続していたとしても、よほど高い建物でないかぎり坂の頂に建つこの寺からの眺望を遮ることはないだろう。

「家隆の庵は、このあたりにあったそうです」と言いながら、墓守さんは境内の北の一隅へ案内してくださった。いまは繁華街に林立するビルで埋め尽くされているが、鎌倉時代初期、まだ上町台地の裾が渚だったころの景観を彷彿とさせるに十分な地点。太陽の沈む彼方に極楽浄土があると信じられていた時代、ここに庵を構えた家隆は、晩年を心静かに過ごす理想の地を得た思いであったにちがいない。市街地にありながら、静かで風も澄んでいる。さまざまな野鳥が訪れ、季節ごとの入り日の変化も楽しめて、墓守さんはここで働ける幸せを堪能しているとほほえんだ。

浄春寺の北側の松屋町筋に下る道が口縄坂《くちなわ》で、青春の淡い思い出を描いた織田作之助の短編『木の都』の舞台となった所。口縄とは蛇の意味で、細い坂道のうねりが蛇のようだったことからこの名がついたと伝えられているが、現在はきれいに整備された石段で、蛇のイメージはない。石段の下り口に、『木の都』の最後の一節を刻んだ石碑が建てられていた。

「四天王寺前夕陽ヶ丘駅」からさらに五分ほど歩いて四天王寺に着いた。石造りの大きな鳥居をくぐって、西の門から境内に入る。この鳥居は一二九四年（鎌倉時代）建立の重要文化財。「御幸記」一行の旅から九三年後に造り替えられたもので、残念ながら定家の目には触れていないわけだが、鳥居そのものは当時からあったようだ。

「釈迦如来転法輪所当極楽土東門中心」（極楽の東門の中心にあたるという意味）の扁額が掲げられていて、平安時代にはここで夕陽を拝んで西方浄土を祈念する風習が盛んだったという。「御幸記」にも、「公卿以下、西の門の鳥居の辺りを徘徊す」とある。

四天王寺[10]は、五九三年、聖徳太子（五七四〜六二二）が建立した日本仏法最初の官寺。

口縄坂。左の黒い御影石は織田作之助の文学碑

10. 四天王寺：大阪市天王寺区四天王寺1-11-18
TEL：06-6771-0066
拝観＝8時30分〜16時30分（10月〜3月は16時まで）／仁王門・五重塔・金堂・講堂・宝物館は有料
休館＝宝物館は月曜休館（祝日・特別行事の日は開館）

金堂の本尊は聖徳太子の本地仏救世観音像で、須弥壇《しゅみだん》の四方に四天王像が安置されている。建物は度重なる戦火や天災で焼失し、その都度再建されてきた。現在の中心伽藍は一九六三（昭和三八）年に鉄筋鉄骨コンクリートの耐火耐震構造で復興したものだが、南大門、仁王門、五重塔、金堂、講堂が一直線に並び立ち、回廊が周囲を囲む「四天王寺様式」の伽藍配置は創建当初のままで貴重な遺構となっている。

ここでは五重塔に上ることができる。飛鳥時代の姿を再現したという五重塔は、外観からはとても現代建築のようには見えないが、内部には灯台のようなコンクリートの螺旋階段が続き、スリッパに履き替えて上ると途中五か所の踊り場を経て最上層部の小窓から大阪の街が見渡せる。

南大門の正面内側に、畳大の「熊野権現礼拝《らいはい》石」が据えられてあった。いつからここに置かれているのだろう。おそらく、遠い昔から数え切れないほどの熊野詣の巡礼たちがこの石に跪いたであろうが、いまは史蹟の一つとして保存されているだけで、石にふれることもできず、まして跪く巡礼の姿はない。開かれた南大門から、はるか彼方の熊野の空をじっと見つめているような黒い巨石に時代の流れがにじんでみえた。

礼拝石（石灯籠の後ろ）。
背後は四天王寺中門と五重塔

生き残っていた王子社（阿倍王子）

松虫塚―安倍晴明神社―阿倍王子神社

御幸の一行は窪津に上陸後、約七キロ進んで、四天王寺付近で第一日目の宿をとった。

その夜、和歌の題が三首出され、定家は明日「住の江殿」で披講するようにと告げられるが、宿所は窮屈で和歌に専念できない。出発初日のこと、皆興奮しているから賑やかで、話し声もうるさかったであろう。たまりかねた定家は宿所を抜け出して、讃良《さらら》(11)に泊まった。

御幸二日目。一行から離れた宿に泊まった定家は、先駆けとして万が一にも遅れてはならないと意を決していたのだろう。未明には馬に乗り、先達《せんだつ》を伴って阿倍野の王子に参詣して奉幣の儀を行った後、さらに約三キロ先の住吉の社に参詣し、同様に奉幣の儀を行った。滞りなく役目を果してあとは一行の到着を待つばかりだが、それでもまだ夜明け前だ。

小宅に入って休息し、陽が昇ってから再び社頭に参じたりして待つが、なかなか一行はやって来ない。几帳面な定家が、ジリジリしながら待ちわびている様子がうかがわれる。一〇時近くなって、やっと御幸の一行が到着する。四度目の熊野詣で旅慣れた気ままな上皇と、初めての随行で緊張し、夜明け前からスタンバイしている定家の落差が面白いが、電話のなかった時代に先駆けの役目を負った定家がなんとも気の毒ではある。それにしても、夜明け前の奉幣使（定家）到来を、阿倍野王子や住吉社側は不眠不休でお待ち申し上げていたのだろうか、それとも叩き起こされたのだろうか。

この日、一行は住吉の社から境の王子、大鳥居の王子、篠田の王子を経て、平松の王子まで進んでいる。四天王寺から和泉市の平松王子までは約二二キロ。各王子で儀式を挙げながら進むのだから、平松王子に着いたころは日もとっぷり暮れていたことだろう。

四天王寺を出て谷町筋をさらに南へ行くと、ほどなく右手に通天閣と天王寺公園の深い

11. 讃良：定家の姉・健（たけ）御前の荘園。現在の寝屋川市、四条畷市、大東市の地域にあった。

緑が見えてきた。急に人通りが多くなる。左手には大きな天王寺駅。「天王寺」の地名は四天王寺に由来するもので、四天王寺の略称にもなっている。公園前の広場や駅前にぼんやりと座り込んでいるホームレスらしい人たちが目立つが、聖徳太子が四天王寺を建立したころは、もっと大勢の民衆が救いを求めてこのあたりに座り込んでいたかもしれない。

歩道橋を渡って、チンチン電車の走る「あべの筋」に入り、しばらく古めかしいアーケードの商店街を行く。新感覚のファッションビルやエキゾチックなアジアンレストランと、昔ながらの八百屋さんや食堂などが混在する、下町風の賑やかな道だ。

地下鉄谷町線の阿倍野駅そばの歩道に、三〇センチ角で一メートルほどの高さの「熊野かいどう」の石柱。さらに一〇分ほど歩くと、路面電車はあべの筋から分かれて専用の線路道に入っていった。次の「松虫」の交差点で古道はあべの筋から枝分かれした西側の小路に移るのだが（古道の入り口には「熊野かいどう」の銅板をはめ込んだ石碑がある）、楚々とした名前に反して、松虫通りはしっかりした大通り。交差点から松虫通りを西へ一〇〇メートルほど行くと、右側の歩道沿いに「松虫塚」が祀られている。この地は昔は松虫の名所だったとかで、「松虫通」はこのあたりの地名にもなっている。

松虫塚には、松虫にまつわるさまざまな伝説が残されているが、一説に後鳥羽院の寵愛を受けていた松虫という女官が晩年を過ごした庵の跡とも伝えられている。女官松虫は妹の鈴虫とともに後鳥羽院に仕えていたが、院の熊野詣の留守中、法然《ほうねん》上人(12)の念仏宗に入信し、出家してしまった。熊野から帰って事の次第を知った後鳥羽院は逆上し、一二〇七年、

あべの筋

12. 法然（1133～1212）：浄土宗の開祖。美作国（岡山県北部）の地方武士の子として生まれる。1147年比叡山に登り、出家。天台教学を学ぶが疑問を覚え、1150～1175年までの25年間、黒谷に隠棲して研鑽の結果、難行苦行を排して称名念仏に専念する浄土宗を開く。女性や文字を読めない人にも直接布教し、信者は一般在家から後白河院にまで及んだが、南都北嶺の僧からは敵視された。

入信させた法然の門弟を六条川原で死罪に処したが怒りはおさまらず、師の法然をも法名を剥奪して土佐に配流した。法然は四年後に帰京を許されて東山大谷に住まい、翌年八〇歳で没している。

「松虫」の交差点から古道を二〇〇メートルほど進むと、左手に安倍晴明《あべのせいめい》神社が現れた。安倍晴明（九二一〜一〇〇五）は、平安中期に朝廷に仕えた天才的陰陽師《おんみょうじ》。天文博士、左京権大夫《ごんのだいぶ》などを歴任し、よく異変を予知して藤原道長（二二一ページ参照）に重用されたという。

怨霊やもののけの跋扈《ばっこ》した平安時代には陰陽師の託宣は絶大で、熊野詣の出立の日取りや儀式もすべて陰陽師の占いによって進められた。花山院が那智で一〇〇〇日の山ごもりをしたときは、その岩穴の魔を晴明が払ったと伝えられている。「御幸記」一〇月一二日の項に「陰陽博士晴光未だ参ぜず」とあるから、上皇の熊野詣には途中からであっても陰陽師が同行したのだろう。

安倍晴明神社は、江戸時代までは格式を誇る大社の一つだったが、幕末に衰退し、大正時代に阿倍王子神社の末社として復興した。境内には、晴明の「産湯井の跡」や江戸・文政年間に建立されたという「誕生地」の石柱などがある。晴明の誕生地については四国の讃岐《さぬき》（香川県）という説もあり、「葛之葉《くずのは》子別れ伝説」（九〇ページ参照）とも相まって、史実と伝説の入りまじった不思議な人物である。

「阿倍王子神社」（「御幸記」では阿倍野王子）は、安倍晴明神社の五〇メートルほど先にあった。大阪府内に現存する唯一の王子社で、境内全域が「もと熊野街道」の史跡となっ

道標

安倍晴明神社

ている。四本の楠の巨木が生い繁り、そのうちの三本には神木の印の注連縄が巻かれて、色鮮やかな社殿の立つ境内を深々と覆っている。

休憩所の屋根の下のベンチでひと休み。地元の人たちの親しみと崇敬を集めているのだろう、サラリーマン風の若い男性やビニールの買い物袋を下げた女性たちが次々に立ち寄っては賽銭を投じて何事か祈り、境内を通り抜けてゆく。これが、本来の王子の姿だったのか。初めて出合った〝生きている王子社〟に、何やら安堵感のようなものが込み上げてきた。

住吉大社

阿倍王子神社を出て、古道を南へ進むと再び路面電車の走る広い道に合流した。しばらく、色とりどりのチンチン電車を楽しみながら歩き続ける。交通量はそれほど多くないが、道幅が広いわりに歩道はない。交差点でクロスした左右の道に目をやると、どちらも幾分か下り坂になっていて、ここは上町台地の尾根の続きらしい。

「帝塚山三丁目」の電停前の交差点を右折すると、南海高野線の帝塚山駅の踏切に行き当たる。あたりは高級住宅地で、駅の周辺もおしゃれな店が点在している。その先のこんもりした繁みは国史跡の「帝塚山《てづかやま》古墳」だが、説明板があるだけで、鉄柵の門扉は閉じられて中に入ることはできない。また、古墳を囲んだコンクリート塀に民家がぴったりついて

阿倍王子神社の本殿

立ち並んでいるので、周囲からは古墳を垣間見ることもできない。

「帝塚山三丁目」の交差点を反対側に折れると「万代池《ばんだいいけ》公園」に突き当たる。噴水の上がる大きな池をみごとな桜並木が囲んでいて、市民の憩いの広場になっているようだ。公園に沿った道に「熊野かいどう」の石碑があったが、静かな道は短くて、すぐにもとの電車道に出ることになる。

「かみの木」駅を右に見て南海高野線の踏切を渡り、左へ進んで住宅街に入り込んでしまった。地元の人に住吉大社(13)を尋ねたら、右手の森がそうだという。大丈夫、通れますからと教えられて路地を通り抜けると、すぐに住吉大社の塀沿いの道に出た。左に進んで地元の人が「ハッタツ(14)（初辰）さんの門」と呼んでいる小さな門から入ってみたものの、広い境内に樹木が生い繁り、どっちへ行ったらいいのかわからない。あちこち歩き回って、ようやく正面参道に出た。赤い「反橋《そりばし》(15)」が木々の緑に包まれて、静かに池に影を落としている。

参道入り口にそびえる西大鳥居はチンチン電車の走る道に面していて、その先は南海本線の住吉大社駅。駅の西側は広い住吉公園になっている。昔はこのあたりは渚だったのではないかと思うが、埋め立ての進んだ現在では海はまったく見えない。

住吉大社の反橋を渡って朱塗りの門をくぐると、第三、第二、第一と、同じ大きさの三つの本宮の社殿が奥に向かって一直線に並び、入り口に近い第三本宮の右隣に、これも同じ大きさの第四本宮が並んでいる。いずれも一八一〇年造営の国宝建造物で、檜皮葺《ひわだぶ》きの四棟の荘厳な社殿が白い玉砂利に深い影を落とし、境内を行く巫女《みこ》さんの緋袴姿も神々し

住吉大社のシンボル反橋

13. 住吉大社：大阪市住吉区住吉2-9-89
TEL：06-6672-0753
14. 初辰さん：第１本宮の裏手にある「楠珺社（なんくんしゃ）」の俗称。樹齢1000年の楠の根元に祀られた「商売繁盛」の守り神。月初めの辰の日は「初辰さん」と呼ばれ、「運勢向上」を祈願する人々で賑わう。「初辰」を「発達」とかけ、「四十八辰」は「始終発達」になることから、48回の月詣りを行う人も多いという。
15. 反橋：住吉大社のシンボルで、太鼓橋とも呼ばれる。長さ20メートル、幅5.5メートル、高さ3.6メートル。現在の石の橋脚は、慶長年間に淀君が奉納したもの。

い。

由緒によると、祭神「住吉大神」は、イザナキノミコト(16)が祓除《みそぎはらい》をしているときに海中から生まれた三神の総称で、第一本宮に底筒男命《そこつつのをのみこと》、第二本宮に中筒男命《なかつつのをのみこと》、第三本宮に表筒男命《うわつつのをのみこと》がそれぞれ祀られている。第四本宮の祭神は息長足姫命《おきながたらしひめのみこと》(17)。新羅《しらぎ》から凱旋した息長足姫が神恩に感謝し、神託を得てこの地に住吉大神を祀ったことに始まり、後年、姫自身も祀られるようになったという。

住吉大神は「祓《はらい》を司る神」であり、同時に「航海の神」であることから、社殿は海に向かってほぼ西向きに建てられている。また、「和歌の神」としても古くから尊ばれ、熊野詣に向かう上皇は必ず参拝に立ち寄ったと伝えられる。

後鳥羽院の一行も里神楽や相撲などを奉納した後に御所（住の江殿）で歌会を催し、そのとき定家は講師《こうじ》（和歌の朗詠役）を務めている。「和歌の神」への初めての参詣によほど感激したのだろう、「感悦の思ひ極まり無し」「感歎の思ひ禁じ難し。定めて神感あらんか。今此の時に遇ひて、此の社を拝す。一身の幸なり」と、やや興奮気味に記している。

およそ三万坪という広い境内を森林浴を兼ねて散策してから、落ち葉を掃いていた水色の袴の神主さんに熊野街道への近道を教えていただいて大社を後にする。

16. イザナキノミコト：
記紀にある男神。天神（あまつかみ）の命により、女神のイザナミノミコトとともに、国土と山川草木など一切の自然物を司る神々を生み出した。

17. 息長足姫命：
のちに神功（じんぐう）皇后と呼ばれる。熊襲平定のため、仲哀天皇とともに北九州に赴くが、仲哀は筑紫で急死。息長足姫は妊娠中ではあったがそのまま新羅に出兵し、凱旋。筑紫に帰って、のちの応神天皇を出産。大和へ帰還の途中、難波で反乱軍を鎮圧。70年近く応神の摂政を務めたという。伝説の域を出ず、実在の確証はない。

摂河泉の境界——堺市街（境王子）

小さな龍ノ橋を渡ると右側に「熊野かいどう」の石柱が現れた。「八軒家浜から一〇キロ」とある。どこにも立ち寄らなければ二時間程度の距離だが、大阪は歴史の活断層みたいな所だ。おぼろげな定家の足跡をたどっている間に、「時間」は現代から古代へ、また中世へと、容赦なく私を引き回す。

左手の墨之江《すみのえ》小学校の塀に「津守廃寺」の説明板が掲げられ、一メートルぐらい奥の校庭内に「津守廃寺」と記された石柱が見える。七世紀後半の瓦や土器が出土し、住吉大社ともかかわりの深い古代の寺があったと推定されることなどが記されている。津守廃寺との関係は不明だが、津守氏は土地の豪族で代々住吉社の神主を務めている。

左手に遠里小野《おりおの》小学校を見ながら道なりに進んで、大阪市と堺市の境界を流れる大和川の堤防に出た。堤防上は車が一台すれ違えるほどの舗装道路で、左手に南海高野線の鉄橋、右手には車も人も通る遠里小野橋が見える。すぐ下の川原は遊歩道で、所々に菜の花が咲いている。川幅は二〇〇メートルもなさそうだが、ゆったりとした流れを運んでいて、釣り糸を垂れている人の姿も見える。対岸の緩やかにカーブした砂地の河原では、子どもたちが野球に興じている。薄曇りの空の下をカモメが一羽、ゆったりと飛んでいった。

遠里小野橋を渡ると「堺市」の標識が現れた。このまま進めば中心街の堺東《さかいひがし》駅前に出るが、古道は東寄りの境王子に向かって続いている。鉄工所の立ち並ぶ道を抜けて、まも

路面の「熊野かいどう」の道標

境王子跡の石碑

なく南海高野線のこぢんまりした浅香山駅《あさかやま》に出た。踏切を渡って南進し、大阪刑務所の角の信号を右折すると前方に大きな樹木が見えてきた。その樹木の繁る、道路脇の小さな王《おう》子《じ》ケ《が》飢《うえ》公園に「境王子跡」の石碑があった。説明板（一九九二年設置）に、この公園付近に境王子があったと推定されること、碑の原石は本宮大社のお膝元の和歌山県本宮町からの寄贈によることが、熊野詣の歴史や九十九王子の概説とともに記されている。堺は、摂《せっ》津《つ》、河内《かわち》、和泉《いずみ》の三国（通称「摂河泉《せっかせん》」）の境界にあることから「境」とも呼ばれていたというが、あまり公園らしくない名前の「王子ヶ飢」についての説明はない。

「御幸記」には「田の中なり」とあるが、あたりは住宅街で当時の風景は想像もつかない。「此所より、先陣御昼養の御所に参ず」。田の中で休んだとも思えないから、堺の町あたりで昼食をとったのかもしれない。次いで「大鳥居の新王子」へ進んでいるが、そのルートの詳細はわからない。静かな住宅地の道を、ともかく南へ向かう。

　このあたりでは、各家の前の道端に昔ながらの「石のゴミ箱」が置かれている。町並みは現代建築。街道筋の家々が建て直され、石のゴミ箱だけが〝やむをえず〟残されたというわけでもないらしい。古いものばかりでなく、最近つくったような真新しいものが混じっているところをみると、この町の人々が石のゴミ箱を厄介もの扱いしていないことが分かる。道は掃除が行き届いて、石のゴミ箱に不潔な印象はない。いまや全盛のプラスチックのゴミ容器がたいてい物陰にひっそりと置かれているのに比して、石のゴミ箱が表通りで晴れやかに使われているのが面白い。

昔ながらの石のゴミ箱。前方は方違神社の森

突き当たりに神社特有の石塀と森が見える。信号機のある広い道を渡ると、やはりそこは「方違神社《かたたがえ》」（ほうちがい、とも言う）だった。境王子跡から約五分。方違神社は摂河泉の境界にあり、引っ越し、新築、旅行などでの方位による災難を除く神社として古くから崇敬を集めているということで、この日も宮参りや車の御祓いを受ける人たちが大勢詰めかけていた。方違神社の西隣には反正《はんぜい》陵古墳(18)（田出井山古墳）の深い森が続いている。

方違神社前の広い道は大和と難波津を結ぶ長尾街道で、東へ行けば一〇分たらずで阪和線「堺市駅」に突き当たり、西へ進めば、同じく一〇分ほどで南海高野線「堺東駅」に着き、さらに西へ二、三〇分歩くと南海本線「堺駅」がある。堺東駅あたりは堺市の中心街で、駅の西側に市役所や裁判所などの公共施設、デパート、商店街などが立ち並んでいる。市役所前の大通りから西の旧市街へ続く道が「大小路《おおしょうじ》」。この大小路とチンチン電車が走っている紀州街道が交差したあたりに平安時代末期ごろから町が生まれ、発展していったという。紀州街道は、このあたりでは近世の熊野街道と重複している。

堺市のメインストリートはどこも道幅が広く、ことに大小路の歩道の広さには驚かされる。堺市は太平洋戦争で焦土と化したから、戦後の都市計画によることは明らかだが、大小路の歩道は車道より広そうだ。海外の道は知らないが、人の歩く道が車に優先して確保されている清々しい大通りを私は初めて歩いた。かつての日本には希有な自由自治都市を築いた堺は、街の歴史的シンボル大小路を懐古的に復元せず、車社会日本の一歩先を行く道として蘇らせた。いにしえの町は消えても、自由自治の気風は脈々と受け継がれているように思われる。

18. 反正陵古墳：全長148メートル。前方幅110メートル。被葬者は５世紀半ば頃の大王反正とされているが、それにしては小ぶりであることから疑問視する声もある。
19. 与謝野晶子（1878～1942）：明治・大正・昭和の歌人・詩人。1901年、上京。同年『みだれ髪』を出版し、『明星』を主宰する与謝野寛（鉄幹）と結婚。数多く熱情的な詩歌をよみ、明星の中心的存在として活躍。反戦詩『君死にたまふことなかれ』が大きな反響を呼んだ。
20. 堺市立文化館：堺市田出井町1-2-200　ベルマージュ堺弐番館２～４F　TEL：072-222-5533
開館＝９時30分～17時15分（入場は16時30分まで）／有料
休館＝月曜・祝日の翌日（翌日が土・日・祝日の場合は開館）／年末年始／臨時休館あり

大小路の南に並行する「フェニックス通り」は戦後に造られた大通りで、中央分離帯にはみごとなフェニックスの並木が整然と続いている。この通りを西へ行くと、紀州街道の交差点から一〇分ほどで「旧堺港」に出る。いまはレジャーの釣り船が停泊する小さな港で、レンガを敷き詰めた海浜公園が港を囲んでいる。

このフェニックス通りと大小路の間で、紀州街道の西側歩道の植え込みに「与謝野晶子[19]の生家跡」の碑があった。「海恋し潮の遠鳴り数えつつ　少女となりし父母の家」と歌った晶子が生まれ育った老舗菓子商の家はすでになく、いまは海の音も聞こえない。堺市駅前の「堺市立文化館[20]」の三階に「与謝野晶子文芸館」がある。

ガイドブックの指示に従って、方違神社の東の鳥居を出て右折し、「てくてくろーど[21]」と名付けられたウォーキング道を反正陵古墳に沿って進み、住宅地に入って緩やかな坂道を上る。道幅が狭い故なのだろうが、歩道には段差がない。そのかわり歩道と車道は、グレイとベージュのレンガ様の敷石できれいに色分けされている。

やがて大きな三叉路。右角に安政四年の石柱があり、「是より高野山女人堂十三」の文字。斜向かいには「竹内街道」と刻んだ新しい石柱が立ち、「右・高野街道、左・竹内街道」とある。高野街道は、むろん弘法大師空海[22]の霊場高野山への道。竹内街道は、瀬戸内海に面した大阪から竹内峠を越えて、大和朝廷や奈良朝文化の栄えた大和盆地へ通ずる道。朝鮮半島からのさまざまな文化もこの道を通って流入したと推定される古代からの街道で、日本最古の官道という。

竹内街道と高野街道の分岐点

21. てくてくろーど：堺の町の名所旧跡を歩いて巡るための道。全長約7キロ。路面の所々にサイコロの絵がはめこまれていて、進行方向を示している。
22. 弘法大師空海（774～835）：平安初期の名僧で真言宗の開祖。816年、朝廷より高野山の地を賜り、真言密教修験の道場として金剛峯寺の基を拓く。入滅後「大師信仰」が広まり、高野山詣が行われるようになったが1872（明治5）年まで女人禁制で、女性は高野山入口の女人堂から遙拝した。「弘法大師」は没後朝廷より贈られた諡号。

緑の墓標——仁徳陵古墳

南へ向かう高野街道を進んで、広い国道の榎橋歩道橋を渡ると、仁徳陵古墳の正面までの距離を示した道標が金網の塀を背にして立っていた。塀の向こうは水を湛えた堀で、その奥の樹木に覆われた島が世界最大級の陵墓として名高い仁徳陵（大山《だいせん》古墳）らしい。「左・一四五〇メートル」「右・一四〇〇メートル」、つまりここは真裏で一周約三キロ。右回りすることにして、左手に仁徳陵の繁みを見ながら足を運ぶ。陵の土手はそれほど高くなく、雑草が生い繁っているが、ある程度手入れされている様子がうかがえる。かねがね「仁徳陵には誰も入れない」と聞いていたので草茫々の自然林になっているのかと思っていたが、手入れ作業の人は入れるのだ。堀沿いの道はレンガ敷で、右側には小奇麗な住宅が並んでいる。仁徳陵の周遊道路から新緑の公園に入り、そこを通り抜けると仁徳陵の正面を走る御陵通りに出た。そこから先は堀の幅が広くなり、金網は張り巡らされていない。左に進んで、やっと「正面」に着いた。

玉砂利を敷きつめて塀をめぐらした正門は柵と鉄扉で閉じられていて、その向こうに大きな鳥居がそびえている。奥にはこんもりと木々の繁る森。厳かな静けさがあたりを覆っている。

この広大な緑は、今日まで神域として守られてきたおかげかとも思うが、いまだに天皇陵はアンタッチャブルで、学術調査も許されないというのは不思議でならない。先年、奈

周縁約３キロの仁徳陵古墳正面までの距離を示す道標

良の明日香村を訪ねたとき、案内してくれたタクシーの運転手さんが「ここには古墳がたくさんありますが、古代の天皇の古墳で確かなのは、天武・持統両天皇を合葬した古墳だけだといわれています。鎌倉時代に盗掘されて、当時の取り調べ書などから確認できたそうですが、あとは明治になって適当に命名されたもので確証はありません」と、麓のほうは蜜柑《みかん》畑になっている天武・持統両天皇の大内山陵脇の農道を走りながら説明してくれた。

この仁徳陵にしても、豊臣秀吉は狩場として丘上に茶屋を設け、明治時代には石室の発見と甲冑やガラス椀の出土が記録され（『大阪府の歴史散歩・下』参照）、アメリカのボストン美術館には仁徳陵出土の品がある（『天皇陵を発掘せよ』参照）という。すでに荒されている可能性が高い。古墳の外側を覆う樹木の手入れだけでなく、内部も調査確認して、祀るべきものを祀る、残すべきものを残す時代になっているのだと思うのだが。

御陵通りを隔てた南側は堺市のシンボルパーク「大仙公園」(23)。堺市は商工業都市と聞いていたが、仁徳陵といい、大仙公園といい、なんと緑豊かな所だろう。後日、堺東駅の近くにある堺市庁舎高層館の二一階展望ロビー(24)に上ったとき、この地域が、建物の海の中のちっぽけな小島でしかないことにショックを受けるのだが、ここに着いたときは「堺市は森の都」に思われて嫉妬を覚えたほどだった。

石油化学コンビナートの林立する商工業都市堺の一角に広がる、身体の芯まで緑に染まりそうな地域。石のピラミッドでなく、樹木と水の〝生きた〟陵墓を築いてくれた古代の為政者たちにともかくも深謝したい。

仁徳陵古墳

23. 大仙公園：81万平方メートル。園内に「堺市博物館」「日本庭園」「茶室」などがある。
24. 展望ロビー：無料。平日９時～21時、土・日・祝日10時～21時。入場は20時30分まで。喫茶・軽食コーナーあり。

ちょっと寄り道（大鳥居の新王子）

南宗寺―石津神社―大鳥神社

御陵の正門近くに一軒だけあるレストラン「ＧＯＲＹＯ」で一時半まで昼食・休憩の後、御陵通りを西に進んで南宗寺《なんしゅうじ》に寄り道する。中世の堺は数多の茶人を輩出したが、その精神的基盤を支えたのが南宗寺。一五二六年、京都大徳寺の住職古嶽宗亘が南宗庵を開いたことに始まり、武野紹鷗《たけのじょうおう》（一五〇二～一五五五）、千利休《せんのりきゅう》（一五二二～一五九一）、津田宗及《つだそうきゅう》（？～一五九一）など、茶道の祖とされる人々が、ここで歴代の住職から禅の思想を学んでいる。いわば「茶道の原点」の寺だ。

広い交差点を過ぎると御陵通りの桜並木が途切れ、殺伐とした道に変わった。新しく拡張された道らしい。「大仙西町二丁」で高架下の交差点を渡り、さらに西へ。まもなく、歩道沿いに堀跡が現れた。

戦国時代の堺は日本史上珍しい、町人を主体にした自由自治都市だった。傭兵隊を編成し、他国の軍勢や戦火から守るため、町の周囲には巨大な環濠堀《かんごうぼり》がめぐらされていたという。しかし、堺は信長以後その自由を剥奪され、大坂夏の陣で灰塵に帰した。当時の環濠堀は埋め立てられたと聞くし、目の前の堀もそれほど大きなものではない。江戸時代に入って新しい町の区域を示す堀が築かれたというから、これはそのころの堀の名残かもしれない。堀沿いに歩いて、土居川に架かる山之口橋を渡る。堀はその土居川[25]に続いていた。橋の欄干に「小栗街道」の文字と旅人たちの絵柄がはめ込まれている。熊野街道[26]は、近世

25. 土居川：下流で川幅を広げ、市街を囲むように続いている。やはり堀跡らしく、海沿いに走る南海本線の手前でほとんど直角に北に向きを変え、フェニックス通りの住吉橋あたりでは、敵を寄せつけなかったという中世の環濠堀を想像するに足る、堂々たる川幅で流れている。
26. 紀州街道と重複していた熊野街道（小栗街道）は、土居川に突き当たったところで紀州街道と分かれ、山之口橋から南下している。

には「小栗《おぐり》街道」とも呼ばれていたようだ。

　地元の人に道を尋ねて、午後二時、南宗寺[27]に着く。山之口橋からは約五分。「龍興山」と扁額の架かった簡素な山門は閉じられている。入れないのかしら。しばらくためらっていると、涼やかな水浅葱《みずあさぎ》色の和服を着た白髪の女性と、続いてダークスーツの男性が何やら語り合いながら脇門から出てきた。扉が開いたままになっていたので、そこから境内に入り、石畳に導かれて奥へ進んでゆくとまばらな松林の向こうに白壁に囲まれた塔頭《たっちゅう》がある。そこに受付があって、やさしそうな老人が座っていた。

「初めてですか？　この奥に千家一門の墓がありますが、利休の墓はこれです。仏殿では天井画を観てください」などと、案内図に鉛筆で道順を記しながら説明してくれた。手荷物を預かっていただき、身軽になって山内の細道に入る。

　南宗寺は一六世紀半ばの創建。東西八町南北三〇町の壮大な寺院だったが、一六一五年の「大坂夏の陣」で市街もろとも焼尽した。しかし、復興への取り組みは早く、当時の住職沢庵[28]和尚らの尽力で一六一九年に再建、一六五二年ごろまでにほぼ現在の伽藍が整えられたという。禅宗の寺らしい静けさ。人の気配はなく、黄色い牡丹が一株鮮やかに咲いている。苔むした墓碑をめぐり、枯山水の庭園や利休好みの茶室「実相庵」、仏殿では狩野外記信政の八方睨みの龍の天井画などをゆっくり拝観して、南宗寺を後にする。

　小栗街道の絵柄の付いた山之口橋まで戻り、道路を横断して湊小学校前の古道を南へ行くと国道26号に突き当たり、「堺市東湊町」の歩道橋（上は高架）を渡る。高架とほぼ平

南宗寺の山内

27. 南宗寺：堺市南旅篭町東3-1-2
TEL：0722-32-1654
拝観時間＝9時～16時／有料

28. 沢庵（1573～1645）：臨済宗大徳寺派の禅僧。但馬国（兵庫県）の生まれ。大徳寺で修行の後、徳禅寺、南宗寺を経て大徳寺の住職となる。1628年、大徳寺が法度違反の責めを問われた際、幕府に抗弁して翌年出羽国（山形県）に流されたが、1932年許される。徳川家光に重用され、江戸品川の東海寺を開山。栄達を望まず、国師の称号下賜も固辞した。和漢の学識に秀で、茶道、詩歌、書画などをよくした。『明暗双々集』『太阿記』など多くの著作を残す。

行して走る一本左の旧道を一キロほど歩くと、国道に合流。前方、歩道橋手前の信号機の標識は「石津《いしづ》神社北」とある。

大きな楠の奥に石津神社(29)の立派な社殿が見える。「日本最古の戎宮《えびす》」とあるので立ち寄って由緒書きをいただいたら、「創建は二千四百有余年前、孝昭天皇（紀元前四七五年）の勅願による」と記されているのでびっくり。主祭神は八重事代主神《やえことしろぬしのかみ》、大己貴神《おおなむちのかみ》、天穂《あめのほ》日神《ひのかみ》の三神。

八重事代主神は大国主命《おおくにぬしのみこと》（別名・大己貴神）の子。天照大神の仰せに従って国土を献上するようにと、父の大国主命にすすめたと伝えられている。開運招福、五穀豊穣、交通航海、縁結びなどの神として「えべっさん」の敬称で親しまれている。天穂日神は天照大神の子で、出雲に降りて大国主命と国土奉献の交渉にあたり、和議を成立させた。その後は大国主命祭祀の祭主となり、出雲国造《いずものくにのみやつこ》の祖となったという。

おなじみの「えべっさん」が実は大国主命の息子さんだったなんて、ぜんぜん知らなかった。それにしても、えびすさまはなぜ鯛と釣り竿を持っているのだろう。八重事代主神は釣りを主業にしていたのだろうか。石津神社の主祭神はいずれも出雲の神様のようだが、なぜ「最古の戎宮」が大阪にあるのだろう。本家本元の出雲に〝最古〟の戎宮はないのだろうか。また、八重事代主神は「えびす（戎）さま」として敬愛されているが、異民族や、中央政権に従わない辺境の人々もまた「夷」や「戎」と呼ばれたのはなぜなのか。改めて問いなおしてみると、記紀に登場する神々はもとより、「えびすさま」という慣れ親しんだ神様についてさえ私はほとんど知らないのだ。

29. 石津神社：堺市石津町1-15-21　TEL：0722-41-0935

石津川の戎橋を渡り、地図を見ながら二〇分ほど歩いて和泉国一之宮「大鳥神社(30)」に着く。一万五〇〇〇坪という広大な境内は「千種《ちぐさ》の森」と呼ばれる深い樹林に包まれている。祭神は、白鳥伝説(31)のヤマトタケルノミコトと、この地に栄えた大鳥氏という部族の祖先神大鳥連祖神《おおとりむらじのみおやのかみ》であり、起源は、白鳥と化したヤマトタケルが当所に来てしばらくとどまった一八五〇有余年前と由緒にある。

「御幸記」にある「大鳥居の新王子」の場所は特定されていない。新王子とは、新しく設けられた王子の意味で、当時、大鳥神社にちなんで名づけられた新しい王子社がこのあたりにあったらしい。後鳥羽院一行が大鳥神社に立ち寄ったかどうかは不明だが、「御幸記」の四二年前、平清盛・重盛父子は熊野参詣の途次、ここに立ち寄って祈願し、和歌や名馬を奉納している。このとき詠んだ清盛の和歌、

かひこぞよかへりはてなば飛びかけり　はぐくみたてよ大鳥の神(32)

の歌碑が本殿前の右手の小さな築山の上にある。高さ二メートル余りの石碑に刻まれた堂々たる文字は、明治初期の大鳥神社の大宮司で、近代日本画壇の巨匠として知られる富岡鉄斎（一八三六～一九二四）の筆になるという。

この熊野参詣の途次に「平治の乱」（一一五九年）が起こり、切目王子でこの情報を受けた清盛は急遽引き返して源義朝を滅ぼした。以後、平氏一門が軍事力を握り、平氏の総帥清盛の官職は破格の勢いで上昇し、「平家にあらずんば人にあらず」の時代が始まる。

富岡鉄斎筆の平清盛歌碑

30. 大鳥神社：堺市鳳北町1-1　TEL：0722-62-0040
31. 白鳥伝説：記紀によれば、ヤマトタケルは、父景行天皇の命を受けて東伐西討で諸国をめぐり、倭（やまと）に帰着することなく能褒野（のぼの／三重県鈴鹿市から亀山市にまたがる地域）で没するが、大きな白鳥と化して御陵から飛び立ち、河内国に飛来してとどまった後、天高く飛翔し去ったという。なお、「和泉国」は757年に和泉、大鳥、日根の三つの郡を合わせて設置したもので、それまでこのあたりは河内国に属していた。
32. 歌碑解説：「かひこ」は蚕（かいこ）ではなく、鳥の卵（かいご）のこと。「かへりはてなば」の「かへり」は、「孵る」と「帰る」の掛け詞。「かけり」は「翔り」。「自分は今は卵ですが、孵ったら（京へ帰ったら）盛んに飛び廻りたいと願っていますので立派に育ててください。大鳥の神様」

大鳥神社から一〇分ほどでＪＲ阪和線の鳳《おおとり》駅に着いた。踏切を越えて鳳本通り商店街の長いアーケードに入る。五〇〇メートルぐらい続いたろうか。一方通行で入ってくる車と対面しながら進み、府道30号大阪和泉南線を右折する。

この日は北信太《きたしのだ》駅まで歩いて打ち切り、五時五八分のＪＲで「大阪国際ユースホステル」に帰った。

王子探索の基地——ユースと浜寺公園

大阪府下で王子社を探し歩く間、私は「大阪国際ユースホステル(33)」に泊まり続けたが、このユースは熊野古道探索のために造られたのではないかと思うほど、願ってもない基地になってくれた。

まず、位置が理想的だった。ユースは大阪湾に面した浜寺公園の南端にあり、公園の二キロほど東を熊野街道が走っているが、そこは大阪府内の熊野古道のほぼ中間地点になっていた。そして、何よりありがたかったのは、ユースの最寄り駅に南海本線の「羽衣」とＪＲ阪和線「東羽衣」の二つの駅があったことである。熊野古道はおおむね南海本線と阪和線の間にあって、どちらかの線の、その日歩き終えた地点に近い駅から電車で戻り、翌朝、その駅からまた歩き始めればよかった。しかも「東羽衣駅」からは、起点である窪津王子の最寄り駅「天満橋」へも、府下最後の馬目王子の最寄り駅「山中渓《やまなかだに》」へも、乗り換

33．大阪国際ユースホステル：
高石市羽衣公園丁（浜寺公園内）　TEL：0722-65-8539

えや急行への乗り継ぎが順調なら三〇分以内で行くことができた。それに大阪市と和歌山市の間は電車の本数も比較的多く、夜遅くまで運行されている。おかげで、毎日の宿を案ずる不安からも、重い荷物からも解放された。

次に施設が快適だった。鉄筋三階建て、二二〇人が宿泊できる公営のユースで、一九九七年にできたばかり。設備が申し分なく整っていて食事もなまじのホテルよりはるかに美味しく、門限が二三時、入浴は二四時までというのも嬉しかった。ここには和室やツインルームなどの特別室もあるが、私は二段ベッド六人の一般室に泊まった。ベッドにはカーテンが巡らされ、それぞれに小さな照明灯があって一応のプライバシーは保たれている。

ユースはどこも原則的には相部屋で、かつてのようにシーツ持参の必要はなくなったが、ベッドメーキングは各自で行い、ときには言葉の通じない異国のホステラーと泊まり合わせることもある。完全にマイペースとはいかないが、それがかえってマナーを育み、一期一会の旅人同士に共感と信頼感をつくりだす。また、ユースは情報交換の場でもあって、ユニークなホット情報をキャッチできることも多い。私がユースに泊まるのは、そのあたりに対する期待もあってのことだが、いつもこちらの狙いどおりになるとはかぎらず、今回は情報はおろか「熊野古道」という名称を知る人にさえ出会えなかった。もっとも、「熊野古道はあまり知られていない」というのも一つの情報にはなったのだが。

近世の旅人たちも、それほどプライバシーは保障されない宿で、泊まり合わせた者同士が互いの情報に耳を傾けながら旅を続けたのではなかろうか。人間同士の関係がもっと温かく、もっと密であった時代の香りがユースには漂っている、そんな気がする。

大阪国際ユースホステルのアプローチ

羽衣駅と東羽衣駅は至近距離にあって、どちらもユースから徒歩約一二分。ほかに徒歩約二〇分の所に、堺、住吉方面へのチンチン電車の始発駅もある。徒歩一二分とか二〇分と聞くとやや遠いような気がするが、駅は浜寺公園の出入り口に近く、園内を散歩しているうちに着いてしまうので苦にはならなかった。

浜寺公園は、南北二キロの松林のみごとな公園である。現在は、公園の沖は埋め立てられ、水路を隔てた臨海工業地帯の煙突が昼夜を分かたず白い煙を吐き続けているが、かつては白砂青松の景勝地で「高師の浜」と呼ばれ、

音にきく高師の浜のあだ浪は　かけじや袖の濡れもこそすれ

と、祐子内親王が詠んだ百人一首の和歌でも知られる所だった。

一九七三（明治六）年、政府の要人大久保利通[34]がたまたまこの地を訪れた。そのとき、昔は一〇数キロも続いていた豊かな松林が、開拓で三分の一にまで伐採されている姿に驚き、

音にきく高師の浜の松が枝も　世のあだ波はのがれざりけり

と即興で詠んで、案内役の堺県令（現在の県知事）に示した。そのため伐採は中止となり、同年一二月には公園地の指定を受けて松林は保護されることになった、という逸話が残さ

明治40年建築の南海電鉄浜寺公園駅駅舎

34．大久保利通（1830～1878）：
鹿児島県（薩摩藩）出身。倒幕・王政復古の指導者の一人。版籍奉還、廃藩置県の実現など新政府の基礎を固め、中央集権を強化し、財政面の確立に努めた。欧米を巡遊して1873（明治６）年帰国。西郷隆盛らの退陣後は内務卿となり、独裁的な手腕をふるう。東京紀尾井坂で暗殺された。

れている。浜寺公園内の正門付近に、このとき大久保利通が即興で詠んだ和歌を刻んだ「惜松碑」が建立され、その前には、樹高約一〇メートル、幹周り約二・八メートルの「鳳凰の松」が枝を広げている。

まさに「世のあだ波はのがれざりけり」で、かつて全国の街道筋を濃緑に染めていた松並木や名松が次々に姿を消していったなかで、それでもまだ浜寺公園には立派な松林が残されている。この松林が「ほんの一部」だというのだから、かつての高師の浜がどれほど緑豊かな浜辺だったか想像に余りある。浜寺公園の前を走る府道２０４号は紀州街道だから、この道を通った旅人は高師の浜の白砂青松を堪能できたにちがいないが、二キロほど内陸の熊野古道を行った定家の目には触れなかったようで、いささか残念な気もする。

葛之葉伝説の森——聖神社（篠田王子）

きょうの目的地はユースから近い。北信太駅から一五分ほど歩いて熊野街道沿いに立つ聖《ひじり》神社[35]の一之鳥居をくぐる。

緩やかな坂道を上ってゆくと、頻繁に自家用車が下りてくる。道なりに一〇分ほど歩いて上りつめた丘の頂には大きな団地が広がっていた。五階建ての白い棟がいくつも立ち並んだ鶴山台団地。坂を上りつめたあたりの右側に高さ二メートルぐらいの金網で囲まれた池があり、「信太の森の鏡池」という説明板があった。

松林のみごとな浜寺公園

35. 聖神社：和泉市王子町919
TEL：0725-41-1545

「信太の森」は、多くの和歌に詠まれ『枕草子』にも記された所だが、ことに安倍保名《あべのやすな》が猟師に追われて傷ついた白狐を助けた「葛之葉伝説」（浄瑠璃の「信太妻《しのだづま》」）で名高い。救われた白狐は女人に姿を変えて保名のもとを訪れ「葛之葉」と名乗って妻となり、男児をもうける。数年後、わが子に正体を知られた葛之葉は、「恋しくば訪ね来てみよ和泉なる信太の森のうらみ葛之葉」と歌を書き残して姿を消す。保名は童子を連れて信太の森を訪ね、池に映る葛之葉と最後の別れを惜しんだ。安倍保名と葛之葉の間に生まれた男児こそ、のちに天才的陰陽師、天文博士として名をはせた安倍晴明（七二ページ参照）と語られている……ということが記されている。

また、「鏡池は聖神社の神事を行う際に身を清める神聖な池でもあった」ともあるが、現在の鏡池は濁っていてそんな風雅な雰囲気からはほど遠い。池の向こう側の森の中に聖神社があるらしかったが、入り口が見あたらないので引き返す。散歩中の老人に道を尋ね、やはりずっと坂の下に聖神社への分岐があることがわかった。

聖神社への坂を上って第二の鳥居をくぐると、新緑の森の奥に極彩色の小さな社殿があった。現代から切り離されたような〝異空間〟に、人間とキツネのラブストーリーの舞台にふさわしい雰囲気が漂っている。この信太の森も、押し寄せる都市化の波から懸命に守る人々の努力で保存されていると聞く。

一〇時、丘を下って古道に戻る。探し方が悪かったのか、一之鳥居のすぐ南の路地内にあるはずの篠田王子跡は見つからなかった。

聖神社

小栗判官・照手姫の道

熊野街道の道沿いの八坂神社前に徳川時代の「高札場跡」。向かい側の永尾緑地には「小栗判官笠掛け松」と「照手姫腰掛け石」がある。高札《こうさつ》とは、掟、条目、禁制などを板に書いて掲げたもので、今日なら市役所の掲示板みたいなものだろうが、上意下達で規律の厳しかった江戸時代の高札は威厳をもって設置されたようだ。テレビや新聞のなかった当時は、法を迅速に周知徹底させるために人目につく町辻や市場、渡船場などに高札場が設けられたという。この高札場跡の存在も、熊野街道が旅人の往来で賑わっていた一つの証といえよう。

いっぽう、向かい側の「笠掛け松」と「腰掛け石」は、一九九九年三月に復元・植樹されたばかりの〝新品〟だが、地元の人々の小栗判官と照手姫への愛着がにじんでほほえましい。この道は、「熊野街道」というより「小栗街道」の名で親しまれているのだ。

数年前、梅原猛のシナリオで上演されたスーパー歌舞伎「オグリ」が話題をさらったが、「小栗判官譚」は説経浄瑠璃に始まる歌舞伎の人気演目の一つで、四〇〇年にわたって上演され続けている。脚本によって相違はあるが、およそ次のようなストーリーで展開する。

京の都の二条家に生まれた小栗は文武両道に優れた若者ではあったが、恐れ知らずの無法者。父に勘当されて常陸国に追放されるが、相模国の郡代の娘照手姫と出会って、互いに一目惚れの恋に落ちる。照手の父は怒り、計略をめぐらして小栗を殺害。照手も家を出されて、人買いの手から手に売られる。そして、一度は死んだ小栗が熊野権現の霊験で蘇生し、別れ別れになった照手姫とも再会して幸せに暮らしたというもの。

「小栗判官」は、「三椒太夫」「信徳丸」と並んで日本三大説経節《せっきょうぶし》の一つに数えられている。説経節は伝説や昔話に近いもので、民衆のなかから生まれた物語を土台に、霊験譚や人の世の愛憎話などをからめながら、音曲に合わせて仏教の教えをわかりやすく説いた中世からの語り物であり、日本芸能の源流といわれている。したがって、原作者はいない。語り継ぐうちに創意工夫も加わっていったのだろう、土臭くていささか粗っぽいが、それだけに説経節には日本の民衆の根底に流れる感性や習俗が生き生きと反映されている。

「小栗判官」の原型は、室町前期に滅亡した常陸国（茨城県）の領主小栗氏で、その鎮魂のために遊行巫女によって語りだされたものが時宗《じしゅう》の本山である藤沢の遊行寺《ゆぎょうじ》(36)に伝わり、熊野権現の霊験譚として遊行僧によって脚色され、語り伝えられて全国に広まったらしい。遊行寺には、実在の人物として小栗判官助重と照手の墓が祀られている。しかし、もの悲しいストーリーの多い説経節のなかで、「小栗判官」は異色といっていいくらい明るく希望に満ちていて、ドラマチックで、スケール壮大。歌舞伎の通し公演では六時間にもおよぶが、物語の圧巻は小栗と照手の熊野詣の道行きである。

毒殺されて地獄に落ちた小栗は閻魔大王の計らいで、「この者を熊野本宮の湯ノ峯の湯に入れてやるように」と書いた胸札をつけて蘇る。だが、顔は当人とわからないほどに崩れ、目も耳も口もきけず、歩くこともできない。

36. 遊行寺：神奈川県藤沢市西富1-8-1
TEL：0466-22-2063
＊時宗の総本山「藤沢（とうたく）山無量光院清浄光寺（しょうじょうこうじ）」の異称。一般に遊行寺の名で親しまれ、寺も遊行寺と自称している。時宗の代々の指導者は「遊行上人」とも呼ばれ、４代目の呑海によって1325年に清浄光院として開かれた。

そんな小栗を遊行寺の上人が「餓鬼阿弥《がきあみ》」と名づけて土車（箱車）に乗せ、「ひと引き引けば千僧供養、ふた引き引けば万僧供養」と、胸札に書き添えて送り出す。小栗を乗せた土車は、「えいさらえい」のかけ声とともに沿道の人々によって少しずつ熊野に向かって運ばれてゆく。後生を願って車の綱を引く者のなかには、小栗を殺した敵の一味もそれと知らずに加わっている。

やがて小栗は、遊女宿に売られて水仕女《みずしめ》[37]となった照手のいる青墓宿（岐阜県大垣市）に着く。照手はそれが夫の小栗とは気づかぬまま、「せめて夫の供養に」と五日間の休みをもらい、髪振り乱して関寺（大津市）まで土車を引いてゆく。そして別れ際に、「湯ノ峯で病が癒えての帰りには、必ず立ち寄ってください」と、小栗の胸札に照手の名前や所を書き添えて青墓宿に帰る。

土車はその後も人々の手から手へ引き継がれ、天王寺、住吉大社、堺……と過ぎて、土車では登れない険しい山道に至るが、そこに通りかかった峯入りの山伏たちに背負われ、熊野本宮の湯ノ峯（三三四ページ参照）に到着する。そして、目、耳、口と順次回復して、四九日目にもとの凛々しい小栗に蘇り、青墓宿を訪ねて照手姫との再会を果たす……。

この物語は、表向きは日本人好みの波瀾万丈のラブロマンスでありながら、背後に、当時の社会の最下層に置かれた民衆の苦しみ悲しみが潜んでいる。時宗[38]は鎌倉時代末期に一《いっ》遍《ぺん》（一八五ページ参照）が開いたものだが、『一遍上人絵伝』[39]を見ると、小栗判官の物語は時宗が広めたといわれる所以と時代背景がよく理解できる。「絵伝」には各地での念仏《ねんぶつ》

遊行寺境内に立つ一遍上人像

37. 水仕女：台所などで水仕事をする下女。「みずしおんな」ともいう。
38. 時宗：一遍を開祖とする教団名。当初、「時衆」と呼んだが、江戸時代に「時宗」と改められて宗派の名になった。開祖一遍以来、寺を持たず、諸国をめぐり歩いて修行・説法につとめる遊行を旨としていたが、南北朝時代に入ると定住の僧が増え始めて組織化が進み、室町時代には幕府や大名の保護を受けて発展した。踊念仏や和讃が芸能の発達をうながして、茶道や連歌、謡曲などの指導に携わる僧も多く、中世社会の文化に大きな影響を与えている。

会《え》の場に、乞食たちが小屋掛けまでして集まっている様子が描かれていて、そのなかには癩《らい》者(40)と思われる白布で顔を包んだ者も混じっている。小栗は遊行寺の上人によって「餓鬼《がき》阿弥《あみ》」(41)と名づけられたが、当時、癩者は「がきやみ」と呼ばれていた。つまり、小栗は癩者の姿で地獄から蘇ったのである。

そのころ癩は「天刑病《てんけいびょう》」と呼ばれ、前世の罪業の報いと信じられていた。また、遺伝とも考えられて、当人はもとより家族までも社会から疎外された。だから、患者は自ら家を出るか追い出されるかして、野垂れ死にを覚悟の旅に出るしかなかった。各地を巡り歩いた一遍や時宗の遊行僧たちの周りには、こうした行きどころのない癩者や乞食がついて回っていた。時宗の僧たちは、念仏会の場に信者が持ち込む布施の食料などを分け与えてくれたので、とりあえず命をつなぐことができたのであろう。それに、何より時宗の教義は彼らの生きる力を呼び覚ました。

身分差別が当たり前だった時代、「穢《けが》れ」ある者は神社への参拝も許されなかった時代に、癩者はすでに仏罰を受けて浄化された者であるとみなして彼らを懐に入れ、穢れを払うお札を発行して、生理中の女性や喪中の者でも寺社の参拝ができるように計らったという時宗の思想と行動は、ヒューマニズムに溢れて画期的である。近代ヒューマニズムは、一五、六世紀にイタリアで起こったルネッサンス（人間復興）に始まるといわれているが、そのころ日本では、一三世紀の一遍に始まる時宗のヒューマニズムが民衆の圧倒的な支持を受けて全国を席巻していたのではなかろうか。遊行寺の境内には一九二六年に国の史跡に指定された「怨親《おんじん》平等の碑」（敵味方供養塔）があるが、これは上杉禅秀の乱（一四一

39. 『一遍上人絵伝』：一遍の生涯とその教えをあらわした絵巻。一遍の門弟聖戒（しょうかい）が詞をつくり法眼円伊に描かせて、一遍没後10年目（1299年）の命日に完成した12巻本の『一遍聖繪』は、歓喜光寺（京都）所蔵（第７巻のみ国立博物館蔵）の国宝。円伊については詳細不明だが、リアリティのある筆致で一人ひとりの表情まで克明に描かれ、当時の建築や生活風俗に関しても貴重な史料とされている。

40. 癩：1879年に癩菌を発見したノルウェーの医学者ゲルハルト・ヘンリック・アルモアー・ハンセンにちなみ、現在では医学上、法律上ともハンセン病と呼ばれている。ハンセン病は癩菌によって皮膚や末梢神経が侵される感染症だが、今日では優れた治療薬があり、発症率も低く、予後のよい病気であることが明らかにされている。1907年に制定された「らい予防に関する法律」（1996年に廃止）により、元患者は国の隔離政策によって一般社会との接触を断たれていた。2001年５月、熊本地裁で国が元患者の基本的人権を侵害し続けた事実が認められ、元患者の国家賠償訴訟が全面勝訴した。

六年）のおり、一山の僧と近在の人々が敵味方の別なく負傷者を治療し、戦没者を弔った祈念碑と伝えられている。アンリ・デュナン（スイス）によって国際赤十字が創設される四〇〇年前、その博愛精神を先取りしたような碑である。「小栗判官」の物語は、そうした時宗の思想とそれを支持した民衆の感性が編み出した傑作と私は思う。

小栗は、時宗の周辺にたむろしていた癩者、すなわち当時「もっとも虐げられた者」のシンボルにちがいない。また、この時代には、実際、前世の罪業消滅と来世の極楽往生を祈って熊野詣に向かった癩者は少なくなかったらしい。白装束（死装束）に身を包んでひっそりと旅を続ける癩者の姿は、明治大正期に入っても、熊野のみならず全国各地の霊場で見受けられたのである。歩行困難な者は、土車に乗って周囲の人に引いてもらったり、健常者にも厳しい山道を、両手に下駄を履いて這い登ったりしながら進んでいったという。現代人からみればすさまじいばかりの光景だが、土車で運ばれてゆく小栗の姿も当時の人々にとっては日常の風景の一つだったかもしれない。

また「青墓宿」は、遊女宿の多い宿場として知られていた所だという。遊女宿に売られた女たちも、癩者に劣らず悲惨な生涯を送らねばならなかったにちがいないが、照手はそんな女性たちのシンボルであろうか。ちなみに、一遍の誕生地にある宝厳寺《ほうごんじ》が、(42) かつて遊廓がひしめいていた歓楽街の奥に静かにたたずんでいるのもどこか因縁めいて面白い。照手は「関寺」まで土車を引いていったが、『一遍上人絵伝』に関寺の様子も描かれていて、ここではとくに民衆が群れ集い、上人の言葉に熱心に耳を傾けたらしい。また、「悪党」と呼ばれた男たちが「一遍上人の一行と、念仏会に詣でる人々に迷惑危害をおよぼす者は

41．阿弥：時宗では、男は阿弥陀仏号（略して、阿弥号、阿号）を、女は一房号または仏房号を名乗った。能楽の観阿弥、世阿弥、庭師の善阿弥、室町幕府の同朋衆で三阿弥と称される能阿弥、芸阿弥、相阿弥などはいずれも時宗に属していたと思われる。

42．宝厳寺：松山市道後湯月町5-4
TEL：089-946-2418
＊665年創建の古刹で、初代上人は一遍の弟子仙阿。像高約1.13メートルの「一遍上人立像」は、室町時代の作という国指定重要文化財で、一遍上人像の最高傑作といわれている。

厳罰に処す」と書いた高札を掲げて、山賊や野盗の襲撃から守ったという。

さらに物語の展開で見逃せないのが、民衆が土車の綱を引く場面である。念仏聖に布施の品々を贈ったり、寺社詣の人々を助けるのが功徳を積む行為であることは当時の社会の常識であった。とりわけ千僧供養、万僧供養[43]は、仏教ではたいへん大きな功徳とされているが、熊野詣の癩者の土車を引くことはその千僧供養、万僧供養に相当すると時宗の僧たちは説いた。敬虔な者も強欲な者も、大きな功徳が積めるとなれば喜んで綱を引く。平素は人間扱いしない「がきやみ」でも、熊野詣の癩者は「餓鬼阿弥」という阿弥陀さまなのだ。極楽往生を願って綱を引く民衆のなかには、殺人者もいれば遊女宿で働く照手のような女もいるが、熊野権現と時宗は「信不信」も「浄不浄」も問わない。ただ一人の癩者のために、全員が合力して「えいさらえい、えいさらえい」と無心で車の綱を引くのである。それは知らず知らず、悩みや嘆きを捨て、我執を捨てて、ひと引きごとに万民平等の仏の世界へ近づいてゆく聖なる道行きである。小栗と照手の物語が広まるにつれて、庶民にとっても熊野は希望の光輝く憧れの地になっていったにちがいない。

それにしても、小栗の土車を引いて照手が歩いたのは岐阜県下なのに、ここ大阪に「笠掛け松」や「腰掛け石」があっていいのかなぁと、植えられたばかりのか細い松に、一瞬、可笑しさが込み上げた。しかし、小栗、照手の物語に題材を得た戯曲の種類は多く、たとえば歌舞伎の「小栗判官譚姫競双葉絵草紙」などでは、照手が熊野まで小栗の土車を引いてゆく筋立てになっている。それに、ここはなんといっても「小栗街道」なのだ。物語ではなく、実際に病回復を切願する多くの「小栗」や「照手」が熊野権現の霊験を求めて行

遊行寺本堂

43. 千僧供養、万僧供養：1,000人、1万人規模の僧侶を集めて行う法事。

き交い、道端の松の枝に笠を掛け、石に腰を下ろしてひと息入れたことだろう。

いずいのうえ神社（平松王子／井ノ口王子）

「笠掛け松」「腰掛け石」の永尾緑地から一〇分ほど歩いた所で、左側の児童公園に立てられた後鳥羽院の歌碑が目にとまる。しかし、歌碑は私の頭より高い造成地の上にあり、部分的に植え込みの陰に隠れているうえ、文字も達筆すぎてすんなりと読めない。道を回り込んで公園内に入って歌碑の裏側を覗いてみたが、説明文らしいものは見えなかった。歌碑の読み取りは諦めて近くにあるはずの「平松王子跡」を探しにかかったが、後日、ここは後鳥羽院の「平松新造御所」跡で、歌碑には、

平松はまた雲深くたちにけり　あけ行く鐘はなにはあたりか

と刻まれていたことを知った。

このあたりも団地。目印の「放光池一号公園」を目ざして、団地の間の緩やかな坂を上りつめると、そこに目ざす公園があり、交差点を挟んで公園入り口の対角の歩道に「平松王子跡」の石碑が立てられていた。

「御幸記」一行は、二日目の宿を平松王子付近に定めている。

平松王子跡は吹きさらしの丘の頂にある。上皇の御所は風の当たらない坂の麓に構えられたようだが、もし定家らの宿所が平松王子の周辺に設けられていたとしたら……初夏のいまごろはまことにそよ風の心地よい所だが、旧暦一〇月は新暦の一一月、夜の寒さはいかばかりだったことか。上皇は「平松新造の御所」に入り、定家らは板敷きもない仮小屋に泊まった。「板敷無し」ということは、地面に筵《むしろ》を敷いただけだったのかもしれない。地面からの冷えと隙間風にさらされながら眠るのだから、この時代の大宮人は、我々が想像するよりはるかに逞しかったようだ。「三間の萱葺の屋。風冷く月明し」。「御幸記」から八〇〇年後の庶民の私は、空調のきいたユースのベッドで真っ白なシーツと羽布団に包まれて眠っている。

放光池一号公園は、整備されてまだ日が浅いような感じ。人影もまばらな広々とした芝生のベンチで休憩の後、公園沿いの道を南へ進む。区画整理が進行し、新しい道や家が造られているが、昔は人家もなく、見晴らしのよい丘陵の尾根道だったにちがいない。四天王寺あたりは上町台地の丘の上で、堺市以南でも道は緩やかな丘の上に続いていた。熊野古道は、海岸よりいくぶん内陸の、なだらかな丘陵を結んで拓かれた道のように思われる。

道標はなく、住宅地の道が新しく感じられてちょっと不安になり、庭先で洗車していた中年の男性に確認すると、いま歩いている道が熊野古道だと保証してくれた。井口王子の手前にあるはずの泉井上神社も確かめておこうと、「いずみいのうえ神社もこの道沿いですね」と重ねて尋ねると、「私たちは、『いずいのうえ神社』と呼んでいます。何か書くものをお持ちですか？」と、私の差し出したメモ帳に略地図と分岐点の目印や距離など書き込みながら道順を詳しく説明してくださった。一人旅では、こうした地元の方との出会いほど嬉しいことはない。心からの感謝を述べて先へ進む。

泉井上神社は、ガイドブックには「いずみいのうえ」とカナがふられている。後刻、宮司さんにうかがったところ、「いずいのうえ」は「出ずる井戸の上に建つ神社」の意味だが、近ごろは「いずみいのうえ」と呼ぶ人も多いらしく、どちらでもいいとのこと。地名、山名、寺社仏閣などには地元独特の読み方や愛称があって、それがわかると急に地元との距離が縮んだような親しみを覚える。

大阪に着いた当初、「松屋町筋」を「まつやまちすじ」と言ったら、大阪在住の方に「地元では、『まっちゃまちすじ』と言います」と教えられた。それでも「まっちゃまち」というのは難波っ子のイキな言葉遣いで、正式には「まつやまち」というのではないか、旅人の私が「まっちゃまち」などと言ったら下手な関西弁を使うようなもので、かえって失礼になるのではないかとしばらく〝悩んで〟いた。しかし、地名辞典にも「まっちゃまちすじ」で載っていて「まつやまちすじ」では解説されていないことを知り、それからは安心して「まっちゃまちすじ」と呼んでいる。外国では発音が違うと理解されないことが多いが、ぐっと身近な関西でも、関東者の私の発音ではすんなり通じなかったり、逆にこちらが聞き取れなかったりする。たまに困ることがあっても、お国なまりの交換は旅の楽しみの一つである。

住宅地の坂を下ると、ほどなく左手に前奈池一号公園。自衛隊駐屯地前の信号を渡って分岐点の右の道を進み、和泉市立伯太《はかた》小、府立伯太高を過ぎる。道端に「小栗街道」の古い石柱が立つ。メモ帳の略地図は実に正確だ。まもなく昔ながらの大きな屋敷が残る静かな府中町に入り、平松王子跡から三〇分ほどで右側に泉井上神社(44)の古い鳥居が現れた。

泉井上神社は和泉国総社で、泉州全体の氏神として崇敬を集めている。境内北側には総社本殿（国指定重要文化財）が祀られていて、正月三が日と、一月九〜一一日の和泉戎祭の期間のみ公開される。また、「和泉」の地名や「泉井上神社」の社名の源にもなっている「泉」が本殿の裏手にあるという。ただし、現在は地下水減少のため六〜一一月の期間しか湧き水が出ない。通常は非公開で、泉の参観にはあらかじめ社務所に申し込みが必要とのこと。

泉井上神社を出て国道を渡り、道なりに進んで槇尾川に架かる柳田橋に出る。橋のたもとの右側に子宝地蔵が祀られていて、そこに「井ノ口王子跡」の石碑もあった。

「御幸記」三日目。まだ松明が必要な薄明かりのなか、定家は先達をともなって平松王子を出発し、約二・五キロ先の井口の王子に参拝してここで一行を待った。「此の王子、新王子と云々」とあるから、井口の王子もそのころ新しくできた王子だったのだろう。この日、一行は井口王子から厩戸《うまやど》王子まで八つの王子に参詣しながら、約二二キロ進んで信達《しんだち》宿に泊まっている。

さて、井口王子の後は約二・五キロ先の「池田の王子」だ。

府中町の古道沿いの屋敷

44．泉井上神社：和泉市府中町62-38
TEL：0725-44-8182

岸和田市（池田王子）

久米田寺・久米田池／だんじり祭り

「大町」の信号を右折して、JR阪和線久米田駅の踏切に出る。「久米田駅の西裏付近が池田王子の旧跡」とガイドブックにあるので、踏切を渡って駅の裏手に回ろうとしたが、道がない。付近の人に尋ねると、やはり駅の裏手は畑で道はないという。久米田駅の西裏には「下池田町」の地名がある。諦めきれず、和歌山寄りの踏切から再度アプローチ。ベビーカーに乗せた赤ちゃんと五歳ぐらいの男の子を連れた若い女性が踏切が開くのを待っていたので、「池田王子跡」を示す碑がないかと尋ねてみた。

「私たち、いつもここを歩いているけれど、見たことないですね」と言いながら一緒に探してくれたが、見渡すかぎり野菜畑で碑や説明板の影さえもない。途中で母子と別れ、強引に畦道に踏み込んでみたものの、たちまち行き止まりになってしまった。畑のはずれの民家の庭先で洗濯物を干しながら、年配の女性が不審そうに見つめている。「池田王子跡」を探して道に迷い込んでしまったと、万一を期待して話しかけてみたが、やはりそんな遺跡や説明板は見たことがないという。諦めるしかない。府道に戻って約三・五キロ先の「浅宇河の王子」へ向かう。

沿道に「久米田寺」「久米田池」の看板が目立つ。久米田池は、八世紀前半に行基《ぎょうき》（六六八～七四九）が拓いた和泉地方最大の灌漑用水池で、現在の池の周囲は約四キロ。池のほとりに立つ久米田寺[45]は、池を維持管理するために建立された寺院に始まると伝えられ、

45．久米田寺：岸和田市池尻町934

いずれも久米田駅から南東へ一キロほど緩い坂を上った所にある。

行基は、河内国大鳥郡（現在の堺市）の生まれ。JR津久野駅から南へ歩いて一五分ほどの所にある家原寺《えばらじ》(46)が行基の生家跡だ。そこから約一・五キロ東には熊野古道沿いの大鳥神社や鳳駅がある。現在、家原寺の前には公園を兼ねた家原大池があるが、これも行基が造った溜池ではなかろうか。あたりに説明板は見あたらなかった。

行基は一五歳で出家し、研鑽を積んだ後、全国を行脚して教えを説きながら、池、堤防、橋、井戸などを造り、民衆から「行基菩薩」と崇め慕われた。それが誤解を招いて一時布教を禁じられたが、聖武天皇の信任を得て、東大寺大仏建立の際には勧進役を依頼され大僧正に任じられている。また、初めて日本全図をつくったのも行基と伝えられているが、それを裏づけるように、各地の古寺を訪ねると「行基創建」の寺が実に多い。畿内だけでも四九の寺院を建立し、それに先立って、父の菩提寺として自宅（生家）を寺にしたのが家原寺という。

やがて府道はやや斜め右に方向を変えるが、直進して古道を行く。車の制限速度二〇キロの小道。古いレンガの紡績工場跡を右に見て、まもなく道《どう》ノ池《いけ》の土手に突き当たった。堤道に上ってさざ波のたつ池を心地よく眺めながら歩いていたら、行き止まりになってしまった。どう探しても堤から下りる道がない。やむなく引き返して、もとの府道に戻る。

ここは岸和田市。道ノ池の手前で古道にクロスしている国道26号を右（北西）に行くとすぐ阪和線の「東岸和田駅」で、さらに一・五キロほど先には南海本線の「岸和田駅」が

46. 家原寺：堺市家原寺町1-8-20　TEL：072-271-1505

ある。岸和田市といえば「だんじり祭り」。毎年九月一四、一五の両日は、南海本線岸和田駅から海側の地域一帯で、揃いのハッピに身を固めた若衆たちに引かれただんじり（山《だ》車《し》）が豪快に駆け回り、町は祭り一色に染まって、屋台や夜店、見物の人波で埋め尽くされる。三〇〇年の伝統を誇る「岸和田だんじり祭り」は、一七〇三（元禄一六）年、岸和田城主岡部長泰が五穀豊穣を祈願して行ったことに始まるという。

　各町ごとに自慢のだんじりを曳行《えいこう》するパレードは、長い綱の先端を幼小児が引き、その後ろに小学生、少女グループ、中学生が続き、だんじりの近くは男子高校生から青年たちが固めるといった具合に、役割分担して全員参加方式で進む。曲がり角での「やりまわし」、だんじりの屋根で舞う大工方、重いだんじりが地響きを立てて駆け抜けるなど、たぶん昔はもっと荒々しかったのだろうが、現在でも幼児や少女たちが参加しているとは思えない豪壮な祭りだ。赤ちゃんから老壮年まで、黒いパッチに半纏《はんてん》姿。キリリと鉢巻きをしめた少年少女たちには、祭りにありがちな気の緩んだ様子はなく、どの顔も明るく引き締まって凛々しい雰囲気を漂わせている。

　城下町岸和田の旧道は、敵の侵入を防ぐ目的で細くジグザグに造られているが、だんじりはその旧道も駆け抜ける。だんじりが傾いて家の軒先や電柱に触れることもあるらしく、沿道の曲がり角には砂袋が積み上げられ、紅白の布を巻いて万一に備える家もある。また、市内の「だんじり会館」[47]では実物大のだんじりの屋根に乗る体験もできるなど、観光客がいつでも祭りの雰囲気を味わえるように映像や展示で詳しく紹介している。

　岸和田市だけでなく、泉州の秋祭りでは各地の神社でだんじりが曳行されて、しばらく

だんじり祭り（岸和田市）

47. だんじり会館：岸和田市本町11-23
TEL：0724-36-0914
開館＝10時～17時（入館16時まで）／有料
休館＝月曜（祝日の場合は開館）／
12月30日～１月４日

「だんじり祭り」の余韻が続くが、この期間、泉州の家庭では白玉の団子を大豆の餡でくるんだ「くるみ餅」を食べて祝う習わしがある。夏場はかき氷などを載せて食するが、ほんのり甘く柔らかな大豆餡と白玉の組み合わせは緑茶との相性も良い。

「ええ、くるみ餅はだんじり祭りの食べ物です。昔はどこの家でも、石臼の裏で大豆をひいてつくりました。石臼の裏でないとキメの細かい粉ができませんから。私ら子どもの時分、おばあさんによく手伝わされたものです。祭りのときは、普段の一〇倍から二〇倍も売れるんですよ」

と、パレードのメインストリート、駅前通り商店街の甘味処の御主人が語ってくれた。

「根来攻め」の激戦地（麻生川王子／鞍持王子／近木王子／鶴原王子）

半田一里塚－積善寺城跡－南近義神社

岸和田市から貝塚市に入る。左手の畑の彼方に連なる和泉山脈が、ぐっと近づいてきた。津田川を越えて五〇〇メートルほど歩いた所に「麻生川王子跡」（「御幸記」では浅宇河王子）とガイドブックに記された三和製作所があった。付近を探したが、史跡を示すものはない。上方史蹟散策の会編『熊野古道』によれば、一九〇九年、麻生川王子祠はたしかにこのあたり（現・貝塚市半田）にあったらしい。しかし、同市久保の阿理莫神社に合祀され、四五〇〇平方メートル以上もあった王子祠跡は民有地に払い下げられたという。また、この地には七世紀に渡来人秦氏によって寺が建立されるなどして栄えた時代もあった

「あ〜、疲れたァ」だんじりを引いて市内を走った後、ひと休みする子どもたち

が、織田信長の根来攻めによる破壊と兵火が歴史の証を消し去ってしまったようだ。ここから、府道と平行した東側の古道に入る。

「小栗街道」と刻まれた古い石柱一基。傍らに「半田一里塚」の説明板が立つ。背後の金網の柵で囲まれた、低い石垣の繁みがその一里塚らしい。大阪府指定の史跡になっているが、江戸時代にはこうした一里塚が各街道で一里（約四キロ）ごとに築かれていた。「一里塚」は織田信長が始めたものを徳川家康が継いで設けたもので、日本橋を起点にして五間四方の塚を道の両側に築き、そこには榎が植えられた。それは距離の目印であると同時に休憩地でもあって、旅人は、夏は榎の葉陰で疲れを癒し、秋にはその実を食べて空腹をしのいだという。

一里塚の大半は、その後の道路拡張や改修工事で崩されて失われてしまった。たまに「一里塚跡」の表示を見かけることはあっても、そこには名残の古木や小さな祠があるだけで、塚そのものはあまり見たことがなかった。半田一里塚は周囲約三〇メートル、高さは四メートルもあったらしい。長い年月の間に塚が崩れたのだろうか、現在の塚は、説明板の写真にあるような堂々とした高さは失われている。

街道沿いには茶店や宿屋ばかりでなく、無料で休憩できる「王子」や「一里塚」が続いていたのだ。当時の人々は王子や一里塚に導かれて、熊野へも大阪へも、迷わず足を運べたにちがいない。現代は「乗り物の時代」なのだとしみじみ思う。飛行機、船、鉄道、車での旅なら、地図がなくともとりあえず目的地に行けるし、途中には休憩施設もある。けれど、基本であるはずの「徒歩の道」が無視されているのはなぜだろう。乗り物は時間や体力の節約になるし、現代生活は乗り物なしでは成り立たないから乗り物の道が整備されることに異を唱えるつもりはないが、そのために「歩く道」が破壊分断されて道標もなく、「歩いて目的地に行けない」というのはどう考えてもおかしい。

水間鉄道「石才駅《いしざい》」そばの踏切を越え、積善橋北の広い交差点を渡ると、貝塚中央病院裏の近木川を見下ろす福永橋の手前左角に「積善寺城跡《しゃくぜんじ》」の説明板がひっそりと立っている。しかし、城跡の名残のようなものは何もない。

積善寺城は、秀吉の紀州攻めに抗った根来《ねごろ》・雑賀衆《さいか》(48)の主城。約六〇メートル四方の本丸に、一部三重の濠を巡らした城内に総勢九五〇〇人が立てこもったという。一五八五(天正一三)年、いっこうに陥落しない積善寺城に手を焼いた秀吉は、和議の話をもちだして開城させた後に急襲して落城させた。

福永橋を渡り、長谷川ノ坂を上って、JR阪和線「和泉橋本駅」の南の踏切を渡る。スーパーの広い駐車場角にある「地蔵堂」の信号で府道を横断し、次の角を左折して、近木《こぎ》王子と鞍持《くらもち》王子を合祀する「南近義神社《みなみこぎ》(49)」に着いた。ここでもうっそうとした社叢が目印になって、迷わずに到着する。

このあたりは丘の上の住宅地だが、古くは高野山丹生神社の荘園で、南近義神社には南河内郡天野村の村社だった当時の「天野明神社」の扁額が残されている。現在の本殿は近年造営されたものだが、境内の古めかしい格子戸の社の中に、室町期のものという檜皮葺きで漆塗りのこぢんまりとした社殿が保存されていた。

積善寺城跡そばの福永橋

48. 雑賀衆：紀伊国雑賀荘を中心にした武装集団。一向宗の門徒が結集して織田信長に抵抗した雑賀一揆で勇名をはせる。一向宗の本拠地・石山本願寺が信長と11年間にわたって戦った「石山合戦」では、本願寺側の主戦部隊として雑賀孫一率いる鉄砲衆が活躍するが、1580（天正８）年、本願寺が敗北して終わった。大坂城は，この石山本願寺の跡地に秀吉が築いたもの。根来衆については121ページの注欄「根来寺」を参照。
49. 南近義神社：貝塚市王子1195
TEL：0724-23-5258

南近義神社の塀沿いの道を先へ進み、突き当たりを右折すると、右側に吉祥園寺があった。「御幸記」に吉祥音寺と記されている後鳥羽院の昼養所となった寺で緩やかな丘陵地にあり、昔は見晴らしがよかったと想像される。境内はさほど広くなく、「御幸記」に関する説明板はない。「近木王子」（「御幸記」の胡木新王子）は、そのすぐ先にある善正寺の東隣にあったらしい。

　鞍持王子は、「地蔵堂」の信号を渡ってから南近義神社までの間にある保育園裏手の正福寺（地蔵堂）の東横にあったと推測されている。正福寺の本尊は勝軍地蔵と大日如来で、「地蔵堂」はこのあたりの地名になっている。貝田橋を渡り、迷路のような住宅地の旧道を行きつ戻りつしながら通り抜け、ようやく三本の道が複雑に交差した貝田《かいた》の交差点に出た。地図で確認しながら、府道64号をたどって南海本線「井原里《いはらのさと》駅」に向かう。

　この近くにあるはずの鶴原王子（貝田王子）跡を探すのは止めた。貝田町会館が旧跡地と伝えられているとガイドブックにあるが、きょうは迷い道の連続で疲労困憊、これ以上探し回る元気がない。定家一行だって、雨だとかルートから外れているとかで、しばしば王子参詣をパスしている。それに「御幸記」には「鶴子（原）此野云々」とあるだけで、鶴原王子に参拝した様子はない。熊野古道を歩いているのは確かだから、それでよしとしよう。

南近義神社

茅渟の道の宿場町（佐野王子／樫井王子／厩戸王子／信達一ノ瀬王子）

樫井－海会寺跡－信達

南海電鉄「井原里駅」に九時三五分着。「御幸記」では三日目の午後だが、私は四日目の朝だ。佐野川交差点を右折し、府道64号（和歌山貝塚線）をたどって佐野川を渡る。ガイドブックのデータに、井原里駅から佐野王子跡までは徒歩二〇分とある。しかし、佐野王子はない。あたりを一周して64号の分岐点に戻り、反対側から再トライする。地形図とガイドブックを照らし合わせながら府道を直進。右手に目印の「郵便局」が見えて、その手前の信号を左折し、道なりに進むと道路を挟んだ葱《ねぎ》畑の向かい側にようやく「佐野王子跡」の石柱が出現した。初めに通った旧道の側からは植え込みに隠れて、石柱も後ろ向きになる。見つからなかったはずだ。生け垣に囲まれた小さな社、というより狭い空き地といった感じ。その空き地の奥に「佐野王子社」の石碑があった。王子探しは迷い道の旅だ。旧道と新道の分岐点が不鮮明だし、地元でも王子跡を知らない人が多い。朝一番から迷うなんて、きょうも一日また迷い続けるのだろうか。

佐野高校前の信号を渡り、制限時速三〇キロの府道64号を南下すると、市場町会館の先の道ばたに「すぐ和歌山道」「ふどうみち」と刻んだ石の道標が残っている。中世には、この辺りで市《いち》が立っていたといわれ、熊野街道沿いのこの市場を中心に町が発展したという。現在の旧道沿いには、畑や空き地を挟んで、住宅、木工場、アパート、タオル製造工場、お好み焼き屋、スナック、整骨院、鋼材店、ヘアサロンなどが雑然と立ち並んでいる。

佐野王子跡

一一時、葵町の信号を渡り、関西空港自動車道「長浜北」の高架をくぐる。むろん、ここからは見えないが、高架の自動車道は関西国際空港やりんくうタウンに向かって、西に一直線に延びている。大阪市の中心街難波から関空まで、特急でたった三五分のほぼ同じ道のりを、私は四日がかりで歩いてきたことになる。

樫井の旧街道に入る。藁が浮き出た薄茶色の築地塀に囲まれた旧家が点在する静かな住宅地だ。道沿いの小さな神社のお祭り。お面やアメを売る露店も一つ二つ出て、子どもたちが取り囲み、浴衣姿の世話役のおじさんたちがときどき子どもたちに話しかけて賑やかな笑い声が響いている。

「長滝西」の交差点を右折して府道を進むと、泉佐野市立長南中学校手前の道端に、田んぼを背にして「安松八丁畷《なわて》の石地蔵」が立っていた。正平一八年（一三六三年）の年号が刻まれている。顔は補修されて元のものではないと説明板にあるが、足利政権が誕生してまもなくのころからずっとここに立ち続けているお地蔵さまだ。まもなく「樫ノ池」「道池」を左右にする橋を渡り、近世の街道筋の面影の残る住宅地に入った。右側に樫井王子跡（『御幸記』では籾井王子）を祀るという「奥家住宅」が立つ。奥家は、南北朝時代は和泉国の有力な国人で、江戸時代は代々庄屋を務めたという。一七世紀初めに造られたと推定される建物は重要文化財に指定されているが、説明板のみで邸内には入れない。

江戸期に造られたらしい家々の間をぬって、熊野街道は大きなS字を描きながら続いている。橋のたもとに「大坂夏の陣・樫井古戦場跡」の大きな石碑の立つ明治大橋を越え、続いて明治小橋を渡って緩い坂を回り込むように上ってゆくと、右手の緑深い公園の入り

近世の街道筋の面影の残る樫井

口に「国史跡・海会寺跡《かいえじ》」の石碑があり、道をはさんで公園の向かい側には古代史博物館(50)（泉南市埋蔵文化財センター）が立っている。

公園は、厩戸王子を合祀する一岡神社の境内に続いていて、ここに七世紀後半に建造された古代寺院「海会寺」の史跡があり、古代史博物館で海会寺跡から発掘された品々を展示し、海会寺建立の過程や時代背景などを解説している。海会寺跡からは、四天王寺や飛鳥の古代寺院川原寺《かわはらでら》の屋根を飾った軒丸瓦と同じ笵型《はんがた》（木製の型）を使った軒丸瓦が多数出土し、瓦を焼いた窯跡や豪族の館跡なども発見されて、見晴らしのよい丘の上のこの地に法隆寺式伽藍の壮大華麗な寺院が立ち、中央と結びついた有力豪族が何世代かにわたってこの地を治めていたことが明らかになった。

海会寺の建設が始まったのは六五〇年ごろで、その少し前に「大化改新」の詔が発せられ、飛鳥から難波に都が遷されている。律令的な国家制度が整備され、「日本」の国号や「天皇」の称号が公的に定まり、歴史書『古事記』の編纂が開始されて大化改新の主目的が実現するのは七世紀末の天武朝のことだが、難波への遷都は、それまでの豪族主導の社会から天皇を中心とした中央集権国家に移り変わる大変革期の幕開けを告げるものだった。この時期に国家規模の大寺院が「都」ではなく、紀伊国との境の「畿内の南西端」に造られたのは天皇すなわち中央の威信を近隣諸国に示し、政治基盤の強化を図るためであったと推測されている。海会寺は九世紀に焼失したが、平安末期に小さな堂が再建され、室町時代ごろまで存続していたらしい。

50. 古代史博物館（泉南市埋蔵文化財センター）：泉南市信達大苗代374-4
TEL：0724-83-6789
開館＝9時30分～4時30分／無料
休館＝月・祝・年末年始（月曜が祝日の場合は翌火曜も休み）

一岡神社の先を右折。墓地沿いの小道を行くと、突き当たりにゴルフの打ち放し場のネットが見え、そのすぐ手前に「厩戸王子跡」の石碑があった。見晴らしのよい高台で畑や集落の家々の彼方に青い山なみが連なっている。小道を折り返して、もとの府道（ルート64）に戻る。古道は、左手から右手に緩やかな下り斜面をつくる丘の上に続いている。

午後一時、信達宿《しんだち》。ここは、古い宿場町の面影を色濃くとどめている。定家の時代から続いた宿場町なら食堂の一軒ぐらいはあるだろうとここで昼食を予定していたが、甘い期待はみごとに裏切られた。かつての宿場町は、昔ながらの町並みを生かした「静かな住宅街」になっていた。自動販売機がたまにあるだけで、食堂や喫茶店はおろかスーパーもコンビニもない。連休中のせいか人通りもなく、やっと見つけた食料品店でアンパンと牛乳を買い、シャッターを閉じたJA阪南市信達支店の日陰の石段に腰掛けての昼食となった。

ただし、このときはひたすら熊野古道だけを歩いていたために気づかなかったのだが、信達に食堂やレストランがないわけではない。信達は、熊野街道が「茅渟《ちぬ》（大阪湾東部沿岸の古称）の道」と呼ばれていた古代からの要衝地で、中世には熊野参詣の上皇や公卿の宿所となり、近世には参勤交代路の宿場として開けた所。やはりそれなりの町で「信達牧野」で熊野街道と交差する道、すなわちJR和泉砂川駅から泉南市役所前を通り、南海線樽井駅方面へ抜ける道沿いに喫茶店や食堂が点在している。このあたりでは、熊野街道はJR線とも南海線とも離れている。

信達と樫井には江戸期からの風情ある町並みが残り、往時の熊野街道の活況を彷彿とさせるが、「熊野古道」の文化を知るには〝足〟を惜しまずエリアを見る必要がありそうだ。

厩戸王子跡

樫井王子のある泉佐野市には市役所の隣に「歴史館いずみさの」(51)があり、関白九条家の荘園だった日根荘日根野村の時代を紹介していた。泉南地域は和泉山脈を越えて紀伊国側との往き来も盛んに行われ、根来塗りなどの文化が流入すると同時に、守護と根来衆の激戦が繰り返された地域でもあったという。

往生院、大鳥居の信号を過ぎたが、信達宿を通り抜けた所にあるはずの「信達一ノ瀬王子跡」が見つからない。赤ちゃんを抱いた若奥さんと御主人らしい男性、おじいさん、と全世代が揃ったような家族が立ち話をしていたので尋ねてみたが、信達一ノ瀬王子跡は知らないという。若い男性が私の示す地図を見ながら、「たしかにここだけれど、知らないなぁ」と呟く。老人が、「もしかしたら、ここじゃないかな」と言いながら、道を渡った向かい側にあるブロックで囲んだ小さな社に案内してくださった。いくつか並んだ古い石塔の文字ははっきりとは読み取れず、囲いの中に置かれたベンチには「馬頭観世音顕彰会」の文字がある。

「ここは馬頭観世音のようですね」と言うと、「このほかにはないけどなあ」と老人が気の毒そうに呟いた。「もう少し探してみます」と老人にお礼を述べてその場を離れ、しばらく周辺を歩き回ってみたが王子跡らしいものはどこにもない。もとの社に戻ると、先程の老人が心配して待っていてくれた。

「ありませんでした。やはりここでしょうか。でも、馬頭観世音ってベンチに書いてありますしね……」

信達一ノ瀬王子跡

51. 歴史館いずみさの：
泉佐野市市場東1-295-1
TEL：0724-69-7140
開館＝9時～17時／有料（小中学生・65歳以上・障害者は無料）
休館＝月曜（祝日を除く）／祝日の翌日（土・日を除く）

老人に「岡中の大楠」への道を教えていただいて先へ進んだが、後日、別の資料から、やはりこの馬頭観世音の社が信達一ノ瀬王子跡とわかった。

「岡中の大楠」から山中渓へ（地蔵堂王子／馬目王子）

「岡中の大楠」は、田んぼに囲まれた信達岡中ののどかな集落の鎮守社にあった。樹齢およそ八〇〇年。大阪府指定の天然記念物で、一九八九年、「大阪緑の百選」に選ばれている。それにしても、なんとみごとな楠だろう。樹高約三〇メートル、無限のエネルギーを蓄えたような根周りは約一二メートル。境内は楠の豊かな緑で覆い尽くされて薄暗く、ふさふさとした新緑の枝葉が境内の外の小道で遊ぶ子どもらの頭上に伸びて、戯れる子どもたちを見るのが嬉しくて仕方がないとでもいうように、しきりにうなずいていた。

「岡中の大楠」から先は、田んぼに代わって雑木林と竹林の間に住宅地が続く。道は少しずつ高度を上げていき、やがて右側に大きな石の鳥居が現れた。波太神社の遙拝所と伝えられる「伏拝鳥居」で、熊野詣の人々がここから遙拝したという。鳥居のすぐ先の坂下に、JR阪和線「和泉鳥取駅」。小さな駅舎を眼下に見ながら先へ進んで山中橋を渡る。渓谷のうっそうとした樹木に紫の藤がからんでいる。

三時半、滑下橋《なめした》。県境に近づき、しだいに〝山道〟らしくなる。滑下橋を渡って左に行けば地蔵堂王子跡があったようだが、ここは見落として通り過ぎてしまった。続いて上双

信達岡中の集落と大楠

子橋。私が歩いている府道の右側はJR阪和線の線路が平行して走り、左手の小高い山裾を阪和自動車道が走っていて、高速で次々に行き来する車が見える。

　大阪のベッドタウンとして最近開発されたのだろうか、和泉鳥取駅あたりからは閑静な住宅地で、もう江戸期のような古い建物は見えない。行く手の山に向かって、ダラダラの上り道がずっと続いている。今日は舗装道路だが、近世まではもっと険しい道だったかもしれない。紀伊国に向かう旅人はこれから越えゆく雄ノ山《おのやま》峠を思って草鞋の紐を締めなおし、峠を越えてきた旅人は、この坂を下りきった所にある信達宿にたどり着いて畿内に入ったことを実感し、ほっとくつろいだ気持ちになったにちがいない。のどかな山間の雰囲気。どこかで雄鶏が鳴いている。

　三時四五分、左の道端に「馬目王子址」とだけ記した、白地に黒文字のペンキの小さな立て札が目にとまった。ここが、大阪府下最後の王子跡。背後は鉄工所のトラック、資材置き場で、高さ二～三〇センチほどの板切れ一枚の王子跡が寂しそう。

「高速道路ができる前は、このあたりはきれいな松林でね。馬目王子もちゃんと祀られていたんだけれど、こんなになってしもうて……」

　道路の右側の狭い畑から作業を終えた老女が上がってきて、立て札を見つめている私に話しかけてきた。

「車がようけ通るようになって、空気も汚れて……。初めは音がうるさくて寝られなかったけれど……これも慣れかねえ……空気も、音も、だんだん慣れて」と、自転車に畑作業の道具を積みながら老女は寂しげに笑った。ハンドルに、金魚の形をした赤いフェルトのポシェットが掛けられている。「かわいいですね」と言ったら、「薬が入っているの。心筋梗塞のとか、いろいろ」とこたえて、旧式の黒い自転車のペダルをゆっくり踏みながら帰っていった。

三時五五分、府道から分かれた旧道に入る。山中渓《やまなかだに》の宿場跡で「旧庄屋屋敷」「旅籠跡」などの説明板が立てられ、旧道は新しい敷石で整備されていた。四時、山中渓駅着。文字どおり山の中の小さな無人駅で、切符は自動販売方式。たぶん商店や人家はないと想像していたが、駅前にはドリンク類の自販機が設置され、食料品店や喫茶店もあって、ザックを背負った子どもたちの団体やハイキング帰りらしい家族連れで賑わっていた。

明日は、雄ノ山峠を越えて和歌山県に入る。

県境雄ノ山峠を越えて（中山王子／山口王子／川辺王子／中村王子）

今朝、大阪国際ユースを撤退したため、背中の荷物はいつもより重い。一〇時、山中渓駅着。駅前の雑貨店でフィルムを買い、店の主人に雄ノ山峠への道の様子を尋ねる。「とくに危ない所はありませんが、ダンプに注意してください。もっとも、きょうは土曜日だからそんなに通らないでしょうが、この道、平日はダンプの通行量が多いんですよ」

山が間近に迫って、朝の木々の香りがさわやかだ。室町期の関所跡という説明板が紫陽花《あじさい》に埋もれるように立っている。ハイキング姿の年配のグループが同じ方向に歩いて

山中渓宿の入り口

いたが、しばらくして彼らは橋を渡って対岸へ向かった。

たしかに、道幅が狭いわりに車の通行量が多い。一〇時三五分、県境を越えて滝畑に入るが、まだ道は平坦地に続いている。「阪和線の滝畑の踏切を渡ると中山王子跡がある」とガイドブックにある。和歌山県に入って最初の峠をひかえた重要な王子だが、見つけられないまま前川橋を過ぎてしまった。

すぐ右手にＪＲ阪和線の線路が平行して走る道を進み、一〇時四五分、いよいよ峠越えの登りにかかる。沢の音と風の音。阪和自動車道の立体交差のガードを二つくぐる。雄ノ山トンネル内に消えた鉄道に代わって、右下は激しく車の行き交う、片側三車線の阪和自動車道になった。

峠の不動明王の祠がある。一一時一五分、どうやら雄ノ山峠に着いたらしい。難所と覚悟していたが、拍子抜けするほど楽に越えることができた。

道は下りに変わり、いつのまにかトンネルを抜けた電車が左上の山腹を走っている。幹線道路は視界から完全に消えた。小鳥の声の響く、新緑まぶしい山間の舗装道路で、はるかに和歌山市の家並みが見える。ヘアピンカーブを繰り返しながら下り続ける。道端の所々に「一〇〇〇年の歴史　熊野古道！　きれいにしよう　住民のねがい」と書かれた看板が立っている。看板の効果か、ゴミのないきれいな道だが相変わらず車がよく通る。

「ホ〜、ホホ」「ソレジャダメヨ！」

エンジン音には慣れっこになっているらしく、ウグイスたちは発声練習に余念がない。

きれいな古道を呼びかける看板

阪和線と平行した雄ノ山峠への道

阪和線のガードをくぐると道が二手に分かれて、分岐点に手書きの立て札があった。「左・旧道。右・昭和三九年開通のバイパス」

左の道を進むと、すぐに右側のガードレールの内側に青緑の自然石を組み合わせた万葉歌碑のある「山口王子跡」に着いた。傍らに、「山口王子跡」の説明板と「熊野古道と周辺の文化財」の地図の説明板が並んでいる。「王子跡」の説明板は真新しいスチール製。濃紺の地に、黄色のタイトルと白抜き文字で日本文と英文を併記し、すっきりしたデザインになっている。和歌山県下では、この説明板と同じデザインの碑が立つ王子跡が多いのでわかりやすい。

「熊野古道と周辺の文化財」の説明板の隅には、小さく「この看板は、平成九年度輝けわかやま・21世紀ふるさとづくり事業により設置」と書かれて、熊野古道に対する県の力の入れようを語っていた。だが……説明板は周囲の自然を配慮した色調だし、王子跡も明確になって、旅人の私としてはたいへんありがたいのだが、どこかしら違和感を覚えるのはなぜだろう。

小野山川に架かる小野寺橋を渡ると、すぐ湯屋谷に入った。新旧家屋の入りまじった集落。なだらかな下り坂の一本道で、集落の先には畑が広がる。左から前方に山なみが続き、右手には車の往き来するバイパスが見える。

一二時二〇分、田んぼに囲まれた山口神社前の土手に腰を下ろして、ブドウパンとミネラルウォーターのランチタイムに入る。

自然石を配した山口王子跡

一二時四〇分、昼休み終了、出発。

「湯屋谷の集落を抜け……墓地の内側に『右、加太淡嶋神社道』の道標がある」と、ガイドブックに記されている。「墓地」はたしかにあったが、高さ一メートルほどのトタン塀に囲まれ、目印の道標はいちばん上の「右」の字しか見えない。塀を覗き込んで「加太淡嶋神社道」と書かれているのを確認する。なぜ、道標を塀で囲い込んでしまったのだろう。それとも、この道標は誤りなのだろうか。

一二時五〇分、「上黒谷」の信号の手前から県道に出る。歩道なく、車の往来の激しい道を西へ約一五分歩いて「紀伊上野」のバス停前を左折。上野の集落の路地を南に入っていくと、バス停から五分ほどで「川辺王子跡」に着いた。周囲を高さ一・五メートルほどのブロック塀に囲まれて、小さな鳥居と社が立っている。

彼方に山なみが霞み、南に向かってなだらかに野菜畑が広がる。昔はこのあたりを紀ノ川が流れていたというが、いまは野菜畑の間に民家が点在して川は見えない。今日では考えられないほど、昔の川はのたうちまわる大蛇の如く流れを変えたのだろう。

なだらかな斜面を下って、畑の中の曲がりくねった農道を進む。やや不安になり、神波《こうなみ》の集落あたりで民家の庭先にいた中年の男性に確認すると、道の要所要所に「熊野古道」と書いたプレートが埋め込まれているから、その文字の向いている方向に進むようにと教えてくれた。

広い畑を横切って人家の密集した「川永団地」に入り、水路に架けられた東橋を渡る。団地内で出会った女性に「中村王子」を尋ねたら、「りきじさんの近く」という答えが返

川辺王子跡

ってきた。王子跡より「りきじさん」のほうが有名らしいので、以後は「りきじさんは？」と尋ねながら進んだ。

一時五〇分、道端に「中村王子社跡」発見。「御幸記」にも記された王子社だが、統一デザインの説明板はなく、白地に黒の毛筆体の看板だけが立つ。まもなく、畑の向こうに森が見えてきた。「森」は神社の重要な目印。案の定、そこが天手力男命《あめのたぢからおのみこと》(52)を祀る「力侍《りきし》神社」だった。桜並木の長い参道の入り口にさまざまな説明板が立ち、「川辺王子跡」の石柱もある。

説明板の解説によると、「川辺王子社」の推定地は先刻立ち寄った「上野」以外にもいくつかあって、ここもその有力候補地の一つ。「御幸記」によれば、一行は山口王子から川辺王子、中村王子の順に参詣した後、紀ノ川を渡って吐前《はんざき》王子に至っていることから、その当時は上野の八王子社跡の位置が妥当とも考えられると記されていた。

熊野詣は時代によってルートが変わり、それにつれて王子社の位置も変わったらしい。力侍神社自体、神波から上野を経て江戸時代初めにこの地に移されたという。

砂利を敷きつめた参道の奥へ行ってみる。人の気配がなく、シンと静まり返った道の突き当たりに、桃山時代の遺構という華やかな社殿が祀られていた。「川辺王子跡」とともに県の史跡に指定されている。

桜並木の力侍神社参詣道入り口

52. 天手力男命：記紀で、天の岩屋から天照天神を引き出した神。

「蘆雪」に出合う――和歌山市

紀ノ川－和歌山県立博物館

紀ノ川の堤防が間近に迫った民家の間の路地を歩いていると、小さな女の子が「コンニチハ」と挨拶してくれた。四国路で、子どもたちの明るい「コンニチハ」に励まされて歩き続けた日々が思い出されて懐かしい。

二時五〇分、紀ノ川を一望する堤防に上がる。背後の山なみは県境の和泉山脈、はるか前方のなだらかな連なりはこれから越えゆく山々だろうか。心地よい川風に吹かれながらしばらく堤防を歩き、川下側に架かる長い川辺橋を渡る。

紀ノ川は、大台ケ原山《おおだいがはらざん》の経ケ峯《きょうがみね》から吉野に下り、和歌山県北部を東から西に流れて紀淡海峡に注ぐ大河だ。有吉佐和子[53]が、ヒロイン「花」の生涯を紀ノ川に重ね合わせて描いた小説『紀ノ川』の、「碧く静かな流れ」が緩やかに蛇行して足下を行く。河川敷の広さのわりに川幅は狭いように思われるが、雨が降り続いて水嵩が増せば川はガラリと様相を変えるのだろう。がっちりした堤防と広い河原が、かつては川辺王子あたりまでも水にさらした大河の氾濫を完全に押さえ込んでいるようで、数々の支流を抱え込んだ紀ノ川の底知れぬ力が想われた。

いにしえの人々は川や海辺で水垢離《みずごり》しながら進んでいるが、熊野権現への畏敬の念、ここまで来たという達成感、これから先の旅の安全への祈りは、現代人とは比較にならないほど深く鮮烈だったにちがいない。天地の自然とともに生きている思いもはるかに強かっ

紀ノ川付近の道

53. 有吉佐和子（1931～1984）：和歌山県生まれ。1956年『地唄』で文壇にデビュー。ふるさとの紀州を舞台にした作品に『紀ノ川』『有田川』『日高川』の３部作、『華岡青洲の妻』（女流文学賞受賞）など。『複合汚染』『恍惚の人』などの社会問題を取り上げた作品も大きな反響を呼んだ。

たろう。紀ノ川の翡翠色の水に、嬉々として身を浸す定家の姿が見えるような気がする。

川辺橋から一五分ほど歩いて、JR和歌山線の布施屋《ほしや》駅に着く。和歌山線は、紀ノ川河口の和歌山市から上流の橋本市、奈良の五条市に向かって紀ノ川に絡むように走っている。大和国と紀伊国を結んだ紀ノ川流域は、古くからの穀倉地帯であると同時に仏教文化が栄え、沿線には根来寺《ねごろじ》(54)、粉河寺《こかわでら》(55)、慈尊院《じそんいん》(56)などの古刹が点在し、高野山も近い。また、江戸後期の外科医で「医聖」と呼ばれた華岡青洲《はなおかせいしゅう》（一七六〇〜一八三五）の郷里などもある。

布施屋駅から吐前王子は近いが、この先の「紀伊路」はいったん帰宅して体制を整えてから出直すことにしてJRに乗り、一〇分ほどで和歌山駅に着いた。

和歌山市は初めて訪れる街だ。紀伊路行脚に備えて熊野古道の情報を仕入れておこうと思い、深夜高速バスの東京駅八重洲口行きのチケットを買ってから「和歌山県立博物館」(57)に向かった。和歌山駅からのメインストリートには歩道の並木のほかに三本のグリーンベルトがあって、欅《けやき》の豊かな緑が街を覆っている。さすが「木の国」の県庁所在地だ。博物館は市の中心地にあり、和歌山城を間近に望む公園の中に立っていた。隣接する県立近代美術館と調和のとれた、すっきりしたコンクリート建築。時間が許せば、美術館ともども建物自体を含めて見学したかったが、閉館時刻が迫っている。普段の常設展では紀州の歴史や遺跡、熊野古道などが紹介されているが、この日は特別展で「没後二〇〇年記念長澤蘆雪《ながさわろせつ》展」が開催されていた。

蘆雪（一七五五〜一七九九）は江戸中期の画家で、南紀・串本の無量寺にある「虎図」

根来寺の入り口

54. 根来寺：那賀郡岩出町根来
TEL：0736-62-1144
拝観時間＝9時〜16時30分（11月〜3月は16時まで）／多宝塔・庭園は有料
＊和歌山線岩出駅よりタクシーで約10分。
＊真義真言宗の開祖で高野山金剛峯寺の座主も務めた覚鑁（かくばん/1095〜1143）が諸堂を建立したことに始まる。戦国時代には72万石の寺領と2700余の堂塔、根来衆と呼ばれる鉄砲装備の勇猛な僧兵1万人余りを有して、織田信長に抵抗した。紀州漆器の名品「根来塗り」は、秀吉に滅ぼされるまで、この寺でつくられていた。

55. 粉河寺：那賀郡粉河町粉河2787
TEL：0736-73-4830

が名高い。熊野古道の旅の間に、たとえ回り道でも無量寺に立ち寄ってぜひ観たいと念願していたその「虎図」が出展されているらしい。なんという幸運！　熊野古道の情報収集は次の機会に回し、「大阪編」のピリオドと「紀伊路編」のスタートのはざまで蘆雪に巡り合えた喜びに胸踊らせながら入場券を買った。

期待の「虎図」は、同じ無量寺所蔵の「龍図」と対になって展示されていた。ともに、六面の襖から飛び出しそうな圧倒的な迫力の墨絵。蘆雪は円山応挙（一七三三〜一七九五）に学んだが、師の画法に満足できず、個性的で自由闊達な作品を描き続けた。当時の画壇からは異端児扱いされたらしいが、小動物や幼な子への優しい眼差しやユーモアも光って、どの作品も生き生きと輝いている。日本画の鑑賞は幼児には難しいのではないかと思っていたが、蘆雪の絵は子どもの心にも響くらしく、お母さんに連れられた五歳ぐらいの男の子が夢中になって観ていたのも感動的だった。蘆雪は京都の人だが、三〇代半ばごろ南紀に滞在し、襖絵や屏風絵など数多くの優れた作品を残して四六歳で世を去った。

そういえば、剛健な筆致の大作で日本画壇の〝異端児〟と呼ばれた川端龍子《かわばたりゅうし》（一八八五〜一九六六）は和歌山市の出身だった。同じく和歌山市に生まれ、田辺市で没した博物学者南方熊楠《みなみかたくまぐす》（二〇二ページ参照）はさらに想像を絶する〝巨人〟である。紀州の大地には、破天荒な魅力溢れる巨人を育てる霊気でも潜んでいるのだろうか。古代から近代まで、連綿と人々を引き寄せ続けた熊野の「大いなる力」もまた不思議としかいいようがない。

県立博物館の前庭から和歌山城を望む

56. 慈尊院：伊都郡九度山町慈尊院832
TEL：0736-54-2214
57. 和歌山県立博物館：和歌山市吹上1-4-14
TEL：073-436-8670
開館＝9時30分〜17時（入館は16時30分まで）／有料
休館＝月曜（祝日の場合は翌日）／祝日の翌日
＊JR 和歌山駅・南海和歌山市駅よりバス「県庁前」下車、徒歩約3分。

紀伊路編

白良浜

紀三井寺に立ち寄る

紀伊路編は、紀ノ川のほとりの吐前《はんざき》王子から田辺市の出立《でたち》王子まで、約九七キロ。大阪編の窪津王子から紀ノ川までの約七三キロより、私の足で一日分ほど長い。大阪地域は「大阪国際ユース」という格好の基地に恵まれて身軽に探索できたが、和歌山市以南では、荷物を全部背負って移動する日が多くなる。鉄道は紀勢本線だけで本数も少なく、海沿いの平坦な道を歩けるのは御坊市から先だ。山坂の多い紀伊路に備え、荷物は必要最小限にまとめた。

二〇〇〇年五月一四日。一〇時三八分に東京駅を発ち、新大阪駅乗り換えで一四時五九分に和歌山駅に着いた。市内に予約した宿に入るにはまだ少し早かったから二駅先の紀三《きみ》井寺《いでら》を訪ねることにして、普通電車に乗り換える。熊野古道は、和歌山市街の五～六キロ東を通っているので和歌山市街や紀三井寺はルートから外れ、古道を歩きながら立ち寄ることはできない。

紀三井寺駅のホームから、東側のこんもりした山の中腹に紀三井寺の屋根が見える。線路と平行した旧道を右（南）へ進み、二本目の路地を左折してみると何台も車がとまっていて、寺の入り口らしいものがあった。そこはたしかに紀三井寺だったが、駐車場用の裏門で正門はもっと先だった。そのまま入ろうとしたら係の女性に呼び止められて、入山料

紀三井寺の石段

五〇円を支払う。案内のリーフレットは別料金で二〇円。急傾斜の坂道を上って、本堂や講堂の立ち並ぶ境内に着いた。

紀三井寺[1]の創建は奈良時代。七七〇（宝亀一）年、唐僧為光上人の開基と伝えられる、救世観音宗の総本山。西国三十三か所観音霊場の第二番札所で、一番札所は熊野那智大社と隣り合う青岸渡寺《せいがんとじ》だから、私は西国三十三か所の始まり部分も歩くことになる。

境内からは、初夏の明るい日差しに照り映える和歌ノ浦と和歌山市街が一望の下。和歌山と大阪の境界に連なる山なみが霞んでいる。眺望のよさも手伝って、デートスポットにもなっているらしい。たぶん地元の人なのだろう、もの柔らかな言葉遣いの若者や親子連れで賑わっていた。しばらく眺望を楽しんでから、紀三井寺の名称の由来にもなっている三つの井戸（湧き水）を探す。境内の掃除をしていた男性に場所を尋ねると、眼下に朱塗りの山門が見える石段の上まで私を連れていき、「一つは、この石段の中程を左に曲がった所にあります」と、井戸のあたりを指さしながら教えてくれた。

二三一段あるという正門に通ずる古くて急な石段を下り、途中の踊り場から左の脇道に入る。三つの井戸のうち「楊柳水」と「清浄水」は寺のシンボルとして祀られていたが、飲み水とは思えず、もう一つの「吉祥水」へ向かう。吉祥水は、いったん寺を出て、北側の民家の脇から九〇段ぐらい石段を上った狭いスペースに祀られていた。あたりは掃き清められ、山肌に取り付けられた樋から清水が流れ落ちて杓も置かれている。まろやかなやさしい味の水。傍らの説明板に、「名草山《なぐさやま》の中腹から湧き出て古来絶えることのない霊泉」と記されていた。都市化の影響で地下水量が激減したが、地元の人々の懸命な努力で

吉祥水

1．紀三井寺：和歌山市紀三井寺1201
TEL：073-444-1002
入山時間＝8時〜17時／有料

守られ、一九八五年、環境庁（現・環境省）の「全国名水百選」に選ばれている。

予約した「ビジネスイン春日家」(2)には五時半ごろ着いた。和歌山市駅のすぐそばの小さなビジネスホテルで素泊まり専門だが、家族経営の温もりが嬉しい。おじいさんがロビーに出て、「いってらっしゃい」とか「おかえり」と声をかけてくれる。

荷物を置いて夕食に出かけた。日曜日のせいか、駅周辺でも人通りは少なく、ほとんどの店がシャッターを下ろしている。小さなラーメン店が開いていたので、日に焼けた赤い暖簾《のれん》をくぐってカウンター席に着いた。老人が一人、隅の席でコップ酒をあおりながらママさん相手にときどき大声を上げてクダを巻いている。テレビがついていて、入院中の小渕首相が亡くなったと報じていた。

紀ノ川の渡し場の王子（吐前王子）

和歌山市駅はJRと南海電鉄が乗り入れる大きな駅で、通勤通学客が多い。駅ビル内の喫茶店で朝食を済ませ、八時三五分、布施屋《ほしや》駅に着いた。ここからは見えないけれど、駅の北側には、紀ノ川がきょうも青磁色の水を湛えて悠々と流れているはずだ。南の田畑の向こうには、標高二三七メートルの高積山《たかつみやま》が姿美しく座している。布施屋は紀ノ川の渡し場だった所で、地名は、熊野詣の巡礼に布施する（お金や品物を施す）家があったこと

2．ビジネスイン春日家：和歌山市杉ノ馬場4-1
TEL：073-433-0448

に由来するという。

駅の近くに一二、三階建ての高層マンションが一棟立つほかは、平屋の民家が立ち並ぶ静かな集落の間の旧道を東へ向かう。朝の挨拶を交わしながら地元の人がゆったりと行き来している。民家の間の狭い旧道では、たまに通る車も自転車もゆっくり走る。「車の河」と化して人のコミュニケーションを阻害する都会の道には見られない、「人をつなぐ道」の温もりが流れている。

しばらく歩いてから、民家の縁先でお茶を飲みながら語り合っている二人の老女に吐前《はんざき》王子を尋ねると、「この道を真っ直ぐに行くと、自動車の通る広い道に出るよ。そこに川が流れているから……」と、二人して交互に教えてくださったが、あまり詳しく説明されても覚えられない。曲がり角のポイントになる「広い道」と「川」だけを頭に入れ、礼を述べて先へ進んだ。

集落のはずれから蜜柑《みかん》畑が左右に広がり、八朔の白い花の甘い香りがあたり一面にただよっている。やがて自動車の通る道が右側の野菜畑の向こうに見えた。しかし、その道と出合うには、広い畑のずっと先まで行かなければならない。そんなに遠いはずはないけれど。川は……さっきの細い流れ、あれだったのかなぁ。

もう少しで「自動車の通る広い道」に出ると思われるあたりに寺があり、前の花屋さんが開いていたので確認のために尋ねると、吐前の集落はもう通り過ぎているという。「吐前王子は、たぶんあの二本目の道を右に曲がった所」と女主人に教えられ、畑の間の道を引き返して二本目を右折してみたが、それらしきものはない。畑仕事をしている女性を見

八朔の花

つけて大声で尋ねると、「道の向こう側が吐前だから、あの畑の人に聞いてみたら?」。

向かい側の畑の畦道に下りて、そこで作業中の夫婦に尋ねると、指さす彼方に青い表示板のようなものが見えた。忘れもしない、統一デザインの表示板の色だ。振り返ると向こう側の畑で先刻尋ねた女性が心配そうにこちらを見ている。双方に会釈してお礼を述べ、そのまま畦道を進んでようやく「吐前王子跡」の前に立つことができた。迷わなければ、駅から一五分か二〇分ぐらいだったろう。

一〇月八日の早朝、信達《しんだち》の宿を発った後鳥羽院一行は、雄ノ山峠を越えて紀ノ川を渡り、吐前王子に到着、近くの仮屋で昼の休息をしている。先駆けの定家はひと足早く仮屋に着いて、首を長くして上皇の到来を待った。それからおよそ八〇〇年。野菜畑の前に立つ、碑一つの吐前王子跡に後鳥羽院一行の雅びな面影を追うのは難しく、舗装道路には熊野詣に向かう旅人の足音も聞こえない。

吐前王子跡は農道に面していたが、そこはたしかに二人の老女の言ったとおり「車の通る道」だった。集落の間の旧道に比べれば道幅はずっと「広い」。「自動車の通る広い道」は、県道や国道だけではない。早合点しないことだと自戒する。

道の真ん中に青大将が長々と寝そべっている。車にはねられるよ。ストックでトントンと地面を突くと、ヘビは大儀そうに畑の中に入っていった。「川」は、やはり先ほどの細い流れのことだった。軽四輪がやっと通れるぐらいの蜜柑畑の細道を抜けて布施屋駅に戻り、待合室のベンチでひと休み。駅前の案内板で道順を確認し、次の川端王子へ向かう。

吐前王子跡

木ノ国の祖神の地（川端王子／和佐王子／平緒王子／奈久智王子）

日前国懸神宮－旧中筋家－四季の郷－伊太祁曽神社

駅の南側の集落でも、やはり地元の人に尋ねながら一二、三分歩いて、住宅地の三叉路に祀られた「川端王子跡」に着いた。この王子名は「御幸記」にはなく、のちの時代に設けられた王子とのこと。王子名からして、昔はここも紀ノ川のほとりだったのかもしれない。

定家は吐前王子で休息の後、御幣使《ごへいし》の役目を仰せつかって、日前国懸《ひのくまくにかかす》神宮に参じている。日前国懸神宮（3）は、吐前からはおよそ六キロ西に位置し、和歌山駅から出ている南海貴志川線「日前宮《にちぜんぐう》駅」のすぐ近くにある。広い境内は厳かな雰囲気の森に包まれて、奥の左に日像鏡《ひかたのかがみ》（4）を祀る日前神宮、右に日矛鏡《ひほこのかがみ》を祀る国懸神宮があるが、いまは二社合わせて日前宮と呼ばれている。『日本書記』にも記述の残る歴史の古い神社で、紀伊国造《きのくにのみやつこ》だった紀氏が代々の宮司を務めて現在は八一代目になるという。

定家はここで慣れない儀式を終えて、ほっとして外に出ると今度は近くの寺の僧に呼び止められ、日前国懸神宮の御幣使はこの寺にも参詣する習わしだと言われる。気が進まないまま寺にも参詣したが、御布施の額が先例より少ないと文句を言われ、ひどく不愉快になったと記している。定家はこの後「なくちの王子」に直行する。「和佐《わさ》の王子」と「平緒の王子」はコースから外れるので自らは参詣せず、先達《せんだつ》に奉幣を任せている。

私は川端王子跡から二・三キロ先の和佐王子に向かう。しばらく道なりに進むと「和佐

日前国懸神宮

3．日前国懸神宮（日前宮）：和歌山市秋月365
TEL：073-471-3730

4．日像鏡・日矛鏡：天の岩屋に閉じこもった天照大神を引き出すために使われた「八咫鏡（やたのかがみ）」が出来上がる前につくられた、いわば試作品のような鏡で日前国懸神宮に納められた。八咫鏡は伊勢神宮に納められたと伝えられている。（『日本書紀』参照）

王子へ一・八キロ」と記した矢印板が現れた。初めて出合った手製の小さな案内板が頼もしい。表示に従って右手の道を行き、さらに突き当たりを左折する。それにしても、熊野古道というには道幅があまりにも狭い。軽四輪が一台やっと通れるかどうかで、両側には昔ながらの家が立ち並んでいるが、ほんとうにこんな細い道を熊野詣の人々が行き来したのだろうか。

一一時一〇分、江戸後期の大庄屋・旧中筋家住宅[5]（国の重要文化財）の前を通る。荒れるにまかせたような建物の前に説明板が立つだけで、中は見られない。続いて、熊野詣の旅人を接待したという「歓喜寺」への道しるべがあった。明恵《みょうえ》上人（一六一ページ参照）の誕生した寺と同名だが、明恵の歓喜寺は湯浅だし、古道から奥まっているのでパス。ここから道は緩い上り坂となり、ほどなく「和佐王子跡」に着いた。県道との合流点で、ダンプの激しく行き交う道路脇。左側のちょっと高くなった草むらの中に、青い表示板が立てられていた。

旧道に戻って道なりに進み、矢田峠の登り口に着く。右は蜜柑畑、前方は竹林の急登。覚悟を決めて足を運んだが、五分もしないで峠に着いてしまった。「左・塩ノ谷コース、右・明王寺コース。面白いやまびこ体験は塩ノ谷コースへ」の表示板があるが、「塩ノ谷」も「明王寺」も私にはわからない。道を尋ねたくても人の姿はない。ガイドブックに「峠を左にとって蜜柑畑の間を下ると……」と記されていたので左の「塩ノ谷コース」に入り、蜜柑畑の山道を進むと「ヤッホーポイント」の表示があった。ここで「ヤッホー」

旧中筋家住宅

5．旧中筋家住宅：現在、2007年をメドに修復工事中。完成後、見学可能になるが、工事期間中、臨時公開される場合もある。
＊問合せ先＝和歌山市役所観光課
TEL：073-435-1043

と叫んだり拍手をすると、数秒後にこだまが返ってくるという。試しに拍手してみたが、向きが悪かったのか音が小さかったのか、反応はなかった。たちまち峠を下りる。

地図を見ると、平緒王子への途中に「四季《しき》の郷《さと》」(6)という公園がある。麓に下りた所で出会った老人に尋ねたら、すぐに教えてくれた。まもなく、芝桜のようなピンクの花の群落に彩られた広大な公園が見えてきた。ちょうど一二時半、昼食を期待して公園に入ってみたが、ログハウス風の管理棟の前にドリンクの自販機があるだけで、自然を生かした公園の中に食堂のようなものはない。噴水の周囲に置かれたベンチで、非常食用のカロリーメイトと缶コーヒーの昼食をしているうちに雨がパラついてきた。

県道をしばらく進んでから、斜め右に分かれた旧道に入る。民家の立て込んだ集落内の四つ角で、平尾自治会館の前に「平緒《ひらお》王子跡」の表示板を見つけた。さらに旧道を進み、県道と南海貴志川線の踏切を渡って口須佐に入る。右手に「六地蔵」の祠があり、その先に睡蓮の咲く小さな池があった。岸辺には菖蒲も咲いている。睡蓮も菖蒲も、音なく降る雨がよく似合う。

この「六地蔵」の四つ辻を三〇〇メートルほど左へ行けば、紀伊国の祖神で木種を日本中に分布したという「五十猛《いたける》」「大屋津比売《おおやつひめ》」「都麻津比売《つまつひめ》」の三神を祀る伊太祁曽《いたきそ》神社(7)がある。社殿は常盤山の静かな森に包まれて、木ノ国の祖神を祀るにふさわしい雰囲気を漂わせている。由緒書によれば、当初は日前国懸神宮の社地に鎮座していたが、奈良時代初期の七一三（和銅六）年にこの地に遷座し、社殿が建立されたらしい。木ノ国の祖神たちが和歌山県北部のこの地に舞い降りたか否かは不明だが、日前国懸神宮と伊太祁曽神社の

矢田峠への入り口

県道脇の和佐王子跡（左手の高台に表示板が立つ）

存在は、気の遠くなるような昔から紀州の山々の豊かな樹木が注視され、大切にされてきたことを物語っている。

ガイドブックに「奥村家の住居の背後に奈久智《なくち》王子跡の小祠が祀られている」とある。一時半、道の右側に「奥村ガラス店」の看板が見えてきたが、店は閉じられている。左側の畑と住宅の間に、人一人がやっと通れるほどの道ともいえない細道があるものの勾配は急だ。「こんな所に?」と、多少いぶかしく思いながら這い上がった所は蜜柑畑で、それらしい小祠も表示板もない。元の道に下りて先へ進んだ。と、右側の、古い納屋のような建物の前に奈久智王子の説明板があるではないか。人の住んでいる気配のないその建物が奥村家のものか否かはわからなかったが、建物の左の小道を上った蜜柑畑の右手の奥に「奈久智王子跡」の碑があった。「なくち」という呼び名については、名草《なぐさ》郡の各所に通ずる道が集中していたことから「名草の口」の意味で「名口」と呼ばれた、と説明板にある。そのほか、平安時代にはもう少し南の薬勝寺あたりに「那口郷」という荘園があり、薬勝寺村の王子権現社がナクチノ王子という説もあって、確定しにくいようだ。

雨の汐見峠（松坂王子／松代王子）

雨は降ったりやんだり。県道9号をたどり、阪和自動車道の高架下をくぐって左折、し

6．四季の郷：和歌山市明王寺85　TEL：073-478-2220
開園＝9時～17時／無料
休園＝火曜（祝日の場合は翌日）
＊南海貴志川線伊太祈曽駅より約1.5キロ。
7．伊太祁曽神社：和歌山市伊太祈曽558
TEL：073-478-0006
＊南海貴志川線伊太祈曽駅より徒歩5分。

ばらく高速道路沿いに歩き、新池、大池を右に見て進む。この池の西側の集落が薬勝寺で、その向こうは紀三井寺のある名草山。ちょうど紀三井寺の裏側を歩いていることになる。広い田んぼのなかを道なりに行くうちに、いつのまにか高速道路から離れて県道に出てしまった。ガイドブックの地図では、古道は高速道路に沿って進むようになっている。県道と古道は平行して南進しているので間違いではないが、大回りになってしまった。まもなく亀ノ川に架かる紺屋橋を渡り、海南市《かいなん》に入って且来《あっそ》の「松坂王子跡」に着く。車の激しく行き交う県道右側の山裾に、古い木製の説明板とお地蔵さまの小さな祠がたたずんでいた。

雨が本降りになる。ポンチョを着けて県道を進むうちに、ほどなく大きな蜘蛛池が見えてきた。道は池を巻くように続き、激しい雨で水浸しの道路を車は遠慮会釈なく疾走してゆく。幅広い舗装道路の緩やかな坂を上りきって、少し下りかけた所の左側に「汐見峠」の説明板と地蔵堂が立っていた。昔はここから海が見えたらしいが、いまは海南市の街並みしか見えない。とはいえ、はるばる歩いてきた旅人たちが心を弾ませたであろう和歌ノ浦の輝きは、雨空の下でも十分に想像できる。

坂を下って道なりに行くと、左手の高台に春日神社の社殿が見えた。松代王子はこの春日神社の裏山にあるという。神社はパスして、その先の裏山に通ずる山道を上ると、瀬戸物のキツネの置物がたくさん並んだ小さな祠があって、そこに「松代王子」が祀られていた。黒猫が一匹、祠の陰からじっとこちらの様子をうかがっていた。

定家らは、この後「菩提房の王子」「祓戸の王子」に参じて「藤白の宿」に入っている。

松坂王子跡

藤代王子までそれほど遠くはないが、明日に回して、私は海南駅から和歌山市の宿に帰ることにした。広い国道を西へ進み、約一五分で海南駅に着く。

電車を待つ間、明日の宿を確保しておこうと湯浅町役場に電話して、駅周辺の民宿の紹介をお願いした。この地域では、当初はユースホステルを予定していたが「休み中」と断られていた。「駅の近くに民宿はないが、ちょうど駅のそばの旅館の人が役場に来ています。どうしますか？」と言うので電話を替わっていただき、宿泊料を尋ねると朝食付きで一泊五〇〇〇円と民宿並みの値段。早速、その「千代の屋」に二泊の予約を申し込んだ。

宿は、その日歩き終えた所で泊まれればベストだが、どこにでもあるというものではない。電車に乗ろうと乗るまいと、宿はおおむね大きな駅の周辺に集中している。また、当日の夕方になって申し込んだのでは、素泊まりは可能でも夕食は期待できない。ここまで歩いたかぎりでは、熊野古道に食料品店や食堂は「ない」と思ったほうがいい。それに、肝心の駅周辺でさえ静かで店の数も少ないから、夕食確保のためには早めに宿を予約する必要がある。

紀州漆器職人の古い町並み――黒江町

五月一六日、海南駅に八時五分着。王子探索の前に「黒江町」に立ち寄ることにした。

黒江町は一九七八（昭和五三）年、「紀州漆器」として国の伝統的工芸品の指定を受け

松代王子跡

8．湯浅駅周辺の宿：湯浅駅に町内の宿・レストラン・喫茶店などを掲載したイラストマップが置かれている。
9．千代の屋：有田郡湯浅町島の内
TEL：0737-63-5100
10．紀州漆器：伝統的に、大衆の日常什器に主力を注いで生産された。黒江塗のほか、黒漆の上に朱漆を塗り重ねた根来塗も紀州漆器の代表の一つ。

た黒江塗《くろえぬり》の発祥地であり、そこには道路に面してノコギリ歯状に家々が連なる古い町並みが残されているという。

海南駅から徒歩一五～二〇分、短いトンネルを抜けると、昔の酒蔵の建物を生かした酒造りの資料館「温故伝承館」が目に飛び込んできたが、メインストリートの川端通りには目ざす「ノコギリ歯状の町並み」は見えない。ちょうど銀行から出てきた女性に尋ねると、もう一本裏の通りにあると教えてくれた。

路地を抜けると川端通りと平行した細い道の両側に紀州連子《れんじ》(11)の昔ながらの家が軒を連ねていて、なるほど、それぞれの家が道路に対して斜に構えた形で立っている。ここだけでなく、黒江町にはこうした家並みが所々に残されているらしい。なぜノコギリ歯状の町並みができたかについては、「家相説」「荷車の置き場説」など諸説あって定かではないが、現在のところ「地形説」が有力視されている。

昔、このあたりは万葉歌にも詠まれた美しい入り江で、干潟の中に牛の形をした黒い岩があったことから黒牛潟《くろうしがた》と呼ばれていた。「黒江」の名も黒牛潟に由来するという。「その渚に沿って道ができ、埋め立てが進んで、中央の排水路（川端通り）が直角にならず平行四辺形の土地になってしまった。そのため、四角い家を建てると表と裏に三角形の空き地ができたと思われる」と、海南市観光協会のパンフレットが、地元の郷土史研究家の「地形説」を紹介している。

黒江塗の歴史は、室町時代にさかのぼると伝えられる。近江国（滋賀県）に発生した木《き》地師《じし》集団がしだいに広がり、ここに定着したのが始まりらしい。塗師《ぬし》も集うようになって、

11．紀州連子：縦に木の格子の入った窓。京連子に比べ、太くしっかりしているのが特徴。

豊富な紀州檜を材に柿渋《かきしぶ》で下地塗りをし、漆を上塗りした「渋地椀」を中心に庶民向けの什器類が盛んに生産された。江戸時代には藩の保護を受けてしだいに市場が拡大し、蒔絵《まきえ》技術も導入されて明治時代には輸出も活況を呈し、「黒江塗」の名が全国に広まっていった。長い伝統を誇る黒江塗だが、一九六〇年代に入って大きな転機を迎える。プラスチックと化学塗料の出現で、塗師の大半が化学塗料の吹付けに転換していったのだ。今日、伝統的技法で黒江塗に携わる職人はほんのわずかと聞く。

「ノコギリ歯状の町並み」は、木地づくりや漆塗りの職人たちの職場を兼ねた住まいだったが、化学塗料は有機溶剤の臭気や飛沫が伴うため、仕事場は一九七一年から一九八二年にかけて海南市内に造成された漆器団地に移されている。

道の中程に「黒江ぬりもの館」(12)があった。江戸期の塗師の家を生かした紀州連子の風情あるたたずまいで、作家の工芸漆器から実用品まで、紀州漆器の展示販売や情報の提供を行っている。道に面した三角形の空き地には、昔の漆器職人がそうしたように運搬用の荷車が置かれ、季節の花鉢も並べられていた。また、近くに「紀州漆器伝統産業会館」(13)もあるが、いずれもオープンは一〇時から。いつかまたゆっくり訪ねることにして、今回は熊野古道を進むことにする。

黒江の町並み

12. 黒江ぬりもの館：海南市黒江680
TEL：073-482-5321
開館＝10時～16時30分
休館＝水曜／盆（8月15～16日）／年末年始（12月30日～1月5日）

13. 紀州漆器伝統産業会館：海南市船尾222
TEL：073-482-0322
開館＝10時～16時
休館＝第2日曜／8月14～16日／12月28日～1月4日
＊土・日には塗師の実演も行われる。漆器組合青年部が紀州漆器祭（11月第2土曜・日曜）用に製作したジャンボ漆器製品が目をひく。漆塗りのカヌーやフォルクスワーゲンなどが製作展示されて話題を呼んだ。

白い提灯（菩提房王子／祓戸王子）

海南駅に戻り、国道370号を東へ五、六〇〇メートルほど歩いて右折した道沿いの民家の角に「菩提房《ぼだいぼう》王子跡」があった。海南駅から一五分ほど。

菩提房王子を過ぎたあたりから、「熊野古道」と墨書した白い提灯《ちょうちん》が目につくようになる。この提灯が点々と続くようになったおかげでこれまで続いた迷い道の不安が薄らぎ、その〝無言の励まし〟が大きな力にもなった。もし、提灯を掲げてくださっている家の方が出てきたらひと言お礼を申し上げたいと思ったが、路上には人影もなく、そうした出会いには恵まれなかった。

この白い提灯は、六～七年前、中辺路町のひとりの住民が、近露、野中の集落の民宿、商店、民家に働きかけて軒先に掲げたのが始まりらしい。その情景が古道にふさわしかったことから県内に広がり、ことに南紀熊野体験博開催前、地元の盛り上げと歩く人の道しるべとして中辺路町を参考に各自治体や観光協会が作成し、とくに道標の設置が困難な市街地の民家に働きかけて掲げたというのが大方の経緯のようだ。軒端や道に面した庭木などに吊るされた提灯はまだ真新しいものばかりで、まぶしいほどに白く、よく目立つ。提灯は消耗品だから管理の手数が案じられるが、生きた古道の証《あかし》として、どうかいつまでも掲げ続けてほしいと願う。

九時四五分、左手の樹木に覆われた小山の上の寺は「日限地蔵《ひぎりじぞう》」の浄土寺。高い石段の

白い提灯

上に山門があるが、寺名が表示されていないのでわかりにくい。向こう隣が如来寺で、その先の指導表示に沿って左折した小道の奥の山裾に「祓戸王子《はらいど》」が祀られていた。

が、近づいてみると、どうやらすぐ近くの民家が火災で全焼した直後だったらしい。焼け落ちた民家の裏の竹林や周囲の樹木も茶色く焼け焦げ、後片付けの軽トラックが停まって、二〜三人の作業服姿の男性が黙々と焼けた樹木の枝を下ろしている最中だった。祓戸王子は危ういところで類焼を免れたようだったが、作業の邪魔になるらしく、表示板は抜き取られて地面に置かれていた。

鈴木屋敷と藤白神社（藤代王子）

このあたりは道標がしっかりしていてありがたい。「熊野一ノ鳥居跡」を過ぎてなだらかな坂を上っていくと、「鈴木屋敷」の表示が目についた。表示に沿って右折すると樹木と雑草の生い繁る庭の奥に古い家屋があるものの、人の住んでいる気配はない。入り口の説明板によると、ここは鈴木姓の元祖とされる鈴木氏が平安末期に熊野から移り住んだ所。上皇の熊野詣の案内役や熊野信仰の普及に努め、全国各地に鈴木姓があるのもそのためと考えられている。また、かの牛若丸（源義経）もこの屋敷に滞在して山野に遊んだと伝えられ、鈴木三郎重家は義経の軍に加わり、奥州の衣川館で最期をともにしたという。建物を回り込んでみると、やはり雨戸が閉じられて中の様子は見えないが、曲水式の庭園が復

火災直後の祓戸王子付近

元されていた。

　京都の城南宮（二五ページ参照）にはこの曲水式の大規模な庭園があり、毎年四月二九日と一一月三日には、曲がりくねった水路に杯を浮かべ、上流から流れてくる杯をとって酒を飲み、和歌を詠む、平安王朝の雅びな「曲水の宴」が再現されて大勢の観光客で賑わう。

　後鳥羽院も、当然、この鈴木屋敷に停泊したと思われる。そして、曲水の宴を楽しんだと想像したいところだが、造園は室町時代と推測されている。鈴木屋敷で曲水の庭園を楽しんだ客人は誰だったのだろうか。

　古道に戻り、まなもく小高い丘に建つ「藤白神社[14]」に着いた。熊野三山の聖域はここから始まるといわれ、九十九王子のなかでもとくに格の高い「五体王子」の一つである藤代王子が祀られている。「五体王子」とは、若一王子、禅師宮、聖宮、児宮、子安宮の五座の神々を祀った王子で、籾井、藤代、切目、滝尻、発心門の五社が五体王子とされたが、のちに准五体王子の稲葉根王子が昇格し、籾井王子は准五体王子に降格されたという。『紀伊《きい》續《しょく》風土記《ふどき》』[15]に「花の白さ類なし」とうたわれ、藤白神社の名前の由来にもなっている藤の花はもう季節が過ぎて見られなかった。藤棚の下に後鳥羽院の歌碑がある。「御幸記」に「藤代王子和歌会、建仁元年十月九日」とあり、後鳥羽院の詠草は「熊野懐紙《くまのかいし》」（国宝）として現存するという。藤代王子は歴代の上皇が必ず宿泊して特別の催事が行われた所だから、和歌会があるほうが自然なのだが、藤代に宿泊したのは八日。定家も、藤代の宿は小宅で窮屈に寝たとぼやき、次の湯浅の宿で和歌会が催されて講師を務めた様子

藤白神社

14. 藤白神社：海南市藤白466
TEL：073-482-1123
＊鈴木屋敷は、藤白神社が管理。鈴木姓の人の御守も売られている。

15. 紀伊續風土記：文化年間（1804～1817年）の初め、江戸幕府の命により、和歌山藩が編纂した紀伊国の地誌。1839年に完成。192巻。1970年に歴史図書社より全５巻で復刊された。

が記されているので、「藤代の王子和歌会」は「湯浅」の誤りではないかと推測されている。

藤白神社は、子育ての神社としても尊ばれた。境内には天然記念物の大きな楠（神木）があり、そこに子守楠社が祀られている。古来、畿内各地では、生まれた子どもの名前に藤代神社、楠、熊野権現にちなむ「藤」「楠」「熊」をつけると長命や出世がかなうと信じられ、南方熊楠とその兄弟たちもこの風習で名づけられている。

静かな境内のベンチでしばらく時を過ごしてから、旅の安全を祈って社殿に参拝し一一時に出発。この先には、定家が〝攀《よ》ぢ昇った〟藤白坂がひかえている。

丁石地蔵に導かれて——藤白坂

藤白神社を出て二〇〇メートルほど歩いて細い山道にさしかかった所に、皇位継承争いの犠牲となった有間皇子《ありまのみこ》（六四〇～六五八）の墓と歌碑がある。

家にあれば笥《け》に盛る飯を草枕　旅にしあれば椎の葉に盛る

父の孝徳天皇（六五ページ参照）の死後、皇位継承者として微妙な立場にあった有間は時流から逃れようと腐心するが、謀略をもって捕らえられ、この藤白坂で処刑されたと伝えられている。歌碑の和歌にある「旅」は、物見遊山でも追手から逃れる旅でもなく、捕らえられた有間が牟婁《むろ》で湯治中の斉明天皇[16]のもとに引き立てられてゆく悲痛な旅だった（一九二ページ参照）。

すぐそばの道端に、小さな古い「丁石地蔵」がたたずんでいる。宝永年間（一七〇四～一七一一）に、海南市の専念寺住職全長が旅人の安全を祈願して一丁（約一〇九メートル）ごとに地蔵尊像を安置したことに始まるという。長い年月の間に破損したり地中に埋もれたりして現存するものはわずかになってしまったが、この最初の「一丁地蔵」は当時のもの。また、ほかの丁石地蔵も近年復元され、藤白峠まで一八体の丁石地蔵が置かれている。

急坂を上り、「四丁地蔵」の分岐から左の山道に入る。人けのないこの淋しい古道では、丁石地蔵を話し相手に足を運ぶことにした。「七丁地蔵」は屋根付きの祠に群像で祀られていた。あたりはうっそうとした樹木に覆われて薄暗く、お地蔵さまの赤いエプロンが異様に鮮やかに見える。「八丁地蔵」で視界が開け、枇杷《びわ》畑の彼方に海が見えて涼しい風が吹き上げてきた。さらに登り続けていくと、密柑の花の香りがただよい始めた。細い山道の脇に密柑（伊予柑）を五～六個ずつ入れたビニール袋が積まれ、「これより峠まで一五～二〇分。一袋一〇〇円」と書いた札が置かれている。重くて持てそうもないのでパスしたが、密柑畑で作業する人の姿はまったく見えない。

雑木の繁る険しい細道を息を切らしながら登ってゆくと、日除け帽に運動靴の老人が一人、軽やかに山から下りてきた。空身なのは、山の上の住人かそれとも散歩中の里人か。

16. 斉明天皇（594～661、在位655～661）：
中大兄皇子（天智天皇）、間人皇女（孝徳天皇の皇后）、大海人皇子（天武天皇）の母。夫の舒明天皇の没後、皇極天皇として即位（在位642～645）。蘇我入鹿が大極殿で殺されると弟の孝徳天皇に譲位するが、孝徳天皇の没後、斉明天皇として再び即位した。

初めて出会った「人」にほっと心が安らぐ。「きょうは割合涼しうてよろしいなぁ」と挨拶してくださったが、こちらはザックを背負って汗だくだ。老人が通り過ぎた後にじんわりと静けさが広がり、草を踏む私の足音だけが聞こえる。

「十二丁」で再び視界が開け、野の花が明るい風に揺れている。頭上に淡紫の躑躅《つつじ》が咲いて嬉しげなお地蔵さまを「花地蔵」と名づける。一丁ごとに現れて励ましてくれる小さなお地蔵さまのなんと心強いことか。「十二丁」と「十三丁」はうっそうとした竹林の中の「竹地蔵」だが、薄暗い樹林とちがって木漏れ日が美しい。金色の竹の葉が風に乗って、光の中をサラサラと舞い落ちてくる。「十四丁」は「筆捨松《ふですてまつ》」のそば。平安前期の宮廷絵師巨勢金岡《こせのかなおか》が熊野権現の化身の童子と競画をし、破れて松の根元に筆を投げ捨てた故事の地とされ、低い竹柵の中にか細い松が植えられていた。深い樹木に日光を閉ざされた「十五丁」は「苔地蔵」。ふかふかと柔らかそうな苔が目立ち、丁石地蔵のあたりだけ、とくに黄緑色に光っている。

ときどき自然石が石畳のように顔をのぞかせる急傾斜の難所藤白坂も、お地蔵さまを数えているうちに「十八丁」で登りつめて峠に着いた。後鳥羽院や定家が〝攀ぢ昇った〟この山道は、その後、数知れぬ熊野詣の旅人で踏み固められていったのだろう。恐れていたほどの困難も迷うこともなく、耳をすませば巡礼の足音が聞こえてきそうな古道の雰囲気の色濃く残る道だった。

だが、藤白坂にかぎらず、熊野古道は総じて一人歩きの楽しい道ではない。昔の熊野詣の巡礼は、同じ道を行き来する何人もの旅人に出会えたにちがいないが、今日の熊野古道では、偶然の道連れを期待することはできない。また、いくつもの峠越えでは地元の人にさえめったに会うことはなかった。静かすぎる。一人旅には馴れているはずの私だったが、この後、単独行の不安や心細さをいやというほど味わうことになる。

蜜柑の花香る山道（塔下王子／橋本王子／所坂王子）

御所ノ芝―地蔵峰寺―橋本土橋跡―橋本神社

峠の民家の裏庭に、一五世紀前半ごろに造られたと推定される石造りの大きな宝篋印《ほうきょういん》塔《とう》が保存されている。この先にある地蔵峰寺《じぞうぶじ》が、昔はここにあった名残らしい。宝篋印塔の立つ庭に沿って回り込むように行くと、白河院の熊野詣の行宮所《あんぐうしょ》になったという「御所《ごしょ》ノ芝《しば》」に出た。「御所ノ芝」といっても芝生の広場があるわけではないが、和歌ノ浦のビューポイントであることは確か。快晴の日には、紀伊水道の彼方に四国も望めるという。眼下には工業施設が立ち並び、海南港の岸壁は海上輸送物資の荷置き場らしい。海から涼風が吹き上げて、行き来している大きな船がおもちゃのよう。おそらく、昔はもっと自然のままの雄大な空や海や砂浜が後鳥羽院や定家たちの目を洗ったことだろう。

桜の木陰に大理石の丸テーブルと丸椅子が設置されていたので、野鳥のコーラスをBGMに御所ノ芝のロケーションを堪能しながら昼食タイムに入る。

一二時半、古道に戻り、少し先へ行くと「塔下《とうげ》王子跡　地蔵峰寺[17]」と書いた提灯を山門に掲げた寺が道の右側に現れた。古道巡りの人のためなのだろう、水洗式で、清潔な公衆

御所ノ芝から和歌ノ浦を望む

17. 地蔵峰寺：海草郡下津町橋本字中尾1615
問合せ先＝善福院（TEL：0734-92-2188）

トイレが道路近くに建てられている。山門が閉じられていたので立ち寄らずに先へ進んだが、地蔵峰寺の本尊は鎌倉時代末期の一三二三（元亨三）年に造顕された、総高三メートルを超す石造の地蔵菩薩坐像。室町時代中期の造営と推定される本堂とともに国の重要文化財になっている。なお、和歌山県立博物館にはこの地蔵菩薩坐像の複製が常設展示されている。

ここから先は車も通れる広い舗装道路の下り道。矢印に従って進むと、すぐに車道と別れて細い山道になった。あたり一帯、むせかえるような蜜柑の花の香り。右も左も、前も後ろも、大きな蜜柑山。時折舗装道路と交差しながら、蜜柑畑の間に続く急勾配の曲がりくねった細道を下り続ける。作業小屋はあるが人家はなく、不気味なほど人の姿が見えない。振り仰ぐと急傾斜の山々が覆いかぶさるようにそびえ、濃緑の山肌に点々と黄色い蜜柑が輝いている。山の大きさ、深さに圧倒されるが、ここを蜜柑山として切り拓いてきた人々の努力にはもっと圧倒される。

山を下りきって県道に出る手前の路地の奥に、「橘本《きつもと》王子」（「御幸記」では橘下）と墨書した白い提灯を山門の両側に掲げた阿弥陀寺があったが、表示の確認だけで先へ進む。県道を横切り、加茂川に架けられた真新しい木の橋を渡ると説明板が掲げられていた。木の橋は「橘本土橋跡」に架けられたもので、このあたりは寛政年間（一七八九～一八〇一）には交通の要所だったという。藤原宗忠（一〇六二～一一四一）の著した『中右《ちゅうゆう》記《き》』（一七〇ページ参照）には、熊野詣の帰途の、天仁二（一一〇九）年一一月、あまりに険しい藤白峠越えをエスケープして、ここから加茂川に沿って西に下り、舟津（いまの

橘本土橋跡に架けられた木橋

塩津）から船で和歌ノ浦に至るコースが記されていると説明板にある。

しかし、『中右記』からおよそ一〇〇年後、「御幸記」一行は帰路も藤白峠越えのコースをとっている。しかもその日は雨の中を五、六〇キロ、湯浅宿から信達宿まで往路の二日分を一日で一気に進んでいる。湯浅を出るとすぐに糸我峠、蕪坂から拝ノ峠。それからこの藤白峠を越えて、さらに汐見峠、雄ノ山峠と、信達までは険しい山坂が続く。熊野詣は、往きは御利益《ごりやく》を高めるために王子を参拝しながら進むが、帰路は自由だったというから藤原宗忠の選んだコースでもよかったと思うのだが、あえて陸路を選んだのは天候によっては足止めされる船を嫌ったのかもしれない。とはいえ、いかに古人が健脚だったとしても熊野詣の帰途はそうとう疲労がたまっていたはずで、そのなかでのこのスピードには驚かされる。前日の一〇月二三日、定家は「今日、適々休息。終日偃《たお》れ臥《ふ》」している。このときの熊野御幸の一行は大体二〇〇人から三〇〇人だったというが、全員が輿や馬で移動したはずはなく、終始歩き続けた従者、輿を担いだ末端のお供の人たちの辛さは想像に余りある。

市坪《いちつぼ》川沿いの道には古い民家が並び、しっとりとした風情が漂う。黒江町に「ノコギリ歯状」のユニークな町並みが残されていたが、ここにも、道路に対して斜向きに建てられた家がある。

一時四五分、こぢんまりした橋本《きつもと》神社(18)に着く。一九〇七（明治四〇）年の神社合祀令により、ここには塔下、橋本、所坂の三つの王子が合祀されている。橋本神社の祭神は、蜜

市坪川沿いの民家

18. 橋本神社：海草郡下津町橋本125
TEL：073-494-0083

柑とお菓子の神様の田道間守命《たじまのもりのみこと》。子どもたちの人気者になりそうな神様だが、記紀によれば、およそ一九〇〇年前、田道間守は垂仁天皇（『日本書紀』で、在位BC二九～AD七〇）の命で常世《とこよ》の国へ行き、そのとき持ち帰った非時香菓《ときじくのかぐのこのみ》（橘の実）が今日の蜜柑とお菓子のルーツなのだという。

「その橘《タチバナ》はいまの蜜柑の原種で、この地に日本で最初に植えられたと伝えられている」と説明板に記されている。境内には田道間守が持ち帰ったのと同じという橘が注連縄《しめなわ》を巡らした柵の中に植えられ、小さな実を結んでいた。

柑橘類の原産地は、インドの東部からミャンマーに至る地帯と中国の揚子江《ようすこう》上流あたりとされている。橘はわが国原産の唯一の柑橘類だが、田道間守が持ち帰った橘は別種だとか。紀伊国屋文左衛門の蜜柑船でも名を馳せた「紀州蜜柑」は最古の栽培種だが、紀州で本格的に栽培されるようになったのは一六世紀（天正年間）ごろ。もともとは中国浙江《せっこう》省《しょう》からの伝来と推測されているが、有田郡糸我荘の人が肥後国（熊本県）八代《やつしろ》から苗を買って栽培したことに始まるとも、糸我荘に自生していたものに接ぎ木して近在に増やしたことに始まるとも伝えられている。

また、橘の実で最初のお菓子がつくられたことから菓子職人や菓子業者の崇敬もあつく、春祭りの四月三日は「菓子祭り」、秋祭りの一〇月一〇日は「蜜柑祭り」が行われるという。

橘本神社に祀られている
非時香菓と同じという橘

拝ノ峠は水なし峠（一壺王子／蕪坂塔下王子／山口王子）

市坪の集落は市坪川沿いにできたらしく、川魚の泳ぐ姿も垣間見える市坪川の両岸の道沿いに民家が立ち並んでいる。川で隔てられた集落をつなぐための橋が随所に架けられ、橋の真ん中に椅子を持ち出して涼をとりながら談笑する老人たちもいる。山間の温泉場のような風情がただよい、行き来する人も見えるが商店や自販機はない。この村の人たちは、毎日どこまで買い物に行くのだろう。

ふと、四国の遍路道が懐かしく思い出された。四国では地元の人々が必ずといっていいほど声をかけてくれたが、ここにそれはない。でも、その違いは当然だろう。四国でも、単なる旅行者とお遍路さんでは対応は異なる。四国を歩いたとき、私は遍路衣装を身に着けていた。遍路用品は、出発にあたって一番札所で支度ができたし、遍路の心構えや参拝の手順の説明も受けた。また、旅の途中でも手に入れることができる。しかし、熊野古道には熊野詣用品の販売や熊野巡礼作法などを説明する神社はなく、巡礼衣装の旅人も見あたらない。大峯奥駆道以外の古道はもう修験者や巡礼の道ではなく、歴史の道、過去の道になってしまったのだろう。私が違和感を覚えた、王子跡に立つ統一デザインの青い説明板の存在がそれを端的に物語っている。

旅先では商店や食堂が情報収集源になるのだが、コミュニケーションのきっかけがつかめないまま、一壺《いちつぼ》王子を祀る集落のはずれの山路王子神社に二時ごろ着いた。ペットボトルの水で喉を潤して小休止。水場も自販機もなく、水の補充ができなくてボトルはほとんど空になってしまった。

「御幸記」には「一壺王子」とあるが、江戸時代には「市坪（一坪）王子」「山路王子」「沓掛《くつかけ》王子」などと呼ばれたらしい。また、市坪、大窪、沓掛の三か村の産土神《うぶすな》だったため、明治時代の神社合祀令でも廃社にされずに生き残った貴重な王子社だ。境内に、屋根付きの立派な土俵がある。県文化財の「泣き相撲」のための土俵で、一〇月一〇日の秋祭りの際、小児の健康を祈って奉納されるという。

市坪川に架かる宮前橋を渡って県道１６５号を進んでから、拝《はい》ノ《の》峠《とうげ》目ざして右手の集落の道に入る。険しい傾斜地で、前の家の二階の高さに後ろの家の土台がある。北国だったら、冬は車も上れないのではなかろうか。舗装道路で、日陰のないヘアピンカーブの急坂をあえぎながら上り続ける。

峠近くの見晴らしのよい道沿いに「下津町沓掛児童会館」の建物があり、その右隣に掲げられた説明板に、沓掛《くつかけ》の松、弘法井戸、爪書地蔵の三つが紹介されている。「沓掛の松」は、拝ノ峠に向かう旅人がここで沓を草鞋に履き替え、脱いだ沓を松に掛けて登っていったという。「弘法井戸」と「爪書地蔵」は、いずれも弘法大師の霊験談。水に難儀する村人を見かねた大師が井戸を掘る位置を教え、それまで水が出るとは考えられなかった山の背に近い地蔵堂の地に枯れることのない冷水が湧き出したと記してある。文中の「地蔵堂」はこの児童館らしく、建物の外壁に水道の蛇口が取り付けられ、「清浄水」と書かれた札と手拭いまで掛けられている。水を切らしていた私にはまさに天の助けと思われた

山路王子神社の泣き相撲の土俵

が、お大師さまの御利益《ごりやく》にも有効期限があるらしく、蛇口のコックが壊れていて水は一滴も出なかった。あたりの見晴らしは最高だが、見渡すかぎり蜜柑畑で人家はなく、人の姿もない。水はとうぶんお預けだ。

急坂の小道を登り続け、三時、拝ノ峠に着く。ここから先はいくらか道が広くなり、ガイドブックに従って「右手に二〇メートルほど進み、左に切れ込む道（熊野古道）」をたどる。ここには道しるべがなく、ガイドブックの説明に救われた。

三時一五分、「蕪坂塔下王子《かぶらざかとうげ》」着。この王子社は明治時代に、次の「山口王子」共々宮原神社に合祀されたが、一九八九年、地元の愛郷会の方々の努力でここに再建されたと説明板にある。この日は、石碑のある空き地にブルドーザーが入って整備中だった。

三時四五分、道の右側に「爪書地蔵」の祠。中には、沓掛で冷水を湧き出させた弘法大師が、そのとき村人の無病息災も祈って阿弥陀尊と地蔵尊を線刻したという自然石（有田市指定文化財）が祀られている。ガイドブックには「金剛寺の本堂内に祀られている」と記されているが、この祠が寺とは思えないし、近くに寺らしい建物もない。

坂を下り切った所に「山口王子」の碑があった。これも愛郷会によって一九九一年に再建された王子。道端の小さな空き地に小祠が祀られ、花が植えられてベンチも置かれている。県境の雄ノ山峠の麓にも「山口王子」があったが、いずれも、山の口の神へ手向《たむ》けをした所（上方史蹟散策の会編『熊野古道』参照）という。

「熊野古道」の道しるべのデザインが変わった。道しるべは、それぞれの地域でデザインが異なる。軒端の白い提灯とともに、地元の人々の温もりが伝わるうれしいプレゼントだ。

山口王子跡

県道164号のなだらかな下り道をたどり、四時三五分、紀伊宮原駅着。ここからはＪＲに乗り、二駅先の湯浅の宿に入った。

「御幸記」の一行は、藤白坂を越えてから、「塔下の王子」「橘下の王子」「トコロ坂の王子」「一壺の王子」「タウ下の王子」「山口の王子」に参じて宮原の昼養所に入った。ここまでは「御幸記」とほぼ同じ道をたどったが、私は宮原駅から電車で約一〇分の湯浅に向かい、「御幸記」一行は宮原で昼休みをとってから糸我峠を経て湯浅の宿に入っている。一日で三つの険しい峠を越えた古人の健脚に敬服すると同時に、二つの峠越えで息絶え絶えの我が身が情けない。だが、この峠越えの道は熊野詣の上皇の特別ルートではなく、当時の幹線道路だったらしい。海沿いの道が開かれたのはずっと後の時代のことで、それまでは巡礼も商人も、男も女も、皆この険しい道を歩いたのだ。

この日、定家は従者の知り合いの家に宿をとった。別に仮屋が用意されていたが、その家の主が忙しそうだったので従者の知り合いの家に行ったのだが、父親の喪中と聞きつけ、大騒ぎして飛び出し、潮垢離《しおごり》や御祓《おはら》いをするハメになる。熊野詣の道中では潔斎《けっさい》（心身を清めること）をはかって進んでいるので、死者の穢《けが》れにふれるなどはもってのほかというわけだ。先達は、憚《はばか》るほどのことでもないというが、定家は何がなんでも身を清めねば気がすまなかったらしい。その夜は和歌会で、講師《こうじ》もそつなく務めたようだ。この和歌会をひかえて動転した気分を鎮めるため、潮垢離や御祓いに必死になったのかもしれない。

地元の人の手による「熊野古道」の道しるべ

糸我峠の道（糸我王子／逆川王子）

中将姫寺－くまの古道歴史民俗資料館－糸我峠－方津戸峠

五月一七日、紀伊宮原駅から七、八分で有田川《ありだがわ》の堤防に出た。緩やかな山なみに抱かれて、川は音もなく流れている。紀ノ川と並んで名高い川だが、川幅の広さに比して水量は少なく、所々に中州ができている。有田川だけでなく、どこの川も水量豊かに見えないのが寂しい。

宮原橋を渡り、対岸の堤防を左へ五〇〇メートルほど歩いてから道標に従って堤防を下り、国道を横断すると古道沿いに雲雀山得生寺《ひばりさんとくしょうじ》[19]、別名中将姫寺《ちゅうじょうひめじ》があった。国道にも「中将姫寺」の大看板があり、いわくありげな寺名にひかれて立ち寄る。

やはり、得生寺にはもの哀しい縁起が残されていた。天平時代の末期、右大臣藤原豊成（七〇四？～七六五）の姫は幼いながら琴の名手。聖武上皇に招かれて琴を弾き、「中将」の名を賜った。しかし、それを妬んだ継母によって父の留守中にこの地に送られ、殺されることになっていた。が、命を受けた家臣伊藤春時は姫の徳風に心を打たれて手に掛けることができない。春時夫妻は剃髪して名を得生、妙生尼と改め、草庵を結んで姫を守り育てた。

家臣たちの計らいで、姫は一五歳のときに当地に狩りに来た父と対面してめでたく都に帰るが、一七歳で大和の当麻寺《たいまでら》[20]に尼僧として入り、蓮糸で浄土曼荼羅を織り上げた。そして、二九歳の宝亀六（七七五）年四月一四日、二五菩薩の来迎を得てその生涯を閉じたと

河口付近の有田川

19. 得生寺：有田市糸我町
TEL：0737-88-7110
＊JR 紀勢本線紀伊宮原駅より徒歩約20分。またはタクシー約５分。

20. 当麻寺：奈良県北葛城郡当麻町当麻1263
TEL：0745-48-2001
＊近鉄南大阪線当麻寺駅より徒歩約15分。

伝えられる。

得生寺は古くは「安養院」と号したが、平安中期に、草創の得生（伊藤春時）に由来した現在の寺名に改められた。中将姫は開山堂（一三五一年建立）に祀られ、姫の命日にちなんで、毎年五月一三、一四日には小学生の少女たちが二五菩薩に扮して、開山堂から本堂に架けた橋を渡る「来迎会式《らいごうえしき》」（県無形文化財）が営まれている。幼少の姫君にちなんでお祭りは子ども中心に賑やかに行われ、有田地方の大きな年中行事の一つになっているという。なお、奈良の当麻寺でも、毎年五月一四日に中将姫の往生の様子を再現する練供《ねりく》養会式《ようえしき》が営まれている。

得生寺を出てまもなく、糸我《いとが》王子が合祀されている糸我稲荷神社の裏隣に平屋で和風建築の「くまの古道歴史民俗資料館[21]」（有田市宮）があった。江戸時代、この先の糸我峠にあった茶屋の実物大模型、大洪水で流出する前の一八七九（明治一二）年に描かれた本宮大社の全景図、冷泉《れいぜい》家所蔵の肖像画をもとに作成された藤原定家のブロンズ像など、興味深い展示品が並んでいる。

また、「御幸記」を参考にして作成された「御幸日程概要」と「定家の一日」がイラスト入りで紹介されていた。それによると、熊野詣の往きは一一日間、熊野三山で五日間、帰りは六日間で、計二二日間。一日で進んだ平均距離は、往路二六キロ、帰路五二キロ。この間、おおかた定家は午前四時ごろ起床、五時ごろ朝食をとって出発。正午に昼食と休養をとり、日没の夕方五時ごろ宿所着。水垢離をして、七時夕食。九時少し前に歌会に出

くまの古道歴史民俗資料館

21. くまの古道歴史民俗資料館：有田市糸我町中番289　TEL：0737-88-8528
開館＝８時30分～17時／無料
休館＝水・木／12月28日～１月４日

22. 足代：有田地方の古い郷名。

席し、一一時ごろ就寝……だったらしい。ブロンズ像を見ても、細面で、いかにも虚弱そうな定家が、睡眠五時間のハードな旅によく耐えたものだ。

稲荷神社の四つ辻に、文久四年（一八六四年）と刻まれた熊野古道の石柱が立ち、そこから糸我峠への緩い上り坂が始まる。古道を上りかけた左側の、見晴らしのよい空き地に「糸我王子」の碑があった。「御幸記」の「イトカハ王子」だが、近世には廃絶していたらしい。蕪坂塔下王子、山口王子同様、この王子も愛郷会によって一九九五年に再建されたと記されている。西に視界の開けた静かな集落の一角。村人も古道をゆく旅人も、ふとお参りしたくなるような、こんな場所に祀られている糸我王子は幸せそうだ。

蜜柑畑の上り坂が続き、やがて竹林に入り、まだ紅を残した散り椿に迎えられて、一〇時二五分、糸我峠に到着。

足代《あて》(22)過ぎて糸鹿の山の桜花　散らずあらなむ還り来るまで

詠み人知らずの万葉歌を刻んだ石柱と「峠の茶屋跡」の表示板が立つ蜜柑畑の石垣に腰掛けてひと休みしてから、檜葉《ひば》の生け垣を巡らした峠を発つ。眼下に青く光る池を見ながら涼風と小鳥の声に送られてきれいな竹林の道を下ってゆくと、道端に点々と、平安朝の衣装で古道を歩く女性たちの行列写真や古道の絵を収めたパネルが立てられていた。地元の人たちの作品を発表する〝野外ギャラリー〟だろうか、趣旨説明はない。昨年のイベン

糸我峠の登り口

糸我峠を過ぎて……

定家の一日

〔行き〕

時刻	子《ね》	丑《うし》	寅《とら》	卯《う》	辰《たつ》	巳《み》	午《うま》	
午前	一時	二時・三時	四時・五時	六時・七時	八時・九時	一〇時・一一時	一二時	一時

行動（時刻順）：
- 起床
- 朝ごはん
- 出発（馬で先回り）（夜明け）
- ⛩王子社にお参り
- （馬で先回り）
- ⛩王子社にお参り
- （馬で先回り）
- ⛩王子社にお参り
- （馬で先回り）
- ⛩王子社にお参り
- 昼ごはん・ひとやすみ
- 出発（馬で先回り）

〔帰り〕

時刻	子《ね》	丑《うし》	寅《とら》	卯《う》	辰《たつ》	巳《み》	午《うま》	
午前	一時	二時・三時	四時・五時	六時・七時	八時・九時	一〇時・一一時	一二時	一時

行動（時刻順）：
- 起床
- 朝ごはん
- 出発（馬で先回り）（夜明け）
- 昼ごはん・ひとやすみ
- 出発

午後									
未《ひつじ》		申《さる》		酉《とり》		戌《いぬ》		亥《い》	子《ね》
二時	三時	四時	五時	六時	七時	八時	九時	一〇時	一一時
⛩王子社にお参り 山がけわしいので歩いて登る	⛩王子社にお参り	⛩王子社にお参り	宿所に着く（日没）	水をあびる	晩ごはん		上皇様によばれて歌をつくる	（夜中に出発することもある）	寝る

☆一日に平均で二六キロ進みます。
☆朝ごはんは食べられないこともあります。
☆暗いうちに「たいまつ」で照らして出発します。
☆王子社にお参りするために時間がかかります。
☆「水あび」は、心と体を清潔にするための儀式なので、カゼをひいていても、川や海の冷たい水を、かぶらなくてはいけません。
☆歌をつくることは、神さまや仏さまに楽しんでいただくためなので、欠席できない行事です。
☆寝るところは、勝手に選べません。ほとんどが小屋のようなところで、とても寒かったようです。

午後									
未《ひつじ》		申《さる》		酉《とり》		戌《いぬ》		亥《い》	子《ね》
二時	三時	四時	五時	六時	七時	八時	九時	一〇時	一一時
			宿所に着く（日没）	晩ごはん（夜中に出発することもある）					

☆一日に平均で五二キロ進みます。
☆帰りはお参りしません。
☆宿所のあるところは、行きと同じです。
☆京都を出発する少し前から、熊野にもうでて京都に帰るまでの一ヶ月は、肉や魚を食べてはいけないきまりです。

くまの古道歴史民俗資料館発行パンフレットより参照改変
（イラスト一部省略）

トでも、華やかな衣装で古道を歩く女性たちがクローズアップされていたが、「上皇の熊野詣」の当時は男女共白装束の短袴姿で参詣に臨んだはず。また、そうでなければこの山道は歩けない。ＰＲには見栄えも必要だろうが、できるだけ確かな時代考証に基づいた衣装で行ってほしいと思う。

坂を下りきった突き当たりの四つ辻に「逆川《さかさがわ》王子右へ」の矢印。五〇メートルほど歩いて、一一時、古社の風情を残す逆川王子に着いた。定家は「サカサマの王子」と記している。

もとの四つ辻に戻って足を進めると、「逆川」の由来となった小さな「吉川」が流れている。川のそばの立て札によると、付近の川は東から西に流れているのにこの川だけ西から東に流れるため「逆川」と呼ばれていたが、後年「吉川《よしかわ》」と改められ、ここの地名にもなったという。

直進して、ほどなく湯浅の町を一望する方津戸《ほうつと》峠に着いた。道端に、低い屋根で覆った「弘法の井戸」がある。竹で編んだ覆いを上げてみると、中は枯れ葉の浮く水たまりで、湧き水のようには見えなかった。都市化が進んだ現在では、どこも地下水が濁ったり減少する傾向にあるらしい。各地の湧き水や井戸も、やがて王子社同様消滅の運命をたどるのだろうか。

道しるべの矢印に導かれ、峠の車道から右の小道に入る。そこを下ると、たちまち麓に着いた。一一時半、下り切った所に「花莚《かえん》」というきれいなカフェレストランがあったの

方津戸峠から湯浅への古道入り口

で、少し早いが休憩を兼ねて昼食をとることにした。

「きょうは涼しくていいわね。どちらから？　糸我峠を越えて？」

と、私よりいくらか年上らしい女性店主が話しかけてきた。ザックを背に汗だくで飛び込み、コップの水をたちまち飲み干した私を見て、古道歩きとすぐに察したようだ。

「方津戸峠から矢印の通りに進んだら、たちまち山を下りてしまって。ここは？」

「ここは湯浅町です」

「よかった！　峠から湯浅の町が見えたのですが、あまり簡単に下ってしまったので、もしかしたら道を間違えたかと思って……」

カレーライスとコーヒーをいただきながら、湯浅駅までの道順を尋ねると、

「この道を行くと、すぐに山田川に突き当たります。川を左に見て、五つ目の北栄橋を渡れば市街です。そこに、古道の目印もあるはずです」

と、丁寧に教えてくださった。そして、「もっとたくさん差し上げたいけれど、重いでしょうから」と、大きな八朔を三つ抱えてきてテーブルに置いた。古道歩きで初めての「お接待」。予想もしていなかっただけに、和歌山でもお接待があるのかと感激する。

四国には八十八か所を巡るお遍路さんをねぎらう「お接待」という風習がある。食べ物や飲み物をはじめ、道案内してくれたり、休ませてくれたりとお接待の仕方はさまざまだが、徒歩遍路たちにとってこれほど心強い励ましはない。同じように古い信仰の道だが、今日の熊野古道には四国のようなお接待の風習は残っていない。物が欲しいわけではない。土地の人々が見守ってくれている、その思いが嬉しいのだが、古道では人に出会うことさ

え稀であり、一般的には関心もうすい。

ただ、熊野詣の盛んだった時代には「お接待」がなされていたようだ。『中右記』（一七〇ページ参照）の藤原宗忠は、日高川の河岸で熊野から帰る三人連れの女性に行きあう。そして、川の水嵩が増して渡れずに困っていた三人を、どこの誰とも聞かぬまま馬を遣わして渡してやり、菓子も送って慰めている。四国のお接待が功徳であるように、熊野路でも弱者を助けるのは功徳を積む行為で、この風習は巡礼道では当たり前に行われていたらしい。四国遍路もお伊勢参りも、昔の巡礼は、一銭も持たなくても道すがらのお接待を受けて旅ができたとか。

八十八か所の寺が健在で、ひと目でそれとわかる白衣に金剛杖のお遍路さんが行き来する四国路と異なり、ほとんどの王子社が消えて一〇〇年の時が流れ、巡礼の姿もない熊野古道の旅は進むにつれて否応なく孤独感がつのる。テーブルの上の大きな八朔。一つでも重そうだったが嬉しさが先立ち、心からお礼を述べて全部ザックに詰め込んだ。一二時半、店を出て教えられた道を湯浅駅方面に向かう。

醤油の生まれ故郷／明恵上人遺跡——湯浅町

北栄橋を渡ると、湯浅の商店街に入った。古い町並みを生かして、軒端には「熊野古道」と書いた白い提灯が吊るされ、店の入り口に置かれた鉢植えの花や古風な木製の灯籠

湯浅の町並み

が古道を彩っている。町ぐるみで熊野古道のアピールに力を入れているのだろうか。フィルムを買った店で「町がきれいですね」と話しかけてみると、「去年の秋、熊野古道の大きなイベントがあって、そのとき一斉に……」と、女主人はあまり興味もないといった様子で短く答えた。

湯浅《ゆあさ》は人口一万五〇〇〇人余りのこぢんまりとした町だが、何やら懐かしい雰囲気が漂っている。町の東には国道42号や高速道路が走り、外周には広い道も通っているが、町なかの道は驚くほど狭い。熊野古道の商店街をはじめ車はほとんど一方通行で、細い路地に入ってみるとそこに店や寺の山門があり、路地を通り抜けた町の奥まった所に味噌や醤油などを商う昔ながらの店が点在していたりする。「人が歩いていた」時代にはこの道幅で十分事足りたのだ。それに、ここでは車もゆっくり走るから交通事故も少ないだろうし、だいいち、人の温もりが感じられていい。

湯浅は「醤油《しょうゆ》」の発祥地である。今日、醤油の生産地は関東に集中しているが、大手メーカーの創業者の多くは湯浅出身だ。しかし、本家本元の湯浅では製造業者が激減してしまった。だから、町を歩いても醤油の香りは漂ってこない。そんななかで、湯浅醤油の古称で「湯浅たまり」と呼ばれている本来の醤油の味にこだわり、伝統的手法でつくり続けているという江戸期からの老舗「角長《かどちょう》」(23)を訪ねてみた。

湯浅醤油は、鎌倉時代、由良《ゆら》町にある興国寺《こうこくじ》開山の祖・法燈《ほっとう》国師＝心地覚心《しんちかくしん》（一二〇七～一二九八）が、中国で習得した径山寺《きんざんじ》味噌の製法を伝えたことに始まる。

23. 角長：和歌山県有田郡湯浅町北町
TEL：0737-62-2035
営業時間＝9時～17時／日曜休
記 念 館＝土曜（13時～16時30分）。その他の曜日は電話予約が必要／無料
＊湯浅駅より徒歩約15分。

その径山寺味噌の製造過程で樽の底に溜まる液体を加工して生まれたのが醤油で、天正年間（一五七三～一五九二）に製品化して大坂に出荷したところ、たちまち評判になって湯浅醤油の名が広まった。江戸時代は藩の保護を受けて販路が拡大し、最盛期の文化年間（一八〇四～一八一八）には、人口一〇〇〇人の湯浅に九二軒の醤油屋が軒を連ねていたという。しかし、藩の庇護を受けられなくなった明治以降、大手メーカーの進出にも押されて湯浅の醤油は衰退する。

角長では「醤油記念館」を設立して、歴史的資料を保存・展示し、湯浅醤油の誕生から成り立ち、製造工程などを無料で紹介している。突然の訪問だったが、担当の女性が仕事の手を休めて記念館の鍵を開け、一つ一つ説明しながら案内してくださった。

醤油は、大豆、小麦、塩、水、それに麹菌でつくられる。「淡口」「濃い口」「たまり」のちがいは原料の大豆と小麦の比率によって決まり、小麦が多ければ淡口に、大豆が多ければたまりになる。今日、市場には多種多様の醤油が出回っているが、角長では「たまり」しかつくらない。なぜなら、それが本来の醤油だから。

「早く、大量に」の現代に、時が止まったような湯浅の町で、角長の時計もまた〝止まって〟いる。そのなかに「本物」が生き残った。原材料は江戸期と同じ栽培地、仕込み桶は吉野杉、火入れ殺菌方式も江戸期と同様の松材で、生きた酵母が住み着いた天保時代からの蔵でじっくりと醗酵を待つ。完成までには平均一年三か月かかるという七五〇年の伝統が細部にまで生かされた醤油は、味の世界遺産かもしれない。

ちなみに、湯浅駅の二駅南の紀伊由良駅から西へ約二〇分、なだらかな坂道を上った所

興国寺の山門

に「径山寺味噌」を伝えた法燈国師開山の興国寺[24]がある。里山に囲まれた静かな地で、深い樹木に包まれた境内には禅宗の寺らしい清浄な雰囲気が漂っている。また、角長からそれほど遠くない所にある創業四〇〇年の「玉井醤《たまいじょう》本舗大阪屋三右衛門店[25]」は、径山寺味噌の伝統的製法をいまに伝えている。

湯浅は、白州正子が「日本一美しい僧」と讃えた明恵《みょうえ》上人（一一七三～一二三二）のふるさとでもある。駅前から小型タクシーで、明恵ゆかりの寺の一つである施無畏寺《せむいじ》[26]に向かった。

「施無畏寺は、地元では『せんもうじ』と呼んでいるんですよ」と言いながら年配の運転手さんは曲がりくねった海沿いの道を走り抜け、湯浅湾の眺望みごとな高台に立つ、ひなびた寺の前でいったん車を停めた。「ここが施無畏寺ですが、明恵上人が修行した白上《しらがみ》遺跡が山の上にありますから、行ける所まで行きましょうか」と言ってくれたので、寺は帰りに立ち寄ることにして先へ進み、「これから先は歩いてください。左へ登ると〈西の白上遺跡〉があり、そこから右へ行けば〈東の白上遺跡〉へ行けます」と教えられた所で車を降りた。急な山道を登ると、まもなく「西白上遺跡」の卒塔婆のある崖の上に出た。眼下に湯浅のおだやかな海が広がる。あたりは静まり返って明るい陽射しが降り注ぎ、清らかな大気が流れている。

明恵は、紀州有田郡石垣庄吉原で豪族の家に生まれた。八歳の年、相次いで両親と死別し、翌年、文覚上人に仕えていた叔父に連れられて神護寺に入山するが、文覚は幼い明恵

24. 興国寺：日高郡由良町門前801
TEL：0738-65-0154
25. 玉井醤：和歌山県有田郡湯浅町湯浅531
TEL：0737-62-3412
営業時間＝9時～20時／木曜休
＊湯浅駅より徒歩約10分。
26. 施無畏寺：有田郡湯浅町栖原1465
TEL：0737-62-2353

を見て「此児はただ人にあらず」と直感したという（白洲正子著『明恵上人』参照）。一一九五年、明恵は神護寺を出てここに修行のための草庵をむすんだというが、凹凸の激しい岩場を植物の根が噛み、枝が地を這って、小さなテントを張るほどのスペースもない。「明恵上人樹上座禅像」（高山寺蔵）に見るように、ここには庵など造らず、自然の中に身を置いての修行だったのだろう。修行地には絶好の環境と思われるのに、しばらくして明恵は、波の音や漁師たちの声が修行の妨げになると言って「東」に移ったという。

その「東白上遺跡」までは、ほぼ平らな道を八〇〇メートルほど歩く。「東」は桜並木の先の、やはり崖の上で、川を隔てて対岸の山を仰ぎ見るような所。たしかに、波の音もなくて静寂だけがあたりを包んでいる。人けがないせいもあってか、どちらの遺跡にも澄みきった気が立ち上ってくるような清々しさが感じられた。

「西」から移った明恵は、仏道邁進の覚悟を定めて自らの右耳を切り、二四歳から二六歳までここで過ごしたという。いくら修行のためとはいえ、耳を断ち切る明恵の心境は凡人の私には到底理解できない。勘の鋭い人は音にも敏感だと聞くが、感覚が研ぎ澄まされるなかで、聴覚も異常に鋭くなっていったのではないか。あたりがうるさかったというより、凡人には聞こえない草の葉擦れや虫の歩く音までもが明恵には聞こえたのかもしれない。真空の空間にでも入らないかぎり、明恵の望む静寂は得られなかっただろう。おそらくこの美しい白上山の大気は、明恵を完膚なきまでに磨き切ってしまったのだ。

この時季の有田地方は、どこを歩いても蜜柑の花の香りが流れてくる。甘い香りの漂う山道を下る途中、檜葉《ひば》の枝葉が格好のスダレをつくっている道端に腰を下ろした。ひと休

明恵上人東白上遺跡からの眺望

みというより、この静かな時間の中に少しでも長く身を埋めていたかった。かすかな風の音、キラキラと輝くオレンジ色の海、はるかに小さな島影が見える……。

施無畏寺は、明恵のいとこの湯浅景基の寄進によるもので、一二三一年の落慶は明恵自身が執り行い、あたり一帯殺生禁断の地にすることを願って施無畏寺と名づけたという。明恵は翌年、京都の高山寺で六〇歳の生涯を閉じた。一二〇六年、後鳥羽院から栂尾山《とがのお》を賜り、高山寺を建立して建礼門院[27]や北条泰時[28]の帰依《きえ》を受けたが、一切の栄達を望まず、ひたすら修行に勤しんで仏教の本義に忠実に生きたといわれる。

さして広くない施無畏寺の境内に、桜の実がたくさん落ちている。本堂は閉じられ、寺務所にも人影はない。山門の脇に明恵上人の言葉がひっそりと掲げられていた。

「人は阿留辺幾夜宇和の七文字を持つべきなり。僧は僧のあるべきよう。俗は俗のあるべきよう。此のあるべきようを背く故に一切悪しきなり」

麓は西有田県立公園の栖原《すはら》海岸。塵一つない砂浜で小さな男の子が二人、夕暮れの海に小石を投げて遊んでいる。海は黙って小石を飲み込み、お返しに白いさざ波で子どもたちの足元をくすぐっている。

近代化の荒波に消える（久米崎王子／津兼［井関］王子／河瀬王子）

五月一八日。国道42号に出てすぐ、左手の道沿いに「久米崎《くめさき》王子跡」の碑を確認して

栖原海岸

27. 建礼門院徳子（1155～1213）：平清盛の娘。高倉天皇の中宮で、安徳天皇の母。1185年、壇ノ浦で平氏一門とともに入水したが、助けられて京に帰る。そののち出家し、大原寂光院で過ごした。
28. 北条泰時（1183～1242）：北条義時の長男。1221年、承久の乱の際に初代六波羅探題となり、乱後の処理にあたる。1224年、父の没後３代執権に就任。1232年、最初の武家法「御成敗式目」を制定。合議制と法治主義に基づく執権政治を確立させた。

「井関《いせき》王子」へ向かう。定家は降りしきる雨をついて夜明け前に出発するが、久米崎王子は遙拝で済ませ、井関の王子に参じている。久米崎王子が遠いなんて、定家は湯浅のどこに泊まってどの道を進んだのだろう。それとも、久米崎王子はもっと別の所にあったのだろうか。

新広橋の手前を左に折れ、広川を右に見ながら高城山の裾を巻くように続く道を進むと、やがて緩やかな上りになり、二手に分かれた。さて、どっちへ行くのか、道しるべはない。ちょうどバイクに乗った中年の女性が来たので、「どちらが熊野古道でしょうか」と尋ねると……。

「熊野古道って、ずっと向こうのほうの道に提灯を下げた家がいっぱいあったけど、ここも熊野古道なんかね」

へぇ〜、知らなかった……といった様子で国道のほうを指さしながら答えた。ガイドブックの地図を見ながら「新柳瀬橋《しんやなせ》のほうへ行きたいんですが」と言い直すと、「それならこの川沿いの道のままに行けばいいよ」と教えてくれた。雑草の繁る細道で、後ろには軽トラックも来ていたが、運転していた女性は焦りもせず、私が道を聞き終わるまで車を停めて待っていてくれた。

九時二五分、新柳瀬橋を渡り、国道を横切って民家の間の静かな古道をたどり、再び国道に出る。どうやら古道は、国道にS字にからむような形で続いていたらしい。

ガイドブックに「津兼《つがね》（井関）王子跡はインターチェンジの敷地内にある」と記されているが、入り方がわからない。そもそも、歩行者がインターチェンジの敷地内に入れるものだろうか。広川インター入り口のガソリンスタンドでお土産用に地元の農産物を売っているおばさんに津兼（井関）王子跡へ行く道を教えてもらい、やっと碑の見える所に着いた。たしかに津兼（井関）王子跡はインターの敷地内で、碑は金網の塀の向こう側にあるからそばに近づくことはできない。そのかわり、塀の外の歩行者専用道路から見えるようにインター内の施設に背を向けて立てられている。

碑の説明によると、ここは昔、村の北の入り口だった所で、中世からの井関王子が設けられていたが、江戸時代には地名をとって「津兼王子」と呼ばれていた。また、近世初頭には熊野街道が西側に移ったことで、旧井関橋を渡ってすぐの台地上に新しく津兼王子社がつくられたという。ほかに、井関王子と津兼王子は別の王子社という説もあるらしい。

熊野詣の道はさまざまな理由で変化する。川の流れが移動したり、時代によってルートが変わったりすることで、新しく生まれる王子社もあれば移転や廃社を余儀なくされる王子社もある。津兼（井関）王子は、自然の変化のほかに人為的な変化も加えられ、時代の荒波に翻弄されて、あらぬ岸辺に打ち上げられた魚のようにここに残されている。説明板は最後に、「……その新しい津兼王子神社は、明治四一年に津木八幡神社に合祀され、現在は跡形もありません。この中世の王子社の跡地も近年の湯浅御坊道路広川インターの建設によって消滅しました」と、津兼（井関）王子の終焉を伝えている。

井関バス停を過ぎ、田辺方面へ向かう国道から別れて左の旧旅籠《はたご》通りに入る。古い家並みの残る道の左側に丹賀《たんが》蔵王大権現社が現れた。背後の山に続く石段を埋め尽くして朱塗

丹賀蔵王大権現社

りの鳥居が立ち並んでいる。石段の下の立て札によれば、ここは丹賀ノ森。伏見稲荷大社の奉拝所で、白井原王子、井関王子、津兼王子が合祀されている。白井原王子は、『中右記』に記された「白原王子」かもしれない。

先へ進んで河瀬《ごのせ》橋を渡り、鬱蒼とした繁みの下の「河瀬王子跡」に着く。「御幸記」に「ツノセ王子」とある所で、古い文献では「角瀬王子」「津の瀬王子」と記されているが、江戸時代の村名が河瀬であったことから河瀬王子と呼ばれるようになったという。この王子も、明治時代の神社合祀令で津木八幡神社に合祀された。「現在も巨石が横たわり、王子社の古態を伝えている」と説明板にあるとおり、碑のあたりには古い石垣が残り、鬱蒼とした繁みが残されているが、王子社のない古道を歩く私には、「神社合祀令」が暴走するブルトーザーのように思われてくる。

橋のたもとの民家の前に、「右ハきみいてら、大水ニハひだりへ」と刻んだ昔の道標石が置かれていた。

鹿ヶ瀬峠を越えて黒竹の里へ（東の馬留王子／沓掛王子／西の馬留王子／内ノ畑［槌］王子）

鹿ヶ瀬《ししがせ》峠を目ざして川沿いの道を南に向かう。昔、鹿ヶ瀬越えを前にして旅人たちがひと息入れた宿場だったのだろう、「旅籠○○屋跡」のプレートを貼った民家が並ぶ。まもなく「東の馬留《うまどめ》王子」跡に着いた。「御幸記」より後の時代につくられた王子だが、や

「右ハきみいてら……」

鹿ヶ瀬峠麓の旧宿場町

はり神社合祀令で津木八幡神社に合祀されたという。鹿ヶ瀬峠まで二三四〇メートル。旅人たちはここで馬を降りて峠に向かった。

「次いで又シシノセノ山に攀《よ》ぢ昇る。崔嵬嶮岨《さいかいけんそ》、巖石昨日に異ならず」（「御幸記」）

前日の藤白峠越えで疲れの残る足をひきずりながら、あえぎあえぎ登る定家の姿が浮かんでくる。『中右記』にも「その路甚だ嶮岨、身力すでに盡く」とある。当時は、シカやサルの声の間近に響く、深く険しい山だったらしい。

約七分登った所に「（頂上まで）あと二〇三〇メートル」の表示があった。いまでも山の深さはひしひしと感ずるが、動物の声はなく、崔嵬嶮岨の印象はない。雑木林に覆われて、藤白坂より明るく道も整っている。「あと七〇〇メートル」の表示から、新しい石畳の道に変わった。古道復元の意図はわかるが、不自然だし、土のままのほうが歩きやすい。

一一時四五分、鹿ヶ瀬峠に着いた。海抜三五四メートルの峠は切り開かれた平坦地で、周囲を種々の樹木に囲まれて見晴らしはきかない。広場の中央に新しい石畳の道が続き、両側のきれいな草はらにそれぞれベンチが二、三台置かれている。かつてここに茶屋や旅籠が立ち並び、行き交う旅人で賑わっていたなど想像もできない静けさがあたりを覆っている。ベンチでおにぎりを食べながら一二時半まで休憩し、下りにかかる。

峠の先は鬱蒼とした竹林の道。薄暗くても竹藪を透過する光が美しく、それほど不気味な印象はない。二〇メートルほど前方の光と影の交差する道を、キジが一羽歩いて横切っていった。ベンチのある小峠を過ぎると、古い石畳の下り坂が続く。古道に現存する最長の石畳道で、全長五〇三メートル。緑に包まれて小鳥の声だけが響く道を下り続け、一二

古道最長の石畳道

時五五分、黒竹のそよぐ麓の原谷《はらたに》に着いた。

黒竹は紫がかった黒色の稈《かん》が特長の細い小ぶりの竹。葉の色が淡い若緑のせいもあって、竹林全体が明るい。「万緑〝竹〟中紅一点(29)」とばかりに、黒竹の藪の細道に点々と咲く薊《あざみ》が鮮やかだ。

やがて竹林が途切れて、眼前に水田が現れた。はるかに群青の峰々が連なる。山間の、竹林に囲まれた緩やかな斜面を切り拓いた段々畑。畦道のはずれには、たわわに実った蜜柑が青空に輝き、まだ水を張っただけの田んぼの上を、カラストンボが黒い羽をふるわせて飛んでいる。もう、写真集か絵画のなかでしか見られない、懐かしい風景……夢の世界に迷い込んだような思いにとらわれ、足はほとんど宙に浮いている。

一時二〇分、旅人の慰みに金魚を飼っていた茶屋があったという「金魚茶屋跡」の駐車場まで下る。ここには、白壁の土蔵を模した新しい公衆トイレが設けられていた。

濃緑の里山《さとやま》の頂で、浅葱《あさぎ》色の繊細な竹林がチラチラと風に揺れている。大空にスウェーデン刺繍したような光景に見とれながら歩いてゆくと、めずらしく老女に出会った。「こんにちは、きれいな所ですね」と挨拶すると、老女も微笑んで、「熊野古道を？　ごくろうさん。まあ、車に気をつけてボチボチな」とこたえてくれた。

原谷《はらたに》は黒竹の特産地。黒竹は工芸品や室内装飾、鑑賞用などに使われ、京都を中心に出荷されているという。工場の前には、枝を払った黒竹の大きな束が積み上げられ、製品加工する施設も見えるが、集落は静まり返っている。金魚茶屋跡にあった有志グループの立て札に「黒竹の生産量日本一」とあったので、村には製品を売る店があって製造過程の見

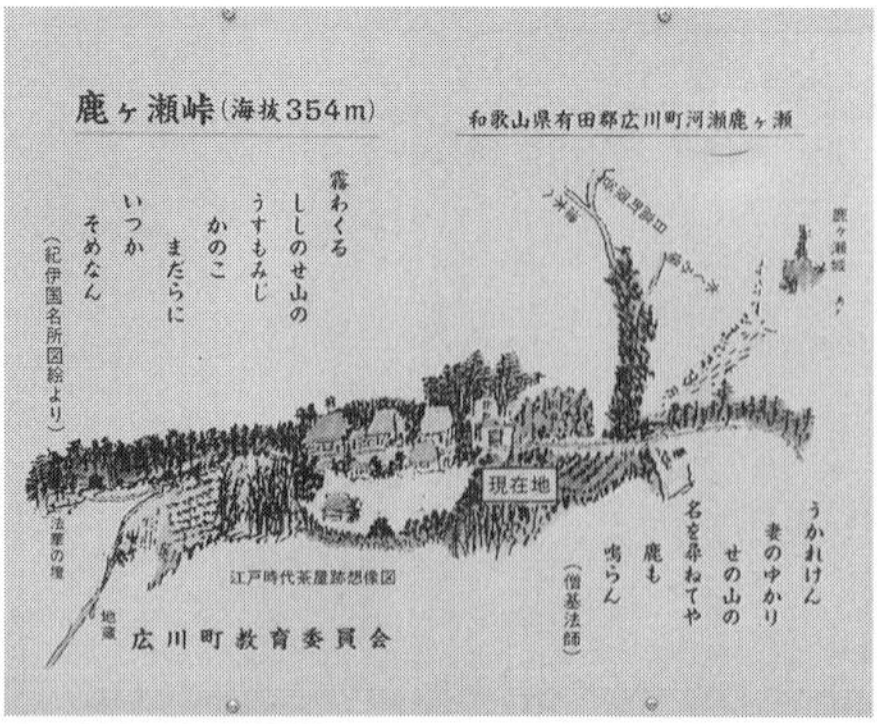

鹿ヶ瀬峠に立つ説明板

29. もとの慣用句は「万緑叢中紅一点」

学もできるかもしれないと期待していたが、販売店やＰＲの施設は見当たらず、穏やかな空気だけが流れている。

ほどなく「沓掛王子跡」に着いた。道からわずかに高くなった草むらに碑が立っている。定家一行は鹿ヶ瀬峠を下って、このあたりで昼の休養をとっている。ここで木の枝でたくさん槌《つち》をつくり、榊《さかき》の枝に付けて次の「内ノハタノ王子」に参じた。

道なりに足を進め、小さな祠の「爪書地蔵」を経て「西の馬留王子跡」に着く。この王子は江戸時代になってからの新王子と説明されている。

山に囲まれているためか、ひどく蒸し暑い。この集落にも店や自販機は皆無。紀伊路の古道では、水と食料は手放せないと痛感する。かんかん照りの一本道を歩いて疲れ果て、道端の木陰でひと休み。きれいな水の流れる側溝の縁に腰かけ、せせらぎの音と田んぼのカエルの声で涼をとる。

県道を右に折れ、なめら橋を渡って畦道を左へ進む。右手の水田に白鷺が群れ遊んでいる。優雅な羽を広げて畦道に舞い降り、一列に並んで「何の用だ？」とでも言いたげにこちらを見ている。

畦道の突き当たりに今熊野神社があったが、あまりに急傾斜の古い石段に恐れをなしてパス。茫々の雑草をかき分けながら進んで、やっと「内ノ畑王子跡」の碑にたどり着いた。「御幸記」にもあるように、この王子では、祀られている「ツチ金剛童子」にちなんで槌をつくり、木の枝に付けて「徳あり、徳あり」とはやしながら参詣する風習が長年続いていたらしく、一四二七年（室町時代）に書かれた住心院僧正實意の『熊野詣日記』にも記

原谷の特産黒竹

されている。その風習から「槌王子」とも呼ばれていたが、神社合祀令で今熊野神社に合祀され、その後、内原王子神社に合祀されたという。

　草をかき分けかき分け、田んぼに落ちないようにストックで確かめながら進んだら民家の庭先に出た。ズボンの裾は草の実だらけ。ガレージの屋根の下で収穫した野菜の選別をしていた若奥さんに県道に出る道を教えていただき、からたけ橋を渡ってようやく県道に戻ることができた。

内原（高家）王子神社から御坊市へ（高家王子／善童子王子／愛徳山王子／九海士王子）

「御幸記」によれば、このあたりは萩や薄《すすき》のたなびく幽玄な野原だったらしい。からたけ橋から紀伊内原《きいうちはら》駅までは約二キロ。その中間地点にある高家《たいえ》王子跡の内原王子神社を目ざしたが、途中で道を逆に曲がってしまい、かなり大回りして、午後四時、内原王子神社に着いた。樹木に包まれた広い境内には社務所もあるが、すでに閉じられている。定家らはここに立ち寄っていないが境内には定家の歌碑があり、掲示板には『中右記《ちゅうゆうき》』の藤原宗忠が大家《たいえ》（＝高家）の王子に奉幣したことなどが記されていた。

　王子跡の説明板には、「御幸記」と並んで、『中右記』[30]の記述が多い。『中右記』は、「中《なか》御門《みかど》右大臣」と称された藤原宗忠（一〇六二〜一一四一）が一〇八七年から一一三八年ま

30.『中右記』：本書では『増補　史料大成／中右記　三』（臨川書店／増補「史料大成」刊行会編、1965年）を参考にしている。

で五二年間書き続けた日記。藤原道長の玄孫であり、白河・鳥羽院政期の有力な廷臣だった藤原宗忠は、一一〇九年の旧暦一〇月、四八歳のときに二人の息子を伴って熊野詣に出かけた。この間のことは、旅立ちから数日分の記録が欠けていて、一八日に現在の有田市に入った以降しか知ることができないが、定家の「御幸記」とともに中世の熊野詣の重要な史料になっている。

きょうの宿は御坊《ごぼう》駅近くのビジネスホテル。紀伊内原駅の次が御坊駅で、電車に乗れば二〜三分で着いてしまうが、御坊駅までの間に「善童子王子《ぜんどうじ》」「愛徳山王子《あいとくさん》」「九海士王子《くあま》」がある。まだ陽が高く、それほど距離もなさそうなので前進する。庭先で花に散水していたおばさんに御坊への道を尋ねると、「え！　御坊まで？　まあ、陽があるうちには着くと思うけれど、大変だね」と、ホースの水を止め、通りに出て方向を指し示しながらおおよその道順を教えてくれた。

国道42号の東側へ、緩やかな坂を上るようにして足を進める。あたりはなだらかな丘陵地帯で、豆や玉蜀黍《トウモロコシ》、玉葱《タマネギ》などの野菜畑が一面に広がっている。畑の間に舗装された農道が縦横無尽に走っているので、地図を見ても道順がよくわからない。途中で出会った自転車の老人に尋ねると「御坊はこの方角だ」と南東を指さした。そちらの方向に行ってみたが、たちまち行き止まりになる。畑仕事中の若い女性が、「御坊への行き方は知らないけれど、あの車の通る道を行って途中で聞いてみてください」と教えてくれた。

今度は「車の通る道」沿いの、民家の前に停まっていた電気工事の車の若者に尋ねると、

「高家王子」と「善童子王子」への道標

若者はその家の奥さんを引っ張り出してきてくれた。奥さんの説明は明快だった。教えられたとおりに進むと、目印の一里塚の石柱があり、その先の分岐にお地蔵さまが立っていて、善童子王子への道しるべもあった。それから先は古道のルートに乗り、五時二〇分、小さな祠の立つ「善童子王子跡」に着いた。「御幸記」の「田藤の王子」、『中右記』では「連同持王子」と記された王子跡である。

道しるべに導かれて次の「愛徳山王子」へ向かう。一五分ほど歩き、民家の裏の、人一人がやっと通れるほどの路地に入る。蜜柑畑の道のかなり奥まで踏み込んでゆくと畑の真ん中がぽっかり草地になっていて、そこに愛徳山王子跡の石柱と御影石に刻んだ碑が立っていた。中世の時代にはここを古道が通っていたのだろうか、それとも愛徳山王子の広い社地が蜜柑畑に変わったのか。はたまた、石碑を建てる場所がなくてこんな奥まった所になってしまったのだろうか。

もとの道に引き返して先へ進む。八幡山の裾を回り込むように行くと、山裾の道沿いに「九海士王子」の祠があった。「御幸記」では「クワマ王子」と記されているが、石碑には「海士王子跡」と刻まれ、クワマ、クハマ、クリマなどと呼ばれていたと説明されている。ここからすぐの国道を左へ行けば一〇分ほどで「道成寺《どうじょうじ》」だが、もう六時近いので明日に回して宿へ向かう。紀勢線の南側に並行した国道を右に進んで、御坊駅には一〇分足らずで着いた。特急の停まる駅なので賑わっているとばかり思っていたが、広々ときれいに整備された駅前広場の周辺は拍子抜けするほど静かだった。このあたりの地名は「湯川町小松原」、後鳥羽院の宿所が設けられた所だ。

御坊駅

御坊市は、一五九五年に建立された浄土真宗本願寺の日高別院（日高御坊）の寺内町として発達した地で、地名の起こりにもなっている。その旧市街は、二キロほど南の日高川河口近くにあり、御坊駅から日本一のミニ鉄道（全長二・七キロ／紀州鉄道）が運行されている。御坊駅周辺は、新しく開発された地域らしかった。

携帯電話で宿に場所を尋ね、御坊駅から七、八分歩いて、紀州鉄道の踏切脇に立つ「ビジネスホテル紀の国」[31]に着いた。一階に薬局とレストランがあり、薬局がフロントを兼ねている。食事は夕食も朝食も一階のレストランでとることができたので、歩き疲れた身にとってはありがたかった。二階のシングルルームは落ち着いた色調で、踏切のそばにしては静かな好感のもてるホテルだった。

道成寺に残る二人の姫の物語

御坊駅から先の紀勢線はガクンと本数が少なくなる。特急も普通も、一時間に一本ぐらい。隣の道成寺駅へ行こうとして、七時五六分の普通に乗り遅れてしまった。次は九時四一分になる。しかし、道成寺までは歩いても一五分ぐらいしかかからない。

天音山道成寺《どうじょうじ》。[32]土産物店の並ぶ参道の奥の高い石段の上に、いかにも女人開運の祈願寺らしいあでやかな朱塗りの仁王門が見える。本堂、護摩堂、三重塔などが立ち並ぶ境内を一巡し、本尊の千手観音ほか多くの仏像が祀られている宝物館（有料）に入る。歌舞伎

31. ビジネスホテル紀の国：御坊市湯川町小松原463-1
TEL：0738-23-2300
32. 道成寺：日高郡川辺町鐘巻　TEL：0738-22-0543

の「娘道成寺」で使われた衣装や小道具の釣り鐘などが展示された別室で、この寺の〝名物〟である「絵とき説法」が始まっていた。

メインテーマは、むろん安珍《あんちん》、清姫《きよひめ》の物語。室町時代に書かれたという「道成寺縁起」によると、安珍は熊野詣に来た奥州白河の若い修験僧で、清姫は紀伊国牟婁郡の庄司清次の娘。熊野街道の宿場にあった庄司邸に一泊した安珍に清姫が一目惚れしたことから悲劇が始まる。清姫の熱意に押され、参詣の帰りに必ず立ち寄ると契りを交わしたものの、修行中の安珍は約束を破って帰路を急いだ。欺かれたと知った清姫は安珍の後を追ってひた走り、ついに大蛇に変身し、道成寺の梵鐘の中に隠れた安珍を鐘もろとも口から吐いた炎で焼き殺すという、すさまじいラブストーリーだ。

「……必死に追いかけてきた清姫さん、切目王子を越した所で安珍に追いついて呼びかけた。驚いた安珍、思わず『人違いでしょう』とこたえてしまったから、さあ大変！　清姫さんの形相が一変して……。大体、女の人がこうなるときは男に責任があるんですすな」

漫談さながらのお坊さんの軽妙な語り口に、二、三〇人の観光客の一団からどっと笑いが起こる。結末として、安珍は焼けた鐘とともに境内に葬られ、清姫は日高川に身を投げて恋人の後を追うのだが、観世音菩薩の慈悲をいただき二人仲良く昇天したとされている。

僧は最後に、「主婦は家庭の柱なり。妻君を家の宝と心して親愛し、わが妻こそ日本一なりと大切になしたまえば、家門の繁栄疑いなし。極楽は西方《さいほう》の遠きのみならず。家庭すなわち〝妻宝〟極楽の浄土となりぬべし」という、妻宝極楽の偈《げ》を紹介して説法を締めくくった。

道成寺三重塔と槙の木

境内に「蛇椌《じゃむろ》」と呼ばれる立ち枯れた椌の木があり、安珍と鐘を埋めた「安珍塚」のしるしと伝えられている。鐘楼は安珍とともに焼け落ちたが、南北朝時代の一三五九年に再興したという鐘楼の跡が三重塔の右隣にある。この二代目の梵鐘は、秀吉によって京都洛北の妙満寺に移されてしまい、それ以後、道成寺に鐘楼は造られていない。この「再興鐘楼跡」の前の浅い窪地が安珍が隠れた鐘楼の跡で、「鐘巻の跡」と呼ばれている。

安珍清姫の舞台となった道成寺にはもう一つ、「髪長《かみなが》姫」こと藤原宮子（六七九?～七五四）の興味深い物語も伝えられている。そもそも道成寺は文武天皇（六八三～七〇七、在位六九七～七〇七）の勅願寺として七〇一年に建立されているが、これは故郷を想う藤原宮子を慰めるために夫の文武天皇が紀大臣道成に命じて造らせたもので、寺名の由来にもなっているという。宮子は九海士《くあま》の里に住む海人《あま》の娘であったが、長い黒髪と美貌が貴人の目にとまり、やがて時の権力者藤原不比等《ふじわらのふひと》[33]の養女となる。そして、宮中に入って文武天皇の夫人になり、東大寺の大仏を建立した聖武天皇（七〇一～七五六、在位七二四～七四九）の生母となった。

一介の海人の娘が天皇の夫人になり、ついには天皇の母になるというおとぎ話のような伝承はむろん〝正史〟には記されていない。道成寺建設の途中で殉職した紀道成《きのみちなり》（または藤原道成）を祀った紀道神社に残る『紀道大明神縁起』絵巻〔享保年間（一七一六～三六）制作〕や、紀州徳川家から道成寺に下賜された『道成寺宮子姫伝記』絵巻（一八二一年制作）などに見るばかりだが、古代史に造詣の深い哲学者梅原猛[34]は地元に赴いて詳細に調査し、道成寺を中心に地元で語り伝えられてきた「宮子伝承」はあながち否定できない、

33. 藤原不比等（659～720）：中大江皇子とともに「大化の改新」を推進した中臣（藤原）鎌足の子。右大臣。後室橘三千代との間に生まれた光明子が聖武天皇の皇后になり、外戚としての地位を不動のものとした。「大宝律令」「養老律令」を定め、長期にわたって朝廷の高位高官を独占した藤原氏の基礎を築く。

34. 梅原猛：1925年、宮城県生まれ。京大哲学科卒。立命館大教授、京都市立芸大学長、国立国際日本文化研究センター所長など歴任。2001年４月、ものつくり大初代総長に就任。
　古代史を再検討し、次々に大胆な仮説を提起して、日本文化の深層を探る。その独自の視点に基づく日本文化論は「梅原古代学」「梅原日本学」と呼ばれている。
『隠された十字架』、『水底の歌』『梅原猛の授業・仏教』など著書多数。毎日出版文化賞（1972年）、第１回大佛次郎賞（1974年）、井上靖文化賞（1997年）、文化勲章（1999年）等々を受賞。

むしろ本筋において史実の可能性が高いと推察している（『海人と天皇』参照）。

九海士の里は九海士王子から一〇〇メートルほど西の、かつて入り江だったあたりにあったという。九海士という地名は、神功《じんぐう》皇后が新羅出兵から帰還の際、功績のあった九人の兵士をここに残して日高ノ浦を賜ったことに由来するとも、宮子を含む九人兄弟の海士が住んでいたことによるものとも伝えられている。現在、道成寺に祀られている宮子姫像は、以前は九海士王子に祀られていた。豊かな長い黒髪が女性の美の絶対条件だった時代、髪に悩む女性たちが苧《からむし》（イラクサ科の多年草）を黒く染めて供え、祈ったという。

海辺の古道（岩内王子／塩屋王子／上野王子／津井［叶］王子）

道成寺を出て御坊駅に戻るようにしばらく国道を歩き、湯川中学校の角から左に折れて日高川に向かう。日高川は、清姫が大蛇に変身して渡ったという伝説の川で、上流のほうに道成寺がある。河川敷も含めればかなりの大河だが、清姫はどのあたりを泳ぎ渡ったのだろうか。赤い欄干の野口新橋の袂には、蛇というより龍をデザインした石造りのモニュメントが立てられていた。

橋を渡り、岩内の集落をしばらく歩くと、道沿いに立つ「岩内コミュニティー館」の敷地内に「岩内《いわうち》王子跡」を示す立て札があった。説明板によると、このあたりはしばしば洪水に襲われたらしい。氾濫を繰り返しては流れを変える日高川は、当時のこの地域の人々

野口新橋

には大蛇と化した清姫の怨念のように思われたにちがいない。

さて、「御幸記」である。小松原（御坊駅付近）に着いたものの、定家の宿所は用意されていない。やっと見つけた小宅からも、身分の高い内府の家臣によって追い出されてしまう。憤懣やるかたない思いで定家は日高川を越え、「イワウチの王子」に参じた後、このあたりの小家に泊まっている。小松原からは歩いて一時間以上かかったことだろう。

この日の夜は夏のように暑かったと記しているが、翌日定家は、「病気不快」に陥っている。怒りのあまり、熱まで出していたのかもしれない。

岩内王子跡から四五分ほど南進して、海沿いの「塩屋《しおや》王子神社」に到着する。ここから先の古道は、田辺まで海沿いに続いていると思うとほっとした気持ちになる。鳥居の脇に「美人王子」の幟が立っている。説明板によると、この神社の主神天照大神の像が美しく、また美景の地に鎮座しているため、古くから「美人王子」と呼ばれていたとのこと。美しい子が授かるというので、若夫婦や女性に人気の神社という。八〇段の石段を上った境内は、樹齢二、三〇〇年の楠やマンサク科の柞《いすのき》などの樹木で覆われ、葉蔭の向こうに穏やかな海が見える。

塩屋王子神社を出て左へ進み、王子川を越えて古道をたどる。新旧家屋の入りまじった町並みで、人通りは少ない。まもなく坂道にかかる。山の中に入るのかなと思ったらそこは小高い丘で、短い切り通しを過ぎると眼前に海が開けた。丘を下って国道を横断し、海側の旧道に入る。概して古道の道沿いには古い民家が立ち並び、道幅は狭い。趣があり、車に煩わされない反面、休めるような店や食堂はなく、腰を下ろしてひと息つける場所もない。

きょうは昼食の用意をしていない。海沿いに、国道と古道が絡み合うように続くコースなので、店や食堂があるにちがいないと思っていた。そろそろ昼近くなっていたが、やはりこの地域でも古道沿いに店はなく、だんだん不安になってくる。

古道は再び国道に合流し、右手に遠浅の海が開けてきた。きょうは曇り空。太陽さえ顔を出してくれれば鮮やかな青い海原が見られるのだろうが、海も不満を押し隠して静かに渚を洗っている。一二時一五分、やっと国道沿いに「魚料理専門店」の看板を掲げる店が現れた。どんな食堂でもよかったのだが、海辺で魚料理とはなんたる幸運。広い駐車場と魚の販売所もある。豊富な種類の魚料理を期待して飛び込んだが、メニューは「お刺し身定食」と「干物定食」だけ（ま、いいか）。すぐに気を取り直して海の見える窓際の席に着き、お刺し身定食を注文。まもなく、マグロ、タイ、イカが二〜三切れずつの盛り合わせと、ひじきの炊き合わせ、ジャコとゴマとワカメの振りかけ御飯、ワカメの味噌汁を乗せたお盆が運ばれてきた。後から入ってきた老夫婦も、「煮魚か焼き魚がないの？」と店員に尋ね、諦めてお刺し身定食を注文していた。一二時五〇分、店を出る。

このあたりにはビニールハウスが多い。トマトなどの野菜も栽培されているが、主流は花で、白い霞草と紫やピンクのスターチスが目立つ。相変わらず、古道と国道の行き来を繰り返しながら歩き続ける。

一時二〇分、民家の間を抜け、国道を渡って御坊市指定文化財の史跡「仏井戸」に着い

塩屋王子からは海沿いの道が続く

た。井戸の前に、八朔と紫のスターチスが供えられている。ここは上野《うえの》王子の旧地。井戸の底の壁には、上野王子の本地仏で、室町時代末期の作と推定される阿弥陀如来、勢至菩薩、観世音菩薩の三像が刻まれているという。柵越しに井戸を覗いてみたが、三〜四メートル下に歯朶《しだ》の葉が繁り、壁面がわずかに見えるだけで仏像を確認することはできなかった。

再び民家の間を通り抜けて古道に戻り、一時三五分、「上野王子跡」に着く。小さな船の停泊する漁港に面した「名田漁民センター」の前に、王子跡を示す石柱と石碑が立っていた。旧地の王子が火災に遭ったため、江戸時代にここに移されたという。

ビニールハウスのスターチスを眺めながら古道をたどり、二時ちょうどに国道42号に出る。二時一五分、「印南《いなみ》町」の道路標識を通過。御坊市から日高郡印南町に入ったようだ。国道の常で車両の通行量は多い。なのに、歩道は白線のみ。

二時半、国道の坂を越えたら大きな漁港のある印南湾が開けてきた。「津井《つい》王子」の道しるべを左折して坂を上り、二時三七分、津井王子跡に着く。小さな鳥居をくぐり、「熊野古道　津井王子」の赤い幟旗が立つ石段を上る。樹木に囲まれた空き地のような境内に「叶王子」の石碑と石灯籠が立ち、片隅に統一デザインの青い説明板があった。そこにも「叶王子跡」と記されている。

「御幸記」で「ツイノの王子」と記された旧津井王子は、室町時代まではもう少し西の、津井の現若宮跡にあったらしい（『和歌山県の歴史散歩』参照）が、早くにこの叶王子社

ダンプの往来の激しい国道42号

に移転したと推測されている。叶王子社は明治時代に叶王子神社となり、その後、山口の八幡神社に合祀されたという。

石段下の鳥居の前からは、印南の町と海と湾沿いに走る国道が見渡せる。ひとしきり眺望を楽しんでから、きょうの宿に向かう。定家は、このあたりから歩いて一時間ほど先の切目《きりめ》王子（御幸記では切部の王子）まで進んでいる。しかし、私の持参したリストにはそのあたりに宿がなく、手前の印南で泊まることにした。三時一五分、「さつき旅館[35]」に着く。三階建ての和風旅館で、若いおかみさんがにこやかに出迎えてくれた。二階の六畳間に通されてほっとひと息。清潔で心地よい宿だが、町なかなので見晴らしはない。

この先は海沿いに王子が続き、二五、六キロも歩けば紀伊路の最終目的地の田辺だ。その途中に、風光明媚と聞く「千里ノ浜」がある。紀伊路でもっとも楽しみにしていた所だというのに、明日の天気予報は八〇～九〇パーセントの確率で雨で、明後日は晴。きょうも薄曇だった。千里ノ浜ではぜひとも快晴の空の下を歩いて、南紀の海の色を堪能したい。雨をやり過ごすことに決め、連泊を申し込んだ。

ひと足先に中辺路探索――熊野本宮大社と大斎原

予報どおり、朝からどんより曇っている。宿でぼんやりしているのももったいないので、きょうは〝サポーター〟に変身して、ひと足先にバスで中辺路を見てくることにした。バ

35. さつき旅館：日高郡印南町大字印南2274-53
TEL：0738-42-0001

スの道と歩く道は別だろうが、紀伊田辺駅から中辺路を通って熊野本宮大社へ行くバスに乗れば、中辺路がどんな所なのか大体の様子はわかるのではないか。

八時に宿を出て古い家並みの間を抜け、五分ほどで印南駅に着いたが、町や漁港の大きさに比べてあまりにかわいらしい駅に驚く。駅舎の前は通勤通学用の自転車を置く程度のスペースがあるだけで、売店も商店もない。もっともその分だけ、駅舎の周辺はゴミ一つなくきれいに整っている。ホームからは、北のほうにピンクと黄色の大きな「カエルの顔」が見える。遊園地かと思ったら、「無事にカエル」「故郷にカエル」のメッセージを込めて造られた跨線橋だと後でわかった。

八時一五分、通学の高校生に混じって普通列車に乗り、八時四〇分に紀伊田辺駅に着く。南紀の玄関口にふさわしく、賑やかな駅前のロータリーにバス停が並んでいる。本宮大社まではＪＲの定期バスが一日三本出ていて、九時発に乗れば一〇時四九分に着く。二時間弱のバスは長く感じられるが、定家らが四日がかりで歩いたことを思えばすごいスピードアップだ。定刻どおりに発車したバスは空いていて、私はいちばん前の席に着いた。数人の乗客は早ばやと降りてしまい、中辺路の登山口になる「滝尻」に着いたときには撮影機材を抱えたカメラマン風の男性と私だけになり、その男性も中辺路役場前で降りて乗客は私一人になってしまった。

「奥さん、どちらまで？」と、運転手さんが話しかけてきた。

「本宮大社までお願いします。熊野古道を歩いているのですが、きょうは雨だというので歩くのはやめて、これから先の中辺路の様子を見に来たんです」

印南駅ホームから見た「かえる橋」

とこたえると、運転手さんは軽くうなずいた。バスは山間を流れる富田川沿いの国道311号を走り続ける。トンネルを抜けると明るく開けた平坦地になり、ガラス張りの瀟洒な建物などが見える。

「ここは中辺路の中心になる近露《ちかつゆ》。あれは美術館です」

と、運転手さんが説明する。再びバスは山道に入った。

「一人で歩いて怖くないかね。中辺路の古道は、あんな杉ばかりの暗い山の中だよ。きょうみたいな日は、よけい暗いだろうね」

と、左右の不気味なほど鬱蒼とした杉山に目をやりながら運転手さんが話した。

「八年ぐらい前のことだけれど、一人歩きの女性が変質者に襲われてね。それから携帯電話のアンテナも増やしたらしい。こんなことを言うと人が来なくなっちゃうからあんまり言わないようにしているんだけれど。まあ、いまはケータイがあるし、もう昔の話だから」

ひなびた湯ノ峯温泉の、小栗判官が病を癒したという「つぼ湯」の脇を通って、定刻どおり熊野本宮大社の前に着いた。さほど広くないバス通り（国道168号）沿いに、ガソリンスタンドと数軒の店が並ぶだけの静かで小さな町だ。

堂々たる杉木立に囲まれた大きな一ノ鳥居の脇に、熊野三山のシンボル、三本足の八咫《やた》烏《がらす》（一八二ページ参照）の幟旗が掲げられ、参道の奥に高い石段が続いている。一二九段の石段を上りきった平坦地に、荘厳な古い社殿が樹林に囲まれて立ち並んでいた。ここが熊野本宮大社。(36) 創建は崇神《すじん》天皇（在位BC九七～AD三〇）のときと伝えられ、代々の

36. 熊野本宮大社：東牟婁郡本宮町本宮
TEL：0735-42-0009
＊問合せ先＝本宮町観光協会（TEL：0735-42-0735）

上皇が遠路厭わず通いつめた、蟻の熊野詣と称されるほどに多くの人々が参詣した、熊野三山の一つである。だが、その長い歴史と熱烈な信仰の対象にしては、意外に質素な印象を受けた。

　熊野本宮大社は、以前は熊野川の中州・大斎原《おおゆのはら》にあったが、一八八九（明治二二）年に大洪水に襲われ、そのとき辛うじて残った三棟の社殿[37]を二年後にこの高台に遷《うつ》したという。中央が、主神家津御子《けつみこ》の大神を祀る証誠殿《しょうじょうでん》、右が天照大神を祀る若宮社、左が夫須美・速玉両神を祀る合祀殿。初めは家津御子だけが祀られていたが、のちに夫須美、速玉の二神を加えて「三所権現」となり、さらに若宮、禅師宮、聖宮、児宮、子安宮の「五所権現」と、一万眷属十万金剛童子、勧請十五所、飛行夜叉、米持金剛童子の「四所権現」が加わって、合わせて「熊野十二所権現」と呼ばれるようになった（『くまの九十九王子をゆく』参照）。それぞれがどういう神様かはわからないが、ともかく熊野にはものすごくたくさんの神々が住まわれているらしい。

「権現」とは、衆生を救うために仏が権《か》りに日本の神に姿を変えて現れたものという思想による神の尊号だが、熊野三山は、古来、自然を信仰の原点にして神仏混淆で敬われてきた。主神家津御子はスサノオ（またはスサノオの子、イタケル）であり、その本地仏は極楽浄土を取り仕切って一切の衆生を救ってくださる阿弥陀如来だという。

　しかし、五来重《ごらいしげる》[38]は『吉野・熊野信仰の研究』のなかで、家津御子はイタケルと同一神ではなく、ケツミコは、ケ（食）すなわち食物の神で、もとはこのあたりに住む山中民の豊穣信仰に基づく食物の神であったと推察している。そして、他境の人にとって熊野は隠《こも》

熊野本宮大社一ノ鳥居

37. 証誠殿と合祀殿は1802年の造営、若宮社は1807年の造営。いずれも、熊野権現造りの重要文化財。
38. 五来重（1908〜1993）：茨城県日立市生まれ。文学博士。東大印度哲学科、のち京大史学科卒。高野山大教授、大谷大教授を歴任。庶民の歴史解明のため仏教民俗学（宗教民俗学）を提唱した。著書に『日本人の死生観』『宗教民俗集成』『霊場巡礼』など多数。

国《りく》、すなわち他界であったことから、地元の人々の家津御子信仰がいつしか他界の神としての信仰も獲得し、死者の魂を司る阿弥陀如来と結びついて信仰されるようになったのではないかと述べている。

『日本書記』によれば、イタケルはたくさんの樹種を持って天降《あまくだ》った神で、わが国の豊かな緑はこの神の力によるらしい。スサノオにはイタケル、オオヤツヒメ、ツマツヒメの三人の子がいて、いずれも木種を分布《まきほどこ》す神であり、紀伊国に鎮座（一三一ページ参照）した。スサノオ自身も船などの材にするための杉、檜、槇、楠などを成した後、「熊成峯《くまなりのたけ》に居《ま》しまして、遂に根国に入りましき」とある。

「根国」とは黄泉の国。「熊成」は熊野のことと推測されているが、スサノオが八岐大蛇《やまたのおろち》退治で活躍し、クシナダヒメと結婚した出雲にも熊野がある。どちらの熊野か定かではないが、樹木の神である三柱の子神を紀伊国に据えたスサノオは、いかにも杉、檜、槇、楠などが深々と生い繁る紀伊半島の熊野の祖神にふさわしいので、これもいつのまにか主神の家津御子に同化したのだろう。ほかにインドのマガダ国からの飛来伝説などもあって、熊野の神はまことに複雑である。

慈悲深い阿弥陀如来の権《かり》の姿とはいえ、主神を祀る「証誠殿」の名が示すように、熊野権現は、真実を証明する神、嘘を言わない神、預言の神として厳しい側面ももつ。そのことから熊野三山の護符「牛王宝印《ごおうほういん》」は「熊野誓紙《くまのせいし》」と呼ばれ、約束を破ると神罰が下ると信じられて、誓約書や起請文《きしょうもん》に用いられた。現在、熊野本宮大社で結婚式を挙げると、新郎新婦が読み上げる誓詞の裏に熊野牛王神符がしっかり貼布されるという。

それぞれの社殿に参拝してから、五〇〇メートルほど東の熊野川のほとりにある旧社地「大斎原」に向かった。石段を下りて国道を横切り、水田の間の細道を行くと、正面に鋼鉄製の巨大な鳥居が鎮座している。高さ三四メートル、幅四二メートル。最近出来上がったばかりの〝日本最大〟の鳥居をくぐった先に大斎原があった。そこは樹々に囲まれた柔らかな草はらの広場になっていて、繁みの下に、一八八九年の大洪水で流失した社殿に祀られていた神々を合祀した二基の石櫃が祀られていた。かつてここにあった本宮大社の姿は「一遍聖繪」（『一遍上人絵伝』）に詳細に描かれているが、当時は音無川と熊野川が合流する中州にあって、檜皮葺きの回廊を四囲に巡らした壮大華麗な社殿だったようだ。

石櫃と向かい合うように、「一遍上人神勅名号碑」（一九七一年建立）が熊野川を背にして立っている。一遍智真（一二三九〜一二八九）は伊予国（愛媛県）の豪族河野氏の家に生まれたが、幼くして仏門に入り、初め天台宗をのちに浄土宗を修めた。一二七四（文永一一）年の夏、高野山を経て熊野へ参詣（由良町興国寺の法燈国師のすすめによるという説もある）し、本宮大社で熊野権現を感得して「信不信をえらばず、浄不浄をきらわず」の悟りを開く。そして、自らを一遍と号して「決定往生《けつじょうおうじょう》六十万人」[39]の念仏札を携え、諸国遊行の途に就いた。

その足跡は、九州から奥州まで日本列島津々浦々におよび、寺をもたず、一所に留まらず、死に臨んでは所持していた一切の書籍も焼き捨て五一歳の生涯を閉じたが、あらゆるこだわりを捨てきった先に、万民平等万物共生の燦然と輝く新境地が開けたのだろう。

一六年間の踊り念仏の遊行中には次のような歌も詠んでいる。

念仏札

39.「決定往生六十万人」の念仏札：
「南無阿弥陀佛　決定往生六十万人」と書いた縦８センチ、横２センチほどの札。当時のものは現存していないが、室町時代の版木が遊行寺に残されている。「六十万人」というのは、60万人に限定するという意味ではなく、当面の目標として掲げたもの。一遍は、25万1724人に配ったところで生涯を閉じたという。なお、遊行寺では、今日でも希望者に一遍が配ったものと同じ形の念仏札を配っている。

はねばはね踊らばをどれ春駒の　のりの道をばしる人ぞしる[40]

「捨ててこそ」の一遍の思想と行動には、悟りすました様子もなければ悲惨さも暗さもなく、晴れ渡った南紀の海のようにおおらかで、いのちの歓喜に満ちている。

音もなく霧雨が降り始めた。人けのない緑一色の空間——ただそれだけなのに、厳かで清々しい空気があたりを包んでいる。本宮の神々は大斎原がたいへんお気に召していて、ときどき窮屈な社殿を抜け出してはこちらで寛いでいらっしゃるのではないか、そんな雰囲気が漂っている。広い草はらでは、一遍上人も彼を慕う男や女たちと嬉々として踊っているかもしれない。熊野川の河原に出てみる。定家一行は、どのあたりから新宮へ下る船に乗ったのだろう。晴天続きのためか川の水量は少なく、緩やかなカーブを描いて流れるともなく流れていた。

昼食は、熊野本宮大社の一ノ鳥居前にある珍重菴《ちんちょうあん》[41]で「めはりずし」をいただく。めはりずしは御飯（酢飯ではない）を漬物の高菜でくるんだ素朴な郷土料理で、寿司というよりにぎり飯に近い。昔は木こりや筏乗りの男たちの弁当になったもので、目をみはって大きな口を開けて食べなければならないほどの大きさだったことからその名が付いたという。運ばれてきためはりずしは、薄味の醤油で炊いた桜御飯を高菜漬けの葉で包んで蒸したものが二個。食べやすい大きさで、目をみはるほど大きなものではなく、柚子をひと切れ浮かべた、ワカメと三つ葉とお麸の吸い物が添えられていた。食後はほうじ茶。紀伊路の

めはりずし

40. のり：「乗り」と「法（のり）」の掛け詞。
41. 珍重菴：東牟婁郡本宮町本宮1110
TEL：0735-42-1648
営業時間＝9時30分～16時15分／水曜休
（シーズン中は無休）

旅館、ホテル、食堂などで出されるお茶はほうじ茶か玄米茶が多い。

帰りがけにレジの女性に、熊野那智大社側から大雲取《おおくもとり》小雲取《こくもとり》を越えて、その日のうちにここまで着くかどうか尋ねてみた。

「まあ、朝四時ごろに発てば、夕方には着けるだろうけど……」

大雲取小雲取の山越えは熊野古道最大の難所で、本宮大社と那智大社の間にある。定家一行は那智大社を早朝に発ち、豪雨の中で大雲取小雲取越えを果して戌の時（午後八時ごろ）に本宮大社に着いた。単独行の私はやはり無理をせず、二日かけることにしよう。

帰路は新宮駅から電車に乗ることにして、一時四〇分、熊野本宮大社前から熊野川沿いに国道168号を走るバスに乗り、二時四七分、新宮駅着。すでにホームに停まっていた「特急くろしお」に飛び乗り、四時四四分、紀伊田辺駅に着いた。新宮から田辺までは、紀勢線も国道も、紀伊半島を縁取るように海沿いに走っている。大辺路のルートもほぼ同じであろう。思いのほか大辺路の道のりは長く、山道でも中辺路のほうが距離は短い。紀伊田辺駅で四時五〇分の普通に乗り換え、五時一五分、印南駅に帰り着いた。

その夜、稲妻と雷鳴がとどろき、すさまじい豪雨が襲った。


明け方、夢を見た。

――これから先で、車に乗る機会が訪れる。そのときは素直に乗るように。

言葉も姿も判然としないのだが、〝誰か〟が威厳をもって私に告げた。ただし、車に乗るのはきょうあすのことではなく、中辺路あたり、それもかなり後でのことらしい。

「はい、わかりました。そんな機会があったら乗ることにします」と、夢のなかで私は神妙にこたえていた。

五時半ごろ目が覚め、忘れないうちにと、テーブルの上に出しっぱなしになっていたレポート用紙にこの妙な夢を書き記した。

私は五年前、四国八十八か所の遍路道を歩いたが、そのときは一切乗り物を使わず、お接待の車も謝辞して通した。今回は、四国のときほど固い決意ではないにしても、いちおう全行程を歩こうと思っている。それに、中辺路の熊野古道は車の通れない山道のはずだから、車に乗る機会があるとはとても考えられない。それでも、もしそんなハプニングが起こったら、これは「熊野権現の御告げ」と理解して乗るとしようかなどと夢を反芻して楽しんでいたが、宿を出て歩き始めると夢のことはすぐに忘れてしまった。ところが、後日、このまさかの御告げは現実になるのである。

コバルトの海と梅畑の峠道（斑鳩王子／切目王子／中山王子）

昨夜の雷雨に洗われて空気はさわやか、朝日を受けて何もかもまぶしく輝いている。きょうで紀伊路が終わる。この天気なら美しい海が堪能できて、紀伊路の締め括りにふさわしい古道めぐりになるだろう。田辺市の「扇ヶ浜ユースホステル」に宿泊の予約を入れ、八時にさつき旅館を出た。「すごい雷でしたね。おやすみになれましたか?」と言いながら、おかみさんが裏の川沿いに行く近道を教えてくれて、途中まで案内してくださった。教えられた橋を渡って集落を抜け、急坂を上り、さらに集落の中に続く旧道を通り抜けて〝歩道のない〟国道42号に出る。

宿を出てから約二〇分で、国道沿いの見晴らしのよい丘に立つ「斑鳩《いかるが》王子」に着いた。『中右記』にも登場する古くからの王子で、近くを流れる富川から「富王子」とも呼ばれたが、中世の王子社の場所は特定できていない。神社合祀令で印南八幡神社に合祀されていたものを一九四六年にここに遷祀《せんし》したという。

斑鳩王子の前に広がるコバルトブルーの海のなんとみごとなこと。古来、紀州の海の美しさは和歌や文学にうたわれているが、きょうのこの海の、この色と光が多くの人々を魅了し続けたのだ。

斑鳩王子から約一〇分、前方に「史跡　切目《きりめ》五体王子社」の大きな看板が見えてきた。国道と平行した農道に入り、突き当たりの森に祀られた切目王子神社に着く。

この切目王子を「ターニングポイント」にして救われた歴史上の人物がいる。一人は平清盛（八五ページ参照）。もう一人は、後醍醐天皇の第一皇子大塔宮《おおとうのみや》護良《もりよし》親王（一三〇八～一三三五）。親王は元弘の乱（一三三一年）で熊野へ逃れる途中、ここで熊野権現の神託を受けて十津川《とつがわ》へ向かい、無事に落ちのびたと伝えられている（三五四ページ参照）。

現在の切目王子神社は後代に遷《うつ》されたもので、旧社地は、「大塔宮旧跡碑」[42]が立つあたりにあったと伝えられている。それでも深い樹木に囲まれた境内は国道のそばとは思えな

切目王子

42．大塔宮旧跡碑：切目神社から直線で約600メートル東の、住宅団地のはずれにある。

い静けさで、五体王子らしい厳かな空気が漂っている。

岩内を発った定家は切目王子に参じてから宿に入るが、そこはきわめて狭い海士人《あま》の平屋。しばらくして上皇一行が歩いて到着し、向かいの御所に入る。ここでも和歌会があり、潮垢離《しおごり》もするが、どうやら定家は風邪をひいてしまったらしい。京を出てから七日目で、疲れがピークに達するころだ。喪中の家から飛び出したり（湯浅）、宿所を追い出されたり（小松原・現御坊駅付近）して、ストレスもたまっていたことだろう。この日は記述も短い。

切目川を渡り、切目駅のベンチでしばらく休憩した後、切目駅北のガードをくぐる。「切目」の地名は、内海と外海の潮の流れの切れ目であることに由来するという。光明寺の分岐点で、長靴姿で鍬《くわ》を担いだ老人に中山王子への道を尋ねる。

「そこを行くと、田んぼへ行かんと上へ行く道、ありますさかい……」

田んぼへの道と上り坂の分岐点に着いてまごまごしているうちに、先程の老人が軽トラックで追いついて、こっちこっちと上り道を指さして教えてくれた。坂を上り始めてまもなく道の両側は梅畑になり、そこに直進と右折の二種類の標識がある。おりよく畑に出ていた中年の男性に尋ねたら直進と教えてくれた。坂を上りつめて振り返った彼方に紺碧の海が輝いている。そこに「中山王子神社」があった。

樹木に包まれて、切目王子神社を小ぶりにしたような境内。かわいらしい本殿の右隣にさらに小さな社があって、「足の宮」が祀られている。足痛を治してくださる神様で草鞋《わらじ》

中山王子から太平洋を望む

や草履《ぞうり》が奉納されているが、供えられた草鞋を御守り用にいただいて帰る人もいるという。これはいかにも熊野古道にふさわしい神様だ。私も、足に痛みが起きないようにお参りする。

ガイドブックの地図ではこの先に榎木峠があるらしい。中山王子を出たところにさっき梅畑で道を教えてくれた中年の男性が車で通りかかって会釈した。私も先刻のお礼を述べ、「峠はまだ先ですか?」と聞くと「ここが峠ですよ」と答えた。あたり一面、青い実をつけた梅畑の下り道。和歌山県の梅の生産量は全国一で、全国生産量の約半分を占めるほどだが、とくに南部《みなべ》一帯は梅の特産地で、紀州の梅干しの主要品種「南高梅《なんこううめ》」はここで栽培されている。南部ではすでに江戸時代から梅が栽培されていて、南高梅は長年品種改良を重ねて生み出された逸品という。

ウグイスの声も聞こえ、花の季節はさぞやと思う。二～三月には、吉野の桜にも匹敵するような雄大な景観が展開することだろう。蜜柑の花、梅の花……紀伊路は四季折々の花の香りに満ちている。木漏れ日の影に蝶や小鳥の影が交じる。ときどき、緑色の背中を光らせてトカゲが道を横切る。トンボが道案内するように前へ前へと飛んでゆく……。

鮮やかなオレンジ色のストレリチアをいっぱい積んだ猫車を押した老女とすれちがった。

「こんにちは」

老女は黙ったまちょっとほほえんで、緩い上り道を時計のように正確な歩幅で足を運びながら梅畑の緑の中に消えた。

大宮人の踏みにし浜（岩代王子／千里王子）

一〇時四〇分、再び海が見えた。カーネーションと霞草のビニールハウスの丘の道をたどり、まもなく国道に出る。「西岩代《にしいわしろ》」のバス停前、浜を背にして徳富蘇峯筆の「有間皇子結松記念碑」と刻まれた石碑が立っていた。皇位継承争いに巻き込まれ、謀略で捕らえられた一九歳の有間皇子《ありまのみこ》は、尋問を受けるために紀伊の牟婁《むろ》(43)で湯治中の斉明天皇（一四一ページ参照）のもとに護送されてゆく。その道すがらの岩代で、皇子は「ミヅカラ傷ミテ松ケ枝ヲ結ブ歌」（『万葉集』巻二）を詠んだ。

磐代の浜松が枝を引き結び　真幸《まさき》くあらばまたかへりみむ

天皇はどのような審判を下したのだろうか。無事を祈って自ら引き結んだ松の枝を、牟婁からの帰り道で有間皇子はともかくも目にすることができたにちがいない。しかし、すでに実権は中大兄皇子、のちの天智天皇（六一四～六七一、在位六六八～六七一）の手中にあった。〝松ケ枝〟の祈りも虚しく、有間皇子は藤白坂で絞殺されたと伝えられている。

ここから一・二キロ先に岩代王子があると標識が出ている。木製の小さな道しるべに従ってガードをくぐり、踏切を渡ると浜辺の丘に「岩代王子」が祀られていた。広々とした砂浜に釣り人が三人、大海原に釣り糸を垂れたり、砂浜に竿を差したまま昼寝をしたりし

崎の湯

43. 牟婁の湯：西牟婁郡白浜の湯崎温泉。白い砂浜の景勝地「白良浜」の南端にある。万葉時代に貴族たちが入浴したという「崎の湯」（TEL：0739-42-3016）は、湯崎温泉西端の海辺の岩場に湧く町営の露天風呂で、無料。男女別で管理も行き届いている。8時～17時。7月15日～8月31日は18時半まで。水曜午前中と第4水曜休。白浜駅から明光バス湯崎行きで終点下車、徒歩5分。

ている。私も波の音を聞きながら、静かな岩代王子の木陰でしばしの時を過ごす。

岩代（磐代）の王子は上皇の休憩所とされた所で、いまは小ぶりの石の鳥居と小祠《しょうし》が立つだけだが、昔は立派な社殿があったのではなかろうか。拝殿の板に、その度ごとの御幸の人数を書きつける習わしがあり、鉋《かんな》で板を削り、日付と人数を書き込んで元の通りに打ち付けたと定家が記しているし、同様のことが住心院僧正實意の『熊野詣日記』（室町時代）にも記されている。


昔はたぶん岩代王子から浜伝いに千里王子へ行けたと思われるが、浜辺近くを紀勢線が通り、ガイドブックの地図は峠を越えるように指示している。

岩代王子を出て岩代駅の前を通り過ぎると、畑の中の道になった。犬を連れて散歩中の家族に出会い、千里王子への道を尋ねたが、赤ちゃんを抱いた若い奥さんは「まったく知らない」と言う。御主人が、「たしか、この先に道しるべがあったと思う」と自信なさそうに指し示した。その方向に行ってみると、畑の角に「みなべ観光協会」の手になる小さな道標が立てられていた。道標の矢印どおりに歩き、小さな峠を二つ越えて線路のガード下を抜けると砂浜に出た。「千里ノ浜」だ。弓なりにカーブした海岸線の右手は小さな岬。左手の突き当たりは人家も見える目津崎。全長約二キロのきれいな砂浜にはウミガメが産卵に訪れるという。

千里ノ浜はたしかにみごとな浜辺だった。が、その名前から果てしない海岸線を思い描き、あれこれ想像を膨らませていた私はいくぶん肩透かしをくったような思いにとらわれ

岩代王子

たまま、すぐ近くの千里王子に足を運んだ。

開発などの影響は別としても、風景の印象は眺める位置によってちがってくる。もし、岩代王子から渚を歩いて岬を回り込んだ岩場の先に、緑の山を背にして大きく弧を描く白砂の浜が忽然と現れたとしたら……。千里ノ浜は息をのむほど美しく、それは文字どおり千里も続いているように見えたのではないだろうか。

千里王子は千里ノ浜の中程にある。「大宮人《おおみやびと》の踏みにし浜」と刻まれた石碑の前に、ひと握りの貝殻が供えられていた。この王子には貝を拾って供える習わしがあり、「貝の王子」とも呼ばれた（實意『熊野詣日記』）という。道なりに進んで裏手の丘に通ずる階段を上ると、駐車場を兼ねた見晴らしのよい広場に出た。南部《みなべ》峠目ざして、広場から舗装道路の尾根道に移る。

梅干し特産地（三鍋王子）

ここは「スカイライン」なのかもしれない。車用に舗装されたなだらかな丘の上の明るい道を二〇分ほど歩いて、地蔵尊の祠《ほこら》のある南部峠に着いた。三鍋《みなべ》王子への道しるべもある。峠を下り、国道に合流した道を南下すると、南部川のあたりで梅干しの匂いが漂ってきた。国道沿いには売店を併設した梅干し工場が点在し、観光バスが吸い込まれていった。このあたりで、あの果肉がふっくらと大きくて柔らかい「南高梅」の高級梅干しが生産さ

千里ノ浜

れているのだろう。ところで、市販されている梅干しは、概してほんのりと甘い。近ごろは蜂蜜などの甘味料を含んだ梅干しが主流で、昔ながらの素朴な梅干しを探すのに苦労する。私は梅干しも甘いものも好きだが、甘みのある梅干しは好みではない。塩と紫蘇だけで漬けたおいしい梅干しを探して、道すがらの湯浅で「南高梅」の梅干しを扱う店に立ち寄ってみたが、私の望むような梅干しはなかった。

「昔のような梅干しは、〝塩分は控えめに〟という健康ブームで消費者に敬遠されてしまいましたからね。いまは、農家が自家用につくっているだけでしょう」

と、店主は語っていた。塩だけの梅干しをつくっている工場もきっとあるにちがいないとは思ったが、探さずに通り過ぎた。手づくりの梅干しを商うような小さな店は、国道沿いには見あたらなかった。

南部橋を渡って国道を離れ、民家の間の小道に入ると、前方に公孫樹《イチョウ》の大木がある。樹齢三〇〇年の天然記念物「丹川《たんが》地蔵堂公孫樹」で、公孫樹の下のお堂には熊野詣の旅人が立ち寄っていったという地蔵尊が祀られていた。進行方向の突き当たりに鳥居が見えて、街路樹が一直線に並ぶ広々とした通りに面した「三鍋王子」に五分ほどで着いた。この王子は最近造り替えられたのか、石段も石柱も新しく、前の道路まで新しい。強い日差しの照りつける午後の町は静かで、道を行く人の姿はまったく見えず、車もほんのたまにしか通らない。

三鍋王子から約一五分、南部駅前の広い通りを渡った所に小さな喫茶店を見つけ、サンドイッチとコーヒーの昼食をとる。「御幸記」一行も三鍋王子に参じてから、昼食と休養

南部峠

に入っているが、定家が食事を済ませて御所に行ってみたら、上皇一行はすでに出発した後だった。「此の宿所より、御布施、忠弘を以て送り遣はす」とあるから、御布施の使者を送り出す準備などに手間取っていたのかもしれない。定家は慌てて馬でも飛ばしたのだろうか、次の「ハヤの王子」ではちゃんと追いついていつもどおり先陣を務めている。

棟《おうち》の花——田辺市に入る（芳養王子／出立王子）

校内に弥生時代中期から後期にかけての遺跡があるという南部高校のグランド脇を通り、鹿島神社前の旧道を抜けて、国道と平行した広い道を海を眺めながら田辺へ向かう。海の色がますます濃く青く深みを増してきた。「森の鼻」の岬を越えると、ナショナルトラストの先駆けとなった天神崎（二二四ページ参照）が見えてきた。もう、田辺は近い。

四時、井原トンネル。五〇メートルぐらいの長さで、向こう側が見えるし、車も少なく両側に歩道もある。四国の遍路道では長いトンネルにたびたび悩まされたが、熊野古道ではトンネルをほとんど通らずにすむのが嬉しい。井原トンネルを通り抜けると「近西国二十八番札所井原観音」の新品ピッカピカのお堂が立っていた。

南部町と田辺市の境界である芳養《はや》川に架かる松井橋を渡って古道に入り、ほどなく芳養王子の跡地に建てられた大神社《おおじんじゃ》に着いた。大きな楠がこぢんまりとした境内に深い影を落とし、鋭く射し込む西日が社殿を厳かな光で包んでいた。

田辺湾を眺めながら……

大神社を出てまもなく、国道と合流するあたりの古道にパラソル付きのテーブルが出ていた。そばに清涼飲料水の自販機もある。テーブルは葦簾《よしず》をかけた魚屋さんのものらしかったので、声をかけて休ませてもらうことにした。

冷たいスポーツドリンクを飲みながらひと息ついていると、「どこから来た？　古道を歩いているんか」と、葦簾の裏で魚を焼きながら店主が尋ねた。その奥では、おじさんたちが早くも夕涼みのビールを楽しんでいる様子だったが、こちらからは暗くてよく見えない。

「ええ、東京から」と答えると、一瞬、葦簾の中がざわめいた。

「ここまで古道を歩きに来たのか」「どこから歩き始めた」ｅｔｃ、ｅｔｃ……。席を立つと、葦簾の中から一斉に「がんばれよ！」の声援が送られてきた。

国道42号を歩き、天神崎を過ぎて「元町」の交差点。五時、まだ十分に明るい。会津橋の手前を左折すると、坂道の左側に簡素な「出立《でたち》王子」の小祠《しょうし》があった。ここから先は、「海辺」から中辺路の「山道」に入るのだ。往時は、出立王子の前の浜に出て潮垢離《しおごり》で身を清めてから熊野三山へ向かう習わしがあった。定家は風邪をひいて咳も出るので潮垢離をやめようとしたが、先達に叱られ、仕方なく潮垢離をしている。旧暦一〇月の海水は、さぞ冷たかったことだろう。

「潮垢離浜記念碑」は会津川の河口あたりにあるらしかったので、川沿いに探し歩いたが見つからなかった。(44) 会津橋に戻りかけてふと見ると、保育園の庭に、満開の淡紫の小花

44．潮垢離浜記念碑：会津川河口の西で、田辺港から200メートルほど入った児童公園内にある。

をつけた樹の枝が風にそよいでいる。楝の花だ。

楝《おうち》の名を初めて知ったのは、紀州出身の作家神坂《こうさか》次郎が南方熊楠の生涯を描いた『縛られた巨人』のなかだった。熊楠はこの柔らかな香気を放つ淡紫の花を愛していた。波瀾の生涯の終わりに楝の幻を見たのか、臨終の床で「天井いっぱいに紫の花が咲いている」という言葉を残している。一九二九年六月一日、昭和天皇に熊楠が進講した「神島《かしま》」に咲き誇っていたという楝、五月下旬のいまはちょうど花の季節かもしれない。

楝とはどんな花か、どこに咲いているのか、古道めぐりに先立って田辺市役所の観光課に問い合わせの電話を入れた。担当者は親切に応対してくれて、「神島には特別の許可がないかぎり立ち入ることはできませんが、楝は市内でも見られます」と答えた後、楝の花と、咲いている場所を調べてファックスで資料を送ってくださった。

楝の学名は「センダン」。暖地性の木で、庭木や公園樹として植えられ、果実は薬用に、材は建築や木工などに利用されるという。ファックスでは色はわからなかったが、花と葉と木の形の特徴はつかむことができた。また「楝を確認できた場所」として、上富田町の熊野高校と龍神村の中山路《なかさんじ》小学校の二か所を挙げたうえで、「熊野高校の楝は根元がコンクリートで固められているためか、樹木に元気がない。龍神村の楝は樹齢一〇〇年と推定されているが、田辺から車で一時間半ほどかかる」と、コメントが添えられていた。場合によっては、遠くても龍神村を訪ねる覚悟を固めていた矢先、その楝に巡り合えたのだ。保育園の庭の楝はそれほど大きな木ではなかったが、塀越しに手繰り寄せた枝の小さな淡紫の花からやさしい芳香がこぼれていた。

楝の花

会津橋から三〇分ほどで紀伊田辺駅前に着いた。宿泊予定の「扇ヶ浜ユース[45]」は素泊まり専門。駅近くのレストランで夕食を済ませ、六時半ごろ到着する。駅から一〇分ぐらいの静かな町なかで、木造二階建て。手続きをすませた後、ピアレンツが一階の土間続きの和室に案内してくれた。混雑期はそうもいかないのだろうが、一人で一部屋使えるのは嬉しい。お風呂が二か所あって待つことなく入ることができたし、洗濯機も使用自由。ミーティングルームは書棚で埋まり、時間が許せば読みたい本がぎっしり並んでいる。建物は決して新しくはないが、清潔でくつろいだ空気が流れている。

紀伊路の終着点田辺市――ここでいったん帰宅する予定で出発したのだが、ユースにたどり着いたときは、最初の予定を覆して先へ進む方向にほとんど気持ちが傾いていた。その理由として、第一に天候の条件がよかった。長期予報ではこの先しばらく雨の心配はないが、沖縄はすでに梅雨に入ったという。ただでさえ熊野地方は雨が多いと聞いているのに、帰宅してぐずぐずしていたら本格的な雨期に入ってしまう。第二に体調がよかった。足の疲れも痛みもない。帰宅するつもりでいたからこの先の「二万五〇〇〇分の一地形図」はないが、ガイドブックの地図だけでもなんとか間に合うだろう。「御幸記」では、田辺から本宮まで四日。条件の許すかぎり先へ進むことにして、明日からの中辺路の旅を想いながら眠りに就いた。

扇ヶ浜ユースホステル

45. 扇ヶ浜ユースホステル：
田辺市新屋敷町35-1　TEL：0739-22-3433

中辺路編

富田川（滝尻付近）

南方熊楠を訪ねて（秋津王子／万呂王子）

高山寺－三栖廃寺跡－田辺市役所（田辺中学跡）－熊楠旧居－南方熊楠記念館

八時に扇ヶ浜ユースを出て、駅前商店街の喫茶店で朝食をすませてから会津《あいづ》川のほとりにあるという「秋津《あきつ》王子」へ向かう。「御幸記」一行が潮垢離《しおごり》で身を清めた翌朝、真っ先に参じた王子である。

会津川に架かる高雄大橋を渡った左側のこんもりした小山は、南方熊楠が眠る高山《こうざん》寺《じ》(1)。草創は、聖徳太子とも弘法大師とも伝えられている。無量寺の「虎図」をはじめ、南紀で数多くの名画を描いた江戸期の画家長澤蘆雪《ながさわろせつ》（一一二ページ参照）はこの寺にも三〜四日滞在し、墨画の掛軸や襖絵などを残している。

大きな樹木の間のスロープを上り、仁王門をくぐって境内に入る。熊楠の墓は、本堂裏手の太平洋を見晴らす墓地の中程にあった。墓碑の表には「南方熊楠墓」、裏に「昭和十六年十二月二十九日逝」とだけ刻まれている。簡素な墓碑に昭和天皇の和歌が寄り添う。

　　雨にけぶる神島を見て紀伊の国の　生みし南方熊楠を思ふ

「昭和三十七年五月二十三日、紀州行幸の砌、白浜宿舎の屋上より詠み賜ふ」とただし書きを添えた木札が掲げられていた。

一九二九（昭和四）年六月一日、神島《かしま》で熊楠から粘菌学の進講を受けられた日も、同じ

1．高山寺：田辺市稲成町392　TEL：0739-22-0274

ように霧雨が降っていた。当時、昭和天皇二八歳、南方熊楠六二歳。それから三三年後、熊楠とほぼ同じ年齢になられて再び神島を見つめる生物学者昭和天皇の胸中には、不世出の老学者の面影が鮮烈に蘇っていたことだろう。

天皇の神島行幸は、熊楠が二〇年来叫び続け、闘い続けてきた「神社合祀令」による神社林乱伐反対運動の大きな援護射撃となり、自然保護への道が開かれるきっかけになった。「南方熊楠」に触れずに熊野古道を通り過ぎることはできない。古道を歩く間に出合う、森や古木の多くが彼に救われているからだ。

高山寺を出て会津川の右岸を上流に向かって歩き、竜神橋を渡って橋のたもとの会津川河川公園入り口に設けられた「秋津王子」の説明板を見つけた。氾濫しては流れを変える会津川のほとりに立つ秋津王子は、早くから移転、再建が繰り返され、旧地は確定できないと記されている。

一〇時半、国道42号を横断。左に須佐神社の森を見ながら足を進めてゆくと、道端に満開の淡い紫の小花をつけた楝が風にそよいでいた。近寄って芳香を嗅ぐ。楝は遠目にはやや藤の花に似ているが、姿も香りも藤よりはるかに繊細でたおやかだ。

大谷橋を渡り、左会津川沿いの農道を川上に向かって歩き続け、道端の地蔵堂の前に置かれたベンチでひと休み。河原の野菜畑をかすめて穏やかな風が流れている。熊野橋の手前で、県道35号を左に折れた道端に「万呂《まろ》王子跡」の説明板があった。一八七七年に須佐神社に合祀されるまではこのあたりに王子の小さな森があったと記されているが、説明板

南方熊楠（25歳頃）

の背後は水田で当時の面影は残っていない。「御幸記」には「又山を超え、丸（万呂）の王子に参ず」とあるが、その道程はわからない。私は秋津王子跡から休憩や寄り道をしながら二時間たらずで着いたが、終始平坦な川沿いの道で山越えはなかった。ここも、会津川の支流「左会津川」のほとりの王子。秋津王子同様、移転、再建が繰り返されたにちがいない。

一一時半、万呂王子跡を後にして、少し県道を西へ進んでから左手の集落の坂道を上る。このあたりには道しるべがなく、畑で仕事中の方に尋ねながら進むと、坂の左手に小さなお堂が見えてきた。「史蹟　三栖《みす》廃寺塔趾」と刻んだ石柱と説明板がある。ここには奈良時代前期の七世紀後半、方一町（約一〇〇メートル四方）の寺域に三重塔の立つ法隆寺式伽藍配置の寺があったことが発掘調査の出土品や礎石などから推定されて、国の史蹟となった。穏やかな日差しに包まれてひっそりと立つ弥勒《みろく》堂の周りには、紅と白の星形の花をつけた小さな野草が一面に咲いて風に揺れている。あたりは、蜜柑畑と住宅に囲まれたなだらかな南斜面。ここにも人の姿はないが、紀州では自然が温かく語りかけてくる。

もとの県道に戻り、一〇分ほど西へ進んで「下三栖」のバス停に着いた。バスは一時間に一本ほど。ここから徒歩二〇分の所に「三栖王子」があるが、きょうの古道歩きはここで打ち切り、午後は田辺市街に戻って「南方熊楠」を訪ねることにする。川沿いの道をずいぶん歩いたような気がしたが、バスならここから田辺市街までたった一五分だ。

海辺に近い「市役所前」で下車し、市役所に隣接する文化会館のレストランで昼食をと

三栖廃寺塔趾

る。二時近かったせいか、客は私だけ。海を見晴らす窓際の席に着き、食事が終わりかけたころ、シェフのおじさんがテーブルにやって来て話しだした。

「ここは昔、田辺中学の敷地でね。中学はその後田辺高校になって別の場所に移ったけれど、当時はこの前の自動車道路はなくて、浜辺まで田辺中学の敷地だった。神島は特別の許可がないと渡れないが、わしら、ここから四キロぐらい先の神島まで、よく泳いで渡ったものさ」

　シェフのおじさんが田辺中学の出身か否かは聞き漏らしたが、私の義兄は一九三三年から四年間、田辺中学で寄宿舎（寮）生活を送っている。そのころ南方熊楠は、親友で田辺中学の校医でもあった喜多幅《きたはば》武三郎医師と連れ立ってしばしば朝の散歩をしていたが、裸に近い格好で校庭を横切り、浜へ出る途中で、寮に向かって「おはよう！」と、あたり憚《はばか》らぬ大声で〝挨拶〟して通り過ぎる。その結果、寮生たちは一分でも多く寝ていたい起床時刻寸前に、いやおうなく起こされてしまったという。

「そのころはおおらかなもので、学校の敷地に誰かが入っても咎めることはなく、上級生のなかには負けずに大声で『おはよう！』と言い返す者もいた。こっちが慣れたのか、それとも彼らが散歩をしなくなったのか、そのうち聞こえなくなったけどね。初めは、世の中には奇人変人がいるものだと驚いたよ」

　熊楠は天衣無縫で、服装に頓着しない。自宅では半裸で顕微鏡を覗き、分厚い身体に浴衣一枚、前をはだけた姿で町を行く「南方さん」は〝有名〟だったらしい。喜多幅もまたビヤ樽のような体躯で豪放磊落、人望も厚く、生徒たちには人気の校医だった。熊楠が田辺に移り住んだのも、この無二の親友喜多幅の存在があってのことだという。義兄は、父親が熊楠や喜多幅と同じ和歌山中学出身の医師だったことから、校医の喜多幅に「○○の伜か」と親しく声をかけられたが、熊楠の業績や喜多幅との深いつながりなど、当時は知る由もない。寄宿舎生活を始めたばかりの、まだ一二歳の少年だった義兄の脳裏には、父の知り合いという一風変わったおじさんたちの散歩姿と「おはよう！」が、強烈な印象となって刻み残されている。

食事を終えて市役所の裏手に出ると、「南方熊楠旧居[2]」の道標が立っていた。住宅の間の入り組んだ細道をたどってゆくと、門前に熊楠の略歴を記した説明板の立つ、南方邸に着いた。熊楠が一九一六年から終生暮らした家で、田辺中学は目と鼻の先にあったようだ。南方邸には熊楠の長女南方文枝さんがお住まいで、約四〇〇坪という邸内には、いまも熊楠が好んだ植物が繁っているらしい様子が高い塀越しにうかがわれる。市役所で入手したパンフレットには、「邸内見学不可」の旨を記した短冊が挟み込まれていて、当然ながら私も門前から拝見するだけで辞去した。

それからほぼひと月後の二〇〇〇年六月一〇日に文枝さんが逝去され、現在、週二日だけ、玄関先のみ公開されている。

南方邸から紀伊田辺駅前まで一五分か二〇分ほど歩き、三時発「白浜」行きの明光バスで「(財)南方熊楠記念館[3]」へ向かう。白浜行きのバスは本数が多いので待たずに乗れた。白浜バスセンターで「臨海」行きに乗り換えて、四時に終点で下車。海沿いの道を回り

南方熊楠邸

2．南方熊楠旧居：公開日／時間＝火・木／13時30分～15時30分／無料
＊現在、見学は玄関先に限られているが、特別公開日（おおむね月１回）には見学時間が延長されるほか、説明会が行われ、庭（植生保護のため、普段は立ち入れない）の見学もできる。
＊問合せ先＝田辺市教育委員会文化振興課
TEL：0739-22-5300

3．南方熊楠記念館：西牟婁郡白浜町3601-1
TEL：0739-42-2872
開館＝９時～17時／有料
休館＝木曜／６月28日～30日／12月29日～１月３日

込むようにして、岬の先端にある「南方熊楠記念館」へ急ぐ。多種多様な植物の生い繁る園庭の石段を駆け上がり、閉館間近の記念館に飛び込んで、ほとんど見学者の途絶えた館内を一巡する。

南方熊楠（一八六七～一九四一）は、和歌山市の金物商の次男に生まれた。その天才ぶりは早くから発揮されたようで、小学校入学前から和漢の書物に親しみ、小学生時代に日本最古の百科事典『和漢三才図絵』一〇五巻をはじめ、『本草綱目』『大和本草』『日本紀』『諸国名所図絵』などを次々に精密に筆写し、周囲の大人たちを驚嘆させている。

一八八四年、東京大学予備門に入るが、中退して一八八六年に渡米。ランシング農科大学に入るが、そこにも飽き足らず退学して、独学でアメリカ大陸の動植物、微生物の観察採集を開始する。さらに中南米を放浪後、一八九二年ロンドンへ渡り、世界第一流の科学雑誌「ネーチュア」が募集していた天文学の懸賞論文に応募。「東洋の星座」と題された論文が最優秀の一編として掲載され、大きな反響を呼んだ。それをきっかけにして大英博物館に嘱託勤務の道が開け、「日本書籍目録」の編集に尽力しながら天才的な語学力を駆使して、旺盛な知識欲を思う存分満たしている。

この間、宗教学、考古学、人類学関係の文献の抜き書きは四万八〇〇枚におよび、「ネーチュア」と、文学、芸術、考古学などを対象にしたオックスフォード大学出版局発行の「ノーツ・アンド・クィアリーズ」誌に寄せた論文や随筆は、帰国後も含めると三七〇編以上にも上る。また、ロンドン滞在中には中国革命の父・孫文（一八六六～一九二五）とも親交を得ている。

一九〇〇年に帰国して、三年余り熊野の那智で隠花植物の採集・研究に没頭したのちに田辺に移り、一九〇六年、闘鶏神社の神主の四女田村松枝と結婚。一男一女をもうけ、田辺を終《つい》の住処《すみか》として生涯を送った（『縛られた巨人』参照）。

一八か国語に精通し、天文学、生物学、民俗学など多方面の深い学識を備え、とくに菌類の研究では日本で発見された粘菌の約半数を発見し、四五〇〇種六〇〇〇点に上る世界一の菌種標本を作成したという南方熊楠。この生涯無位無冠の碩学は、驚異的な頭脳同様、行動においても常識を逸脱した天性の自由人だった。

遺品や遺稿、手紙、ノートなどの展示品のなかに、昭和天皇に粘菌の標本を献上する際に使った「キャラメルの箱」と同じものがあった。それは通常のキャラメルの小さな箱ではなく、菓子箱といったほうがいいような大きさだった。キャラメルやタバコの箱は蠟引きされているので湿気防止によく、熊楠は常日頃から標本入れに利用していた。献上にあたっても、わざわざ桐の箱などつくって入れるよりは機能が優れているとして、普段どおりキャラメルの箱を使い、天皇もほほえんでこれを受けられたという。

明治時代にすでに「エコロジー」を熟知していた熊楠は、今日の自然保護運動の先駆けとしても大きな足跡を残している。この〝巨人〟の存在自体が驚きだが、奇しくも「神社合祀令」が荒れ狂った明治という時代に現れた熊楠は、熊野の窮地を見かねた熊野権現の〝化身〟だったのかもしれない。そう、荒々しく自由奔放で、なおかつかぎりなくやさしいその魂は、熊野本宮大社の主神とされているスサノオそっくりではないか。

帰りがけに受付で「ここには棟もありますか？」と尋ねると、「ここは、もともと植物園だった所を記念館にしたもので、熊楠にちなんだ植物を植えたわけではないんです」と言いながら、館長さんが庭に出て案内してくださった。門から記念館の入り口まで、広い庭が薄暗くなるほどぎっしりと植え込まれた植物が熊楠に関連して植えられたものではないというのは意外だった。鬱蒼とした樹木に混じって、高い所にわずかに花をつけた楝が一本だけあった。

「でも、神島にしかないといわれていたハカマカズラ、別名彎珠《ワンジュ》がここにあるんですよ。これです」

と、館長さんは太い蔓の植物を示しながら付け加えた。昭和天皇も目を輝かせて聞き入った熊楠の彎珠の話は、『縛られた巨人』に詳しく記されている。

「楝は、地元ではセンダンと呼ばれていますが、よく学校や保育園、公園などに植えられていますよ。〈栴檀は双葉より芳し〉[4]ということで、子どもの成長を祈ってのことなんでしょうが。あちこちにありますから、帰り道でも見られると思います」

帰路、「京都大学理学部付属瀬戸臨海実験所」の門の前を通りかかると、なんと、その門の右内側に満開の花に包まれた楝の大木があった。いくら急いでいたとはいえ、往きに気づかなかったのが不思議なくらい立派な楝。淡紫の花と明るい青緑色の葉が混じり合って風にそよぎ、雲のように、海のように、揺れていた。

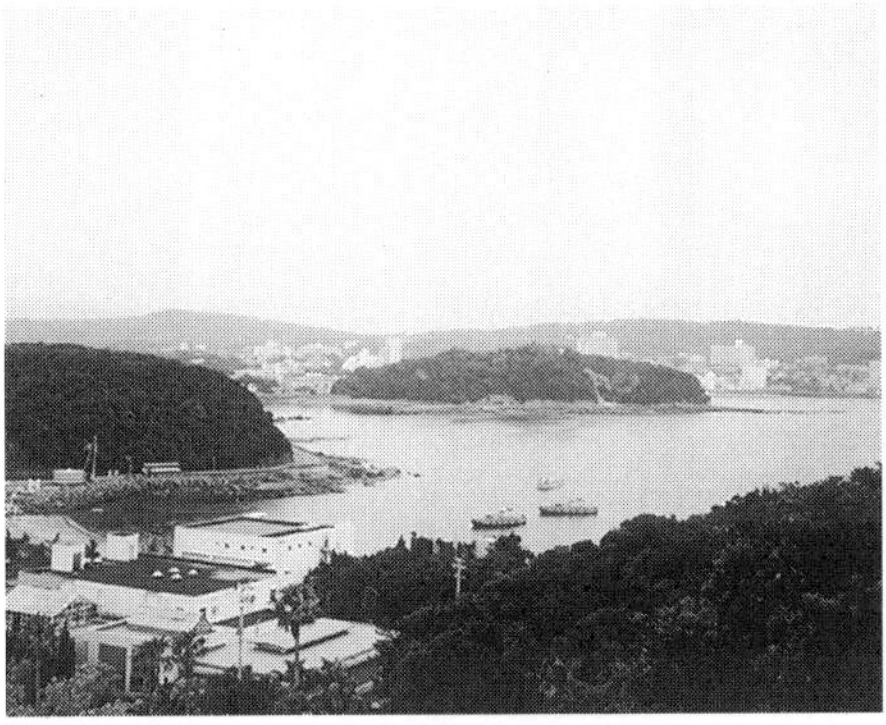

田辺湾に浮かぶ神島（南方熊楠記念館の屋上より）

4．栴檀は双葉より芳し：栴檀（＝白檀）は芽生えたばかりのころから香り高いように、大成する人は子どものころから優れたところがある、という意味。ただし、楝と香木の栴檀は別種。

花と西行（三栖王子／八上王子）

五月二三日。紀伊田辺駅前から六時半のバスに乗り、六時四五分、下三栖《しもみす》で下車。朝露の残る草を踏みながら坂を上り、七時、丘の上に大きな石碑の立つ「三栖王子跡」に着く。ベンチに掛けておにぎりの朝食。足元に、小さな月見草のような草花が咲いている。王子跡の前に広がる梅畑には、まだ人は出ていない。正面に青い山なみが見えて、何より朝の空気がおいしい。

七時一五分、三栖王子から次の八上《やがみ》王子に向かう。道しるべの矢印に従い、丘を下って県道を横切り、向かい側の山道に入る。丈の高い雑草の繁る杉の森の中を、朝露に濡れ、ストックでクモの巣を払いながら進んで岡峠に出た。アスファルトの道を上り、高畑山を回り込むようにして下りにかかる。雑草繁茂、クモの巣との闘いが続く。

まもなく新岡坂トンネルの出入口脇に下りて車道を横断。向かいの坂を下ると、すぐにいま横断した車道に合流。そこに「八上《やがみ》王子まで一〇〇メートル」の表示板があった。七時五〇分、鳥居をくぐり、石段を上って、「八上王子」を祀る八上神社の境内に入る。樹木に包まれた境内の一角に西行（一一一八～一一九〇）の歌碑が立つ。

待ちきつる八上のさくらさきにけり　あらくおろすな三栖の山風

三栖王子跡

白っぽい自然石の歌碑の右下に、二〇センチ角ぐらいの黒御影石がはめ込まれ、「熊野へまゐりけるに　八上の王子の花おもしろかりければ　やしろに書きつけける」と刻まれていた。静か——桜の時期を過ぎたいま、ただ静寂だけが漂っている。

「願はくは花のしたにて春死なん　そのきさらぎの望月のころ」の歌でも知られるように、西行の和歌には花（桜）を詠んだものが圧倒的に多い。

前年の四月中旬、私は桜を観に吉野山へ行った。だが、その年は開花が遅く、桜は麓の下千本《したせんぼん》(5)あたりが咲いているだけで、西行庵のある奥千本はまだ固い蕾だった。桜がまだ咲いていないせいか奥千本まで登ってくる観光客は少なく、西行ファンらしい女性グループが引き揚げた後に、引き締まるような静けさが広がっていた。西行庵のあたりはフラットな広場で、少し坂を下ると湧き水もある。歌人西行が山籠もりするにふさわしい場所にはちがいないが、花の季節とその後の落差を想像すると、ここに居続けるのは私には耐えられないような気がする。奈落の底を見るような孤独感に耐えてまで、なぜ西行はかくも桜を愛でたのか。

西行は、鳥羽院に仕える文武両道に秀でた北面の武士だった。親友の急死をきっかけに二二歳で出家し、吉野に籠もったりもするが、真の理由は鳥羽院の中宮待賢門院璋子《たいけんもんいんたまこ》への思慕から解放されるためだったのではないかと推測されている。そのあたりのことは白洲正子の『西行』に詳しい。

一目惚れした袈裟御前を誤って殺害した遠藤盛遠（三二一ページ参照）も北面の武士。懺悔して出家し、名を文覚と改めて荒廃していた高雄山神護寺の再興を実現するが、勇猛果

吉野山の桜

5．下千本：吉野山は数十万本の桜に覆われているが、一度に咲くわけではなく、標高によっておおまかに「下千本」「中千本」「上千本」「奥千本」と呼び分けられた桜の群れが、麓の下千本から山頂に向かって順に咲き上ってゆく。

敢な行動から「荒法師文覚」と呼ばれた。後年、西行は法華会のおりに神護寺を訪ねて文覚と出会っている。かねてより文覚は歌詠みなどにうつつをぬかしている西行を嫌っていたが、ひと目見るなり頭《こうべ》をたれ、手厚くもてなしたという。ひたすら桜を追い続けていたような西行が、荒法師文覚を圧倒するほどの気迫を備えていたことを明かす逸話である。「動」の文覚と「静」の西行は一見対照的だが、ともに一人の女性に魂を捧げ（西行に関しては、前記の推測を肯定したうえでのことだが）、自らの荒ぶる魂を自然のなかに投げ込んで昇華させていったことでは共通している。西行の〝永遠の女性〟待賢門院璋子は白河院の養女として育てられ、院の寵愛を受けて成長するが、六〇歳を超えていた白河院は一七歳の璋子を、孫で一五歳になる鳥羽天皇の中宮にすえた。璋子はのちの崇徳、後白河両天皇をはじめ七人の子を産むが、鳥羽天皇は第一皇子の崇徳を「叔父子《おじご》」と呼んで疎んじた。

崇徳天皇は西行より一歳年下で、二人は和歌を通じて親しい間柄だった。西行は早々に出家してこの複雑な人間関係の渦から脱却していたが、白河院の御落胤として運命づけられ、白河院の指示で即位した崇徳天皇は悲劇の人生を歩むことになる。保元の乱[6]で敗れた崇徳院は讃岐に流されて八年後に四六歳で同地に没するが、その四年後、西行は讃岐に向かい、崇徳院が埋葬された白峰に詣でている。西行が崇徳院の怨霊と白峰で対峙する話は、上田秋成（一七三四〜一八〇九）の『雨月物語』で名高い。

崇徳の母待賢門院は西行より一七歳年上だが、才色兼備で多情多感。鳥羽院に同道して一三回も熊野詣をするほどの健康も有していたから、まぶしいほど魅力的な女性だったの

6．保元の乱：崇徳天皇（1119〜1164、在位1123〜1141）は鳥羽院から譲位を迫られ、わが子重仁親王を次の皇位につける約束で近衛天皇に譲位するが、近衛天皇が夭逝すると、鳥羽院は約束を反故にして後白河天皇を即位させた。崇徳院の不満はつのり、後白河天皇との対立が激化する。また同じころ、摂関家でも藤原頼長と忠通の対立が続いていた。保元１（1156）年、鳥羽院の崩御に際して、弔問を拒まれたことから崇徳院の怒りが爆発する。崇徳・頼長は源為義・平忠正らの武士を招き、後白河・忠通は源義朝・平清盛らを招いたが、後白河天皇側が夜討ちをかけて先制し、一気に勝敗を決した。

だろう。だが、輝きのときは短く、その後半生は幸薄かった。璋子二九歳の年に庇護者の白河院が没し、夫の鳥羽院の心は若く美しい美福門院得子に移り、崇徳天皇は退位させられてしまう。鳥羽院は美福門院との間に生まれた近衛天皇を即位させ、皇后の座には美福門院が座った。そして一一四五年、待賢門院璋子は四五歳で数奇な生涯を閉じるのだが、このとき西行二八歳。

喪中の三条高倉の御所を訪れたとき、南殿の桜が散っているのを見た西行は、待賢門院の長年の側近だった堀河の局《つぼね》に哀歌をおくった。

尋ぬとも風の伝《つて》にも聞かじかし　花と散りにし君が行《ゆ》くへを

堀河の局は、次のような歌を返している。

吹く風の行へしらするものならば　花と散るにもおくれざらまし

満開の華やかな桜が散りゆく姿に、西行は待賢門院の一生を想い、その面影を桜に重ね合わせて歌を詠み続けたのだろう。桜はやがて西行ひとりの桜に純化し、祈りにまで高められていったと思われる。

禊ぎの川——富田川沿いの道（稲葉根王子／一ノ瀬王子／鮎川王子）

八上神社から一五分ほど歩くと、右手の田んぼの中にこんもりとした繁みが見える。明治末期に吹き荒れた「神社合祀令」に敢然と立ち向かった南方熊楠によって救われた田中神社の鎮守の森だ。

一九〇五～六年ごろ、政府は「規模がそなわらず、体面のそなわらぬ神社」の合併を奨励し、各府県は盛んにこれを実行した。その結果、それまで全国に一九万余社あった神社が一九三七年には一一万社余りにまで減少したという。和歌山県下でも、一村一社を旨とした「神社合祀令」に則り小さな神社は次々に合祀され、それまで鎮守の森や神木として大切に守られてきた樹木も伐り払われるという〝自然破壊〟に発展した。

神社とは、もともと郷土的な自然崇拝を基盤に農山漁村の素朴な生活意識や生活共同体の行事の拠り所として生まれたものである。この自然発生的な民間信仰を足がかりにして、権力者たちは勢力を拡大していった。神道を国家の主軸に据えた新政府は支配に役立たない信仰の拠点を整理統合し、一元化して統治したかったのだろう。これに悪徳業者や悪徳政治家、不埒《ふらち》な神官たちの欲が絡んだ。立派な樹木は、まさに「金のなる木」だったから。

しかし、乱伐された樹木が元に戻るまでには気の遠くなるような長い年月を要する。いや、ひとたび破壊された生物は二度と戻らないかもしれない。エコロジーを知りぬき、民俗学の造詣深く、熊野の山野で数多くの菌類を発見していた熊楠は神社統合の愚かさを説

田中神社

き、「神社林を守れ」と叫んで反対運動に奔走した。

田中神社は小さな小さな「鎮守の森」だが、社叢《しゃそう》（神社の森）は天然記念物。入り口にある太い蔓の藤が、たぶん南方熊楠の命名した「オカフジ」と思われる。ここまで歩いてくるまでの間、自然消滅した王子社より神社合祀令で失われた王子社がどれほどたくさんあったことか。説明板に繰り返される「神社合祀令により……」の記事を見るたびに悄然とした思いをつのらせてきたが、田中神社の境内をめぐってやっとオアシスにたどり着いたような安堵感に浸ることができた。南方熊楠に感謝の祈りを捧げて次の稲葉根《いなばね》王子へ向かう。

トンネルを抜けると道標があり、九時一〇分、「稲葉根王子跡」に着いた。五体王子に準ずる神聖な王子で、「御幸記」一行は五体王子と同じ儀式を行い、ここで昼の休養に入った。その後、歩いて富田《とんだ》川を渡って一ノ瀬王子に参じている。

樹木が日差しをさえぎって、涼しい境内は絶好の休憩ポイント。ログハウス風のきれいなトイレも設置されている。悠然と流れる富田川のほとりにあり、駐車場の前の河原には、熊野古道でもっとも神聖視された「水垢離場」の表示板が立つ。富田川は、奈良県との境に聳える果無《はてなし》山脈の安堵山《あどさん》（一一八四メートル）から中辺路に流れ下り、白浜で太平洋に注ぐ全長四六キロの川で、熊野詣の人々がいよいよ御山《みやま》に入るに先立ち、外界の穢れをはらうために身を清めた聖なる川だ。霊山から流れ出たこの川を、一度でも歩いて渡れば罪《ざい》障《しょう》が消滅すると信じられていたから、手を引くのも恐れ多い御幸の女院も、白布を結び合わせた結び目につかまりながら渡ったらしい（實意『熊野詣日記』）。昔は、上流は栗栖

富田川の水垢離場

川、このあたりの中流は岩田川、下流は富田川と呼ばれていたという。「御幸記」には「石田河」と記されているが、これは「いわたがわ」と読むのだろう。稲葉根王子も、近世には「岩田王子」と呼ばれていた。ここから先は、滝尻まで富田川沿いに歩くことになる。

富田川を右に見ながら、車の激しく行き交う国道311号を東へ進む。JRバス停「根《ね》皆田《かいた》」前の富田川沿いの公園に、満開の棟が群生して風に揺れていた。桜のような華やかさはないが、やさしく、柔らかく、夢の世界へ誘うような幻想的な花。一人で観ているのがもったいないような気になるが、ひとりで観てこその花とも思う。

市ノ瀬橋を渡って富田川の左岸に移る。いまは橋が架けられているが、昔は富田川の流れに足を浸して進んだ。「御幸記」の一行も一ノ瀬王子に参じた後、川波に映る紅葉のみごとな景観に見ほれながらも「袴をかかげず」に太股あたりまで水につかって川を渡っている。着物の裾を濡らしながら川を渡ることでいっそう禊ぎになったのかもしれないが、季節を考えると私などは怖じ気づいてしまう。定家は「足聊《いささ》か損ず」。どうやら川を渡りながら捻挫したらしい。

一〇時半、「一ノ瀬王子跡」に着く。妖精の侯爵の白ヒゲみたいな雪ノ下が群れ咲く小道を入った奥の、大きな楠の下に小さな祠《ほこら》が祀られていた。王子名に「一ノ瀬」とあるように、富田川には歩いて渡れる浅瀬がいくつかあったようだ。『中右記』の藤原宗忠は石田川（富田川）をなんと一九度も渡っているが、彼は滝尻までほとんど川を歩いてさか

一ノ瀬王子跡

のぼったのだろうか……詳細は記されていない。

富田川左岸の県道219号を進んで大塔《おおとう》村に入る。山裾の深い樹木に覆われた道で、歩く人はなく車もほとんど通らない。富田川は大きく蛇行し、広く白い河原をつくりながら音もなく流れている。川沿いの公園に再び楝の並木が続く。

一一時、加茂橋を渡って右岸の国道を行く。加茂橋から次の鮎川新橋まで一・五キロ弱の国道311号沿いには、ガソリンスタンドや店が並んでいる。大塔村の村営物産館「カモン館」では食事もできるというので、早めの昼食をとることにした。どこからかまとまったお弁当の注文があったらしく、二〜三人の女性が忙しく働いていた。その支度が終わるまでしばらく待つことになったが、松花堂弁当の日替わり定食はとてもおいしかった。

カモン館を出て五分ほど歩くと鮎川新橋で、道端に大塔宮剣神社の石碑と並んで「鮎川王子跡」の碑があった。「御幸記」の一行が渡川して参じた「アイカの王子」。鮎川新橋を渡った対岸に住吉神社があるが、鮎川王子は一八七四（明治七）年にこの神社に合祀されている。境内は、天然記念物の小賀玉木《オガタマノキ》をはじめ楠、ホルトの樹、椎、犬槇《イヌマキ》などの社叢《しゃそう》に埋もれ、市松模様のように組んで敷かれた通路の玉石が木漏れ日を受けて美しい。

「崔嵬嶮岨を昇りて……」
——住吉神社から滝尻まで

ガイドブックの地図を見ると、この先は「国道」と「山道」が富田川を挟んで滝尻まで

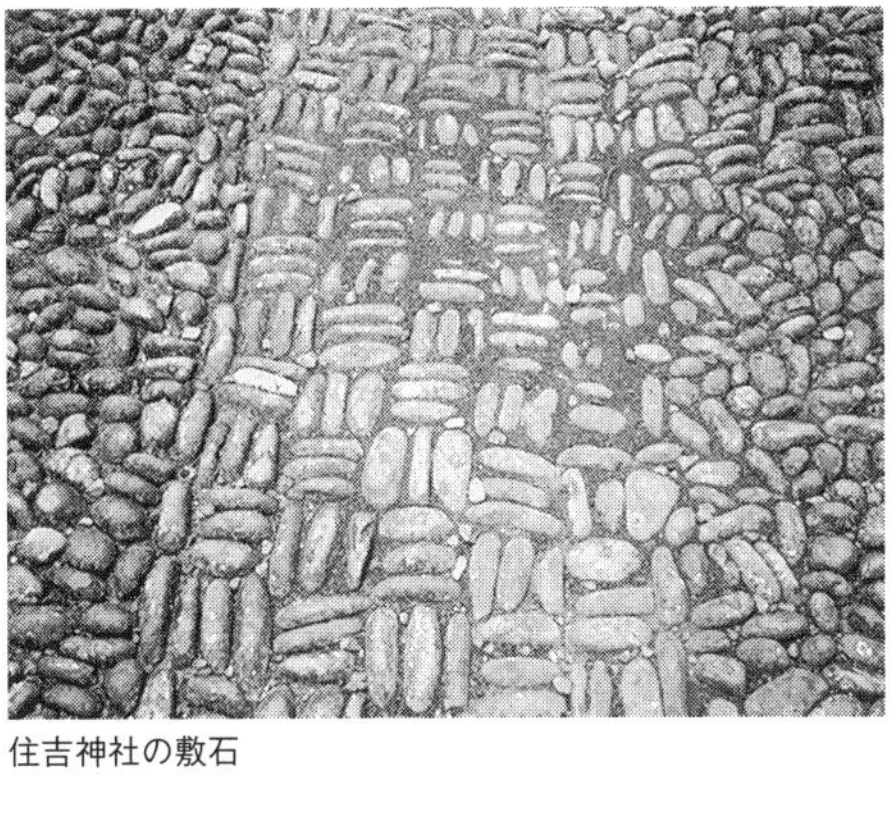
住吉神社の敷石

続いている。古道をたどるなら「山道」を行かねばならないが、「国道」を通ったほうが楽かもしれないと怠け心が首をもたげる。住吉神社の前の道を右に進んで堤防に出ると、古い木橋が架かっていた。水面からそれほど高くないし、渡れないこともなかろうと橋まで下りてみたが、対岸の国道までは思ったより長く、欄干がなくて水面が透けて見える古い橋はやっぱり怖い。さりとて、鮎川新橋まで戻るのも遠い。意を決して、山越えの「古道」を選択する。

左下に富田川の流れを見ながら杉の森の薄暗い山道を登ってゆくと、二、三軒の家があったが人影は見えない。まもなく明るい尾根道に変わり、モンシロチョウが二匹、谷底からもつれ合いながら舞い上がってきた。小さな集落の中のいくぶん広くなった坂道を下り、「薬師地蔵」「御所平」の矢印を右に見て、さらに先へ行くと道端に定家の歌碑が立っていた。

そめし秋をくれぬとたれかいはた河　またなみこゆる山姫のそて

滝尻の宿で「河辺の落葉」の題を賜り、詠んだ歌だ。歌碑を過ぎて再び山道に入ると、富田川の崖っぷちに続く、普段は地元の人も通らないような荒れた細道になった。「やっぱり国道を行けばよかった」と後悔したが、もう遅い。富田川に滑り落ちないように精いっぱい注意しながら登り続ける。もし、ここで滑り落ちたら……。川幅は広く、対岸から

富田川沿いの山道の古道

は見えない。私がこの道を歩いていることは誰も知らない。発見されるまでには一週間以上かかるだろうな。いや、淵に沈んで永遠に発見されないかもしれない。「御幸記」に、「次で崔嵬嶮岨《さいかいけんそ》（石や岩のごろごろした険しい山）を昇りて」とあるが、こんな崖沿いの細くて危ない山道を、やんごとない方々がほんとうに歩いたんだろうか。もっと別のルートがあったのではないか。対岸の自動車道は、一九二六（昭和一）年に鮎川から栗栖川まで通じたようだが、それ以前にも生活道はあったにちがいない。定家一行がたどったのは、その道だったのではなかろうか。

草が深く、藪蚊がまとわりつく。道に伸びた低い枝を押し上げ、しゃがみ込んでかいくぐる。けもの道と大差ない道でだんだん不安になってくるが、たまにピンクのテープの切れ端が落ちている。道に落ちているゴミは小さくても心地よいものではないが、この道にかぎっては感謝。誰かが、道案内の目印として落としていってくれたのかもしれないし、「人が歩いた」証拠で心強い。

体長一・五メートルにもなるという天然記念物の「大ウナギ生息地」の碑を過ぎて、いったん小休止の後再び登りにかかり、一時二五分、ようやく山越えを果たす。舗装道路は、長距離歩行では足を傷めるのでできるだけ避けて通るようにしているが、崖っぷちを必死でたどった後は嬉しく懐かしく、一〇メートルぐらい下に白い舗装道路が見えたときは、飛び降りて路面に頬ずりしたくなった。

バス停「北郡《ほくそぎ》」前の吊り橋を渡って、真砂《まなご》の「清姫生誕地」に入る。安珍清姫物語のヒロインが生まれ育った所だが、面白いことに「清姫の墓」も祀られている。説明板によれ

北郡橋（画：尾﨑大藏）

ば、墓はここから三〇〇メートルほど上流の富田川左岸の森に祀られていたが、国道の拡幅などに伴いここに移されたという。また、ここから約六〇〇メートル北方には、清姫が父庄司清重（清次とも）と住んでいた庄司屋敷の跡が残っているとも記されている。

清姫は、真砂村に代々続く荘司の家の一人娘だった。真砂荘司の家は熊野参詣の貴人や僧侶たちの宿になっていたが、ある日泊まった若い僧と清姫が親密になった。……と、ここまでは道成寺絵巻と大体同じだが、この里では、清姫は僧に裏切られたと知って富田川に身を投げて死んだと伝えられている。哀れな話で道成寺絵巻のような華やかさも迫力もないが、その分、真実味を帯びている。清姫が大蛇と化して安珍を焼き殺す筋立ては、もしかしたら清姫を哀れんだ里人たちの〝仇討ち願望〟がつくりだした伝説、もしくは安珍の妄想が道成寺に伝えられたのではなかろうか。

修行の戒律、すなわち仏との約束を破り、清姫との約束も破った安珍の罪の意識と自責の念は相当深かったに相違ない。道成寺の梵鐘の中に閉じこもらなければ安心できないほど、安珍は錯乱の極みに達していたのではないか。怨霊やもののけが信じられていた時代の話だから、道成寺のお坊さんたちは大蛇に追われているという安珍の訴えを鵜呑みにして、請われるままに釣り鐘の下に隠してあげたと想像することもできる。その梵鐘がもし真夏の太陽にさらされていたとしたら、中の温度はどれほどになるのだろうか。そうでなくとも、狭い鐘の中で長時間過ごせば窒息死したかもしれない。

いずれにせよ、若い二人の周囲の大人たちはやさしかった。安珍も清姫も、前世の深い業を背負って生まれたが、観音さまの慈悲に救われて浄土へ旅立ったと二人の後生《ごしょう》を祈

清姫生誕地

り、「うらみっこなし」で美しく結論づけている。

清姫はいま、熊野古道のかわいいマスコットとなって中辺路の道標などで〝活躍〟している。古道が国道に合流する橋のたもとに茅葺きの清姫茶屋があったが、あいにく休み。私はそのまま国道を進んだが、清姫茶屋から県道（平瀬・上三栖線）を約一・五キロ北に行った西谷の集落に清姫の菩提寺である福厳禅寺[7]（通称、一願寺）がある。「古道」の道筋からはずれた小さな寺だが、一つの願に命を燃焼させた清姫の強烈な御利益を求めてか、参詣に訪れる人は少なくないという。

滝尻へ向かう途中で、妙なものが目に映った。富田川の対岸の上空に、緑の山を背にして朱色の箱のようなものがワイヤーロープで吊るされて浮かんでいる。山仕事のゴンドラかしら。それにしては動かないが、ひどく目立つ。まもなく道端に説明板が現れ、「音《おと》の居《い》[8]」と題した自然の風で音を鳴らす音響彫刻と判明した。熊野三山への入り口であることを印象づけるためのモニュメントで、朱色は鳥居のイメージ。スペイン在住の音響彫刻家増田感[9]が制作し、一九九七年四月に「熊野古道音の径創作実行委員会」と地元の人たちが協力して設置したと記されている。しばらくたたずんで耳をすませてみたが、風がなかったせいか音色を聴くことはできなかった。

二時二〇分、滝尻着。この先が、熊野古道のハイライト「中辺路」である。約一五キロ先の近露までは人家のない山道で、七時間近くかかるらしい。明日からの中辺路を楽しみにして、二時五一分のバスで田辺に戻った。

滝尻王子

7．福厳禅寺（一願寺）：西牟婁郡中辺路町西谷　TEL：0739-64-1045

8．音の居：
11.5センチ角で長さ約2.5メートルの朱塗りの檜角材44本を、2.5メートル四方の枠に吊り下げた、立方体形の巨大な風鈴。

9．増田　感：
1950年奈良県生まれ。大阪芸大彫刻科卒業後、音の彫刻を始める。1975年スペインに留学。ホアン・ミロ美術館、サンタマリア・デルマール教会をはじめ、欧米各地で個展や音響彫刻コンサートを開催。1990年スペインの現代作家20人に、翌年作品がバルセロナ文化オリンピックに選ばれている。

「口熊野」田辺市街地

滝尻から、四五分ほどで紀伊田辺駅前に帰り着いた。少し田辺の町を散策することにして、駅前広場に通ずる田辺大通りから西側の、商店街の小路に入ってみた。市街の主要道路はかなり広い範囲で整備されていて、海産物、梅干し、銘菓などの物産品を売る店やオフィスが立ち並んでいるが、奥に入ると、細い旧道沿いに食料品店や雑貨店、居酒屋などが軒を連ねている。

知恵の神様を祀った蟻通《ありとおし》神社を見てから入り組んだ路地を迷い歩くうちに、「左くまのこどう　右きみゐ寺」と刻んだ大きな石柱を見つける。一八五七（安政四）年に再建されたもので、熊野三山の入り口になることから「口熊野《くちくまの》」と呼ばれた田辺のこの道を、全国各地からの巡礼たちが行き交った当時の名残の道標だ。

田辺市は、人口約七万二〇〇〇の県下第二の都市。近世は、紀州徳川家の安藤氏の城下町であり、熊野詣の人々の宿場として発達したが、田辺市には膨大な近世史料が残されていて、当時の賑わいぶりを知ることができる。

その『田辺町大帳』（一五八二［天正一〇］～一八六六［慶応二］）の記録によれば、一七一六（正徳六）年六月二四日から二九日までの間に四七七六人の巡礼が田辺に泊まっている。また、一七三八（元文三）年六月二六日の夜は激しい風雨で、土手が決壊する恐れがあり、土地に不案内な巡礼七一八人を、宿泊先から三か所の寺に分けて避難させている

安政年間の道標

（『熊野中辺路　歴史と風土』参照）が、田辺だけでも一日平均八〇〇人もの巡礼が宿泊していたわけで、中辺路や大辺路の参詣道に巡礼の姿が見えない日はなかったのだろう。それどころか、この時代の田辺は、ひょっとしたら江戸や京都の近郊以上に賑わっていたかもしれない。

それ以前の中世の田辺は「牟妻津《むろつ》」と呼ばれた港町で、熊野水軍の拠点だった。源平合戦では、熊野別当湛増《たんぞう》[10]（一一三〇～？）が二〇〇〇余人の熊野水軍を率いて義経に従い、源氏の勝利に貢献しているが、参戦に先立って湛増は、「新熊野《いまくまの》権現宮」の神前で赤（平氏）と白（源氏）の鶏を闘わせて占った。その結果、すべて白い鶏が勝ったため源氏側についたと伝えられている。

源平の勝敗を分け、歴史の転換点ともなった闘鶏の行われた新熊野権現宮は、「新熊野十二所権現」「新熊野鶏合権現」「田辺宮」などと時代によって社名が変わり、明治以降、現在の「闘鶏《とうけい》神社」になった。口熊野田辺に設けられたこの神社は、熊野三山の出張所のような役割を担っていて、蟻の熊野詣の時代にはここに参拝して引き返す巡礼も多かったらしい。

闘鶏神社[11]の大きな鳥居をくぐり、大樹の繁る広い境内に入ると、右手に檜皮葺きの荘厳な本殿が立ち、左手の社務所の近くに湛増と弁慶の「父子像」があった。別当系図で第二一代の湛増は、歴代の別当のなかでも傑出した人物と謳われている。父湛快が進出した熊野の要港田辺に館を構え、本宮の師職を兼ねて、新熊野権現宮（闘鶏神社）を拠り所に田辺別当家を興して一大勢力を張った。

湛増弁慶の像

10. 熊野別当：熊野三山の長官。熊野三山の社務を統括し、神領や荘園を管掌。812年に快慶が初代別当に補任されて以来世襲された。熊野三山検校の下にあったが名目のみで、別当が熊野一帯の政治、経済、軍事の実権を握り、山伏や地域住民も組み入れて支配。富と権力は国司や領主をしのぐほど大きかったといわれる。
11. 闘鶏神社：田辺市湊　TEL：0739-22-0155
　＊紀伊田辺駅より徒歩約５分。

湛増の妻は源頼朝の叔母で、湛増は弁慶の父とも伝えられているが、弁慶（?～一一八九）の出生については謎に包まれている。弁慶が湛増の子とする説は江戸時代初期にまとめられた御伽草子の「橋弁慶」にみられるもので、室町期につくられた『義経記』では、弁慶の父は関白藤原道隆の子孫である熊野別当弁せう、母は二位大納言の姫君となっているが、「弁せう」の名は別当系図にない。

そのほかにもいくつかの説があるが、田辺では「弁慶は湛増の子」とする説が強い（『熊野中辺路　歴史と風土』参照）。いずれにせよ、「熊野別当の血を引く」弁慶は田辺の生んだ英雄として田辺市のシンボルになり、紀伊田辺駅前にも大きな像が立っている。

天神崎に花開いた市民運動

最後に、日本のナショナルトラスト運動の先駆けとして知られる「天神崎」を訪ねた。もう陽がだいぶ傾いていたので、駅前からタクシーに乗る。天神崎の半島は歩くものとばかり思っていたが、山沿いに道幅の狭い周遊道路が巡っていて、運転手さんは岬の先端に近い所まで車を入れてくれた。青々と穏やかな田辺湾が大きく開け、対岸に白浜半島が浮かんでいる。眼下に広がる磯はほとんど平らな岩礁になっていて、はるか彼方に釣り人や岩場を歩く人影がチラホラ見える。

「ナショナルトラスト」とは、自然や歴史的建造物を保全するために一般市民の寄金でそれを買い取る運動で、一九世紀末のイギリスで市民運動として始まり、現在、世界各地で展開されている。日本では、北海道の知床をはじめ全国約七〇地域で行われているが、その先駆けとなったのが天神崎だった。後日、「天神崎の自然を大切にする会[12]」を訪ねて事務局長の長瀬洋平さんにお話をうかがったのだが、「天神崎保全運動は、ナショナルトラストを意図して始められたものではなく、結果的にナショナルトラストと同じものになったにすぎないんですよ」と語られた。

きっかけをつくったのは、天神崎開発に危機感をいだいた一人の高校教師外山《とやま》八郎さんだった。黒潮洗う天神崎は世界的にも貴重な海洋生物の宝庫で、テーブル状に広がる岩礁と後背地の丘陵の森に棲む動植物は七五〇余種にも上る。陸と海の狭間の天神崎は、小中学生たちが生命の営みやメカニズムを観察し、命の尊さを学ぶ絶好の環境だった。

その天神崎に、一九七四年一月、別荘地としての開発計画がもち上がった。外山さんたちは「天神崎の自然を大切にする会」を発足させて開発阻止の署名運動を行い、市や県に陳情を繰り返したが思わしい回答は返ってこない。行政面での解決が行き詰まり、業者から土地を買い取るしか道はなかった。そこで「市民の力で、自然を買い取ろう」という、日本ではまだ前例のない募金運動が開始された。「高度成長のさなかで、環境保全の意識は薄い時代でした」と、長瀬さんは当時を振り返って語る。

「〝守る〟という言葉は、〝敵〟の存在を意識させます。この運動に敵はいない。みんなの力を結集して自然を保護しようということで、会の名称は『自然を〝大切にする〟会』としました」

長瀬洋平さん

12．天神崎の自然を大切にする会：
田辺市元町1150－３　TEL：0739-25-5353
10時～17時（12時～13時不在）／土・日・祝日休

退職金やボーナスをつぎ込んで、天神崎の保全に賭ける外山さんたちの熱意はしだいに市民に浸透し、自治体から業者まで巻き込んで動かしてゆく。

「天神崎は、昔から地元の人たちが〈陽気に行く〉所、つまり、行楽に行って親しんだ所だったんです。故郷《ふるさと》の象徴みたいな所ですから、県外へ行った人たちにも呼びかけて、その人たちからもずいぶん寄付金が集まりました」

一九七六年九月、二三九〇平方メートルの山林の第一次買い取りが実現し、二年後には六一七六平方メートルの第二次保全地買い取りが成功する。マスコミにも報道されて全国から支援が寄せられるようになり、一九八七年、「天神崎の自然を大切にする会」はナショナルトラスト法人第一号の認定を受けた。

天神崎の保全に人生後半のすべてを捧げて、一九九七年一月、外山八郎さんはこの世を去った。一九九九年四月現在、天神崎全体の約三分の一にあたる六万四二九四・六四平方メートルが保全されている。

潮の引いた浅瀬の岩場を歩いてみると、足元の岩の割れ目にアラレタマキビ貝がズラッと並んでいた。五ミリほどの小さな小さなこの巻き貝たちは、酷暑の磯では熱から身を守るために肩車を組むように群れて立ち上がる。互いに助け合い、かばい合うようなアラレタマキビ貝を、外山さんはこの運動のシンボルに見立てていたという。天神崎に息づく自然のいのちを大切にしたいという、ただその一点に結集して大きく花ひらいたこの市民運動の……。

天神崎

「一〇〇年の計」で森林再生に挑む

「南方熊楠」「天神崎の自然を大切にする会」の拠点となった田辺は、地球規模で自然環境の危機が叫ばれている今日、再び自然回復運動の羅針盤のように動き始めた。杉、檜の人工林による森林破壊がもたらす危険性を長年にわたって訴え続けている地元の生物研究家後藤伸さんを中心に、一〇〇年先を見据えた壮大な計画で、熊野の森の再生に乗り出した「いちいがしの会」[13]の誕生である。

私が「いちいがしの会」の存在を知ったのは、まったくの偶然だった。「紀伊山地の霊場と参詣道」が世界遺産暫定リストに登録された二〇〇一年の晩秋に田辺を再訪して、たまたま入ったレストランの片隅にB４判の一枚のチラシがひっそりと貼られていた。それは、「とり戻そう　豊かな熊野の森を」と題した「いちいがしの会」の熱く静かなメッセージだった。そこに描かれた熊野の森の姿は、日本全体の自然の、過去、現在、未来を映し出しているように思われた。

その昔、熊野の山々は深い森林につつまれていました。鹿が跳び、リスが走り、蝶が舞い、多くの蛍が輝き、季節を問わずにカビやキノコが生える……。豊かな自然でした。森はまた、大気からの恵みをたくわえ、谷や川の尽きることのない流れをつくり、そこに魚たちがひしめいていたのです。そして、森から流れ出る水は、限りない

13. いちいがしの会：
連絡先＝竹中　清　西牟婁郡中辺路町栗栖川74
TEL：0739-64-0023
田中正彦　西牟婁郡上富田町市ノ瀬1020
TEL：0739-49-0410
＊2002年４月29日、環境省より、平成14年度『みどりの日』自然環境功労者環境大臣表彰を受けた。

海の幸をはぐくんできました。人々は森の樹を伐って、家を建て、まきを貯えて燃料とし、鋤や鍬などの農具をつくり、舟と漁具をそろえて生計をたてました。清流は日々の暮らしに汲まれ、田畑を潤したのです。森の中には物語が息づき、夏の山道をたどる人々は緑陰に憩い、年中葉をつけた森の深い緑から、自然の大きさを感じとっていたに違いありません。

悠久の時の流れの中で、人と森とは、見事なハーモニーを奏でていたのです。そこには音・色・形・香などの織りなす高次元の芸術があり、自然を畏れ敬う宗教が生まれ、生きる根源を思索する哲学が芽生えました。これが熊野信仰の根源でもあったと考えられます。

生きることの源であったこの森が、時代を重ねて大きく変ぼうしてしまいました。ここ熊野の山々を覆っていた、イチイガシやタブノキで代表される照葉樹林〔常緑広葉樹林〕の森は、昭和三〇年代を境にして、スギ・ヒノキの植林に主役の座を奪われたのです。かつて紀伊半島の全域に溢れていた照葉樹林は、もはや点の存在となり、その面影さえ消滅寸前です。複雑で多様を誇った豊富な植生は、わずか二〇年ほどの間に単純な人工林に変わったのですから、山々に生活していた大きい獣や野鳥から小さな昆虫やくも類まで、すべての動植物は激減しました。それと同時に、〈豊富・清冽〉そのものだった河川は、旱天が続けば涸れ、大雨があれば洪水をもたらす〈荒れ川〉に変化しました。今後、急傾斜地や尾根部の植林地では、表土の崩壊が発生すると推察されます。スギ・ヒノキの根が地表近くだけを這うからです。植林木の放任も、これを助長するでしょう。それは土石流となって、下流住民の生命を奪う惨事に直結します。

わたしたちは、人だけでなく、すべての生き物が関わりあえる本来の自然を取り戻すべき道を模索してきました。その道程の中で、「いちいがしの会」を発足させて、照葉樹林の復活を目的に〈木の実を集めて苗を育て樹を植えていく〉ことを実行に移しながら、その運動の輪を広げていくことが、もっとも重要かつ唯一の方法であるとの結論に達しました。

今日の森林破壊が、過去五〇年の結果であるとすれば、もとの自然を取り戻すためには、その五倍も一〇倍もの年月がかかるかもしれません。しかし、今、取り組まねば、自然の回復は、もはや夢に終わるでしょう。私たちと手を取り合って、多種多様な多くの樹々を育て、西南日本の自然の原点といれる〈熊野の森〉を復権させる人の輪を、少しずつでも広げていきませんか。二一世紀以降に続く私たち子々孫々へのメッセージとして……。

一九九七年一二月一日〈熊野の森ネットワーク〉いちいがしの会（原文のまま）

レストランの御主人に、「いちいがしの会」の世話人をなさっている方のお店がすぐ近くにあるとうかがい、その足で「田辺自然食品センター」[14]を営む田中正彦・家代子ご夫妻をお訪ねした。

「会が発足したのは四年前。後藤伸先生を会長に五〇人ほどでスタートしましたが、会員

14．田辺自然食品センター：
田辺市下屋敷町90-8-4　TEL：0739-22-7731

はまだ少なくて……。全国合わせて二五〇人ぐらいです」と、ややはにかみながら田中夫妻は会の活動などについて話してくださった。

きっかけは、南紀におけるカメムシの異常大発生だった。一九九一年、一〇万匹を超すカメムシがすさみ町海岸の灯火に飛来し、翌一九九二年は、田辺市周辺の梅だけでも一三億円に上る被害が出た。カメムシ類大発生の傾向はすでに一九七〇年ごろから西日本各地で見られるようになり、その都度果樹園などが大きな被害に遭っていたが、一九九二年の異常大発生はそれ以前とは比較にならないほど大規模なものだった。こうした異常大発生は、三～四年ごとに繰り返される。

カメムシは、檜や杉の実に群がって繁殖する。密集して植えられたまま放置された人工林の檜や杉は、自らの命を守ろうとして多量の花をつける。花粉症を患う人も年々増加して全国民の一～二割にも上るといわれ、その大半を占める杉花粉症は、海外ではあまりみられないという。

人類の歴史は自然との闘いの歴史というが、共生を忘れた人間の欲望が、樹、草、虫、野鳥、獣、魚、微生物といったあらゆる生き物たちの生態系を狂わせ、そのツケがいま人間に返されてきている。環境問題へ関心をつのらせていた人々が集まり、後藤さんを中心に、この危機的な状況にどう対処したらいいのかを模索する討議が重ねられた。そして、姿を消した照葉樹の森をもう一度回復させるために「いちいがしの会」が組織された。会名の「いちいがし」は、かつて西南日本全域に広がっていた照葉樹林の代表的な樹木である。

イチイガシ（ブナ科）

故・後藤伸氏。2003年１月27日逝去（享年73歳）

黒潮が暖気を運び、年間降雨量が三〇〇〇ミリを超す温暖多雨の熊野の植生は複雑豊富で、暖地性海岸性の植物と寒地性山地性の植物が混じり合い、多種多様の樹木が繁茂する。会員たちは、そうした熊野の森の植生に合った常緑広葉樹の苗木を種から育て、一本一本植えていく地道な作業を開始した。山林所有者の同意を得て、人工林間伐のための「巻き枯らし」も行う。この間、後藤さんの指導のもと、大地、河川、海、動植物、魚介類、昆虫たちへの観察も怠りない。人工林のゴツゴツして乾いた土と、自然林のふかふかして湿った土。それぞれの土や落ち葉の中に生きる虫や微生物の、天と地ほどの差。自然林の中では真っ赤なジムグリヘビに出合ったり、ときにはカメムシに寄生した冬虫夏草を見つけることもあるという。

別れ際に、家代子さんがほがらかに語った。

「苗木を植えてもシカに食べられたり枯れたりで、全部が必ず育つとはかぎりません。せっかくの休日に、あなたたち、そんなことをしていて楽しいの？　なんて言われることもあるんですが、楽しいんですよ。種から育てたこの苗木が、一〇〇年後に、私たちの孫や曾孫《ひまご》の目にどんなふうに映るかを想像すると……」

翌日、田辺市郊外の「ふるさと自然公園センター」(15)に自然観察指導員を務める後藤伸さんをお訪ねした。後藤さんは、一九二九年、由良町の生まれ。学生時代から紀伊半島の山に分け入り、田辺市の中学や高校で生物の教鞭をとるかたわら、大塔山系や那智山に棲息する動植物の研究を続けてきた。根っからのフィールドワーカーで、後藤さんをよく知る

ふるさと自然公園センター

15. ふるさと自然公園センター：
田辺市稲成町1629　TEL：0739-25-7252
開館＝10時～16時／無料／飲食施設なし
休館＝月曜（祝日の場合は翌日休）／
12月28日～１月４日
＊紀伊田辺駅より龍神バス（西原・前平行き）で「大西」下車、徒歩約20分（バス停より1.5キロ）。

人たちからは「昆虫の目線をもち、樹や草と話ができる人」といわれている。

ふるさと自然公園センターには、南紀に棲息する動植物の標本や写真が展示公開されている。自然が激減した現在でも、田辺周辺にはまだ貴重な生物たちが棲んでいるが、それは同時に環境悪化の現状を告発している。

南方熊楠は、一九〇一年から一九〇四年にかけて、那智山周辺で陰花植物を主とした動植物の採集および観察に打ち込み、粘菌類をはじめ世界の生物学上、数多くの貴重な発見をして膨大な標本と観察記録を残している。だが、長い年月の間にムシに喰われ、ピンだけ残して消滅したものも多い。ネームと日記を照らし合わせながら、後藤さんが苦心して採集した昆虫で〈熊楠の標本〉を蘇らせたものも並んでいる。

「ごく小さな昆虫を標本にするときに使う微針、これは当時の日本にはなくて、熊楠はヨーロッパからわざわざ取り寄せているんですね。残念ながら熊楠以降の人たちは保管にはあまり気を配らなかったようで、虫がムシにやられて、とくに小さいのは、ほとんど消えてしまっています」

後藤さんが、地元で奇人変人とかホラ吹きとか噂されていた〝明治のフィールドワーカー〟南方熊楠の真価を知るのは、田辺に来てからもずっと後のことだった。一〇年ほど前、熊楠邸の倉庫に保管されていた標本と初めて出合うのだが、その標本と観察記録から、後藤さんは那智原生林の一〇〇年間の激変を目のあたりにすることになる。標本の昆虫や植物で絶滅したものは数知れず、当時は簡単に採集できたらしいものが、いまは原生林の奥にわずかに見られるだけになってしまっていた。

「神仏に祈るだけなら、京都の近くにいくらでも神社仏閣があるのに、平安時代の上皇が難儀な長い道のりに耐えて、何度も熊野に足を運んだ理由《わけ》は何だと思いますか？」

私の関心が「熊野古道」にあると知って、後藤さんがほほえみながら尋ねた。突然の質問に、私はしどろもどろ答える。

「やはり……熊野の深い森……でしょうか」

森は、日本人の魂の拠り所で、古くからの神社仏閣のほとんどが樹木に包まれているが、熊野ほど深い森に包まれた信仰の場は数少ない。上皇を魅きつけたものに「森」があったことは確かだろう。でも、これだけでは答えにならない。いまの私たちだって森を含めて「自然」には十分魅力を感じるが、だからといって、ひと月近い時間と体力を使って恒例行事のように通いつめるようなことはしないのではなかろうか。

後藤さんの言うとおり京にはたくさんの神社仏閣があり、上皇方は足繁く寺社に参詣し、住まいの御所内にも御堂を建てるまでしている。それでもたらなくて熊野に足を運んだのは、現代人には理解の及ばない末法思想の恐怖、修験道に似た「修行」の意味合い、あるいは何らかの政治的目論見などもあったのではないか。いろいろな要因が考えられるが、これという的確な答えは思い浮かばなかった。

「大塔山へ行ったことがありますか？」と、私の答えには「ＹＥＳ」も「ＮＯ」も言わないまま再び後藤さんが尋ねた。

「いいえ、まったく」

熊野古道の一人旅さえやっとの私が、秘境といわれる大塔山など行きたくとも行けるはずがない。後藤さんの質問の意図をはかりかね、憮然として否定したが、なぜ後藤さんがこんな質問をされたのか、後日、那智原生林を歩くまで理解できなかった。そして、原生林を通り抜けたとき、それまでぼんやりしていたレンズの焦点がピタリと合ったように、「熊野古道」が少しずつ見え始めたのだった。

「熊野古道を歩けばわかると思いますが、鬱蒼とした杉の森の中に道が続いているでしょう？　あの杉はほとんど戦後に植えられたもので、昔はもっと明るい照葉樹の森だったのです。ですから、熊野詣の盛んだった時代の人々は、いまとは全然ちがう環境の道を歩いたと思いますよ。昭和三〇年代から盛んになった植林と林道の開設によって、熊野の照葉樹林の約九割が消えました。秘境といわれた大塔山系の自然林さえ、モザイク的にしか残っていません」

現在の熊野の森は、もう、かつての豊かな森ではないと後藤さんは語った。日本列島で「豊かな自然が残されている地域」の一つであるはずの熊野の森が、一〇〇〇年を超えて信仰の対象にまでなっていた熊野の森が、姿を変えてしまった。それも、ほんの三、四〇年の間に。

戦後のめざましい高度成長で日本は経済的に豊かになったが、その間、「役に立たない」として捨て去り、忘れ去ったもののなかに、実は「大切なもの」がたくさんあったのではないか。その「大切なもの」を、これから私たちは贖罪の思いを込めて、ひとつひとつ洗い出していかなければならない。

「もう一度、もとの森に……といっても、元どおりにすることは不可能です。でも、いまから取り組めば回復できないことはありません。長い時間がかかるでしょうが、昔その土地にあった、美しい植物を植え続けて」

杉、檜に代えて、見栄えのよさだけでソメイヨシノや珍しい外国産の植物などを植えても本来の自然の「いのち」を呼び覚ますことはできないと、最後に後藤さんは付け加えた。

「わが国特有の天然風景は、わが国の曼荼羅ならん」とは南方熊楠の言葉だが、曼荼羅とは神仏を網羅してあらわした宇宙の真理、また浄土の姿を図画したものをいう。熊野の森の再生に踏み出した「いちいがしの会」は、常緑広葉樹の苗木を〝絵の具〟にして壮大な曼荼羅を描こうとしている。建築家アントニオ・ガウディ（一八五二〜一九二六）が一八八三年から制作に取りかかり、ガウディ没後七〇四年を経た今日までつくり続けられて、いまだに完成されないスペインのサクラダ・ファミリア聖堂と同様、我々はその完成を見ることはできないが、絵師の一人になることはできる。

いざ、中辺路へ（滝尻王子／不寝王子）

紀伊田辺駅前七時半発のバスに乗り、八時一五分、滝尻着。滝尻王子前の「熊野古道館[16]」は九時からで、まだ清掃中らしく窓が開け放たれている。少し早かったが立ち寄ってみると、館長さんらしい男性が「どうぞ」と入れてくださった。そして、「中辺路を歩

16．熊野古道館：中辺路町栗栖川1222　TEL：0739-64-1470
開館＝9時〜17時／無料

くなら、ここに名前を書いていってください」とノートを開いた。

「登山者名簿ですか？」

「まあ、そんなものです」

行程の概略を尋ねると、滝尻から本宮大社までは約三八・五キロで一泊二日の山道だが、ルートは道標がしっかりしているので迷うことはないという。きのう、富田川沿いの山道で草の実だらけになり前進に難儀した話をしたら、「あそこを歩く人はいません」と、館長さんはあっさり答えた。

「いわゆる熊野古道は滝尻から先のことで、ほとんどの方がここから歩き始めるのです」

ログハウス風の館内には、中辺路ガイドのビデオが二～三台設置されているほか、後鳥羽上皇画像、「御幸記」、正治二（一二〇〇）年に滝尻王子歌会で使われた熊野懐紙（いずれも複製）、城南宮から寄贈された出立の儀再現の写真や虫垂衣《むしのたれぎぬ》がついた市女笠《いちめがさ》などが展示されている。古道関係の出版物もあって、木製の椅子とテーブルで資料を読んだり、コーヒー（有料）を飲みながらひと休みできるようになっている。ウィークデーのせいか、これから中辺路を歩くのは私一人のよう。静寂のなかに川の流れの音だけが響いている。

八時五〇分、熊野古道館を出て向かいの滝尻王子へ向かう。

王子社の境内には東屋風の休憩施設やトイレが設置され、休憩所の屋根の下に中辺路の大きな案内板が掲げられて、距離や標高がひと目でわかるようになっている。この滝尻の標高は八五メートルで、中辺路の最高峰は七八二メートルの悪四郎山。宿泊予定の近露まではおよそ一四・三キロで、五時間半ほどの距離。ゆっくり歩いて、昼の休憩時間を入れても四時台には宿に着けそうだ。

境内に「熊野古道起点」と書いた、高さ一メートルほどの丸太の道標があって、三越峠《みこし》まで五〇〇メートルごとに、これと同じ道標が立てられていると記されている（実際は、熊野本宮大社までちゃんと続いていた）。

滝尻王子は格の高い五体王子の一つでその夜歌会が催され、定家は先の「河辺の落葉」とともに「旅情の冬月」の歌を詠んでいる。


たきがはのひびきはいそぐ旅のいほを　しづかにすぐる冬の月影

「河瀬《かわせ》の韻、巌石を犯すの中なり」と定家が記した川の流れが音高く聞こえて身の引き締まる空気のなか、王子社脇から薄暗い山道の登りにかかる。

七〜八分で「胎内くぐり」の大岩が現れた。右手の石段を上って裏に回ると「乳岩」があって、庇のように張り出した岩の下の窪みに赤ちゃんのような形の小さな地蔵尊が祀られている。伝説では、藤原秀衡《ひでひら》(17)とその妻が熊野参詣に向かう途上、身重の妻がこの地で男児を出産する。嬰児を抱えての参詣は困難と諦めかけていたその夜、秀衡の夢枕に熊野権現が現れ、御告げに従って乳岩の下に生まれたばかりの赤子を置いて参詣に向かった。無事に参拝して大急ぎで乳岩に戻ってみると、赤子は、岩からしたたり落ちる水を飲み、オオカミに守られて健やかだったという。赤子は、藤原泰衡の弟の和泉三郎忠衡と伝えられている。

500メートルごとに立つ
熊野古道の丸太の道標

17. 藤原秀衡（？〜1187）：奥州の豪族。源頼朝に追われた義経をかくまうが、その年に病没した。奥州藤原氏三代（藤原清衡・基衡・秀衡）が築いた平泉文化の遺構・中尊寺の金色堂には清衡・基衡・秀衡のミイラの遺骸が安置されている。1189年、秀衡の次男泰衡は、義経を衣川館に攻めてその首を鎌倉に送ったが、自らも頼朝の軍に破れ、郎従に殺されて奥州藤原氏は滅亡した。

しばらく杉の根を踏みながら進むと、九時一〇分、「不寝《ねず》王子」跡に着いた。石碑と、青いスチール製の説明板、「熊野道」の道標が立っている。ここから杉の根の登り道が延々と続くが急登《きゅうとう》ではない。超スローペースで登り続ける。

ガイドブックには、このあたりは『中右記』に「已が手を立てたる如し」とある剣ノ山の険阻と説明されているが、木の根と自然石の道で、適当に丸太のベンチや踊り場のような平地もあるからそれほど困難ではない。遠くに列車の音が聞こえる。

三四一メートルの飯盛山を越えると道は平らになって、森林の心地よい空間が広がり、樹木に「歌声ポイント」の木札がかけられていた。杉の森が途切れて明るい草はらの向こうに視界が開け、はるかに山なみが見える。道は雑木《ざつぼく》の間の下りに変わってほっとしたのもつかのま、たちまち杉の森に入り、また雑木雑草の道に変わる。さらに石畳の道を二〇〇メートルぐらい下って車道を横切り、針地蔵尊から先は杉の森の上り階段が延々と続いた。

高原熊野神社の宮司さんと出会う

テレビ中継放送所のアンテナ脇を過ぎ、「熊野古道6」の丸太の道標を通過するとやっと道が平らになった。行く手に人家が見え、炭焼き窯らしいものが並んでいる。標高三三〇メートルの高原《たかはら》の集落だ。

中辺路の山道

ここは、田辺の三栖から標高五四〇メートルの潮見峠を越えて中辺路に続く近世の熊野詣ルートとの接点。中辺路町役場のある麓の栗栖川へは車の舗装道路も通じていて、歩いても三、四〇分で下りることができるが、北の龍神村と南の大塔村の間の山深い集落であることに変わりはない。中辺路町は田辺市の一・五倍以上の面積があるが、人口は約二〇分の一で、三人に一人は六五歳以上の高齢者。中辺路町に属する高原ではさらに高齢化が進んでいて、住民の半数以上を高齢者が占めているという。この地域では、樒《シキミ》、榊《サカキ》などの神仏用花木や椎茸、梅のほか、注連縄《しめなわ》、木炭といった自然条件と高齢者の経験や技術を生かした特産品がつくり出され、なかでも注連縄は県下第一の生産量を誇っている。

また、熊野古道の文化的特色の一つに「語り部《かたべ》」[18]があるが、そこで中心になって活躍しているのも地元の古老たちだ。中辺路町、本宮町、那智勝浦町には、熊野の歴史、自然、民俗、伝説などの知識豊富な方々が「語り部」として登録されているので、それぞれの町役場の観光課に連絡し、スケジュールが合えば熊野古道を案内（有料）してもらうこともできる。中辺路町には「漂探《ひょうたん》古道」という語り部グループがあり、「語り部養成セミナー」で勉強会も行われている。

道すがら小柄な老人に出会い「こんにちは」と挨拶すると、にっこりして語りかけてくれた。

「お天気でよかったな。山、歩くには、雨ではどうにもならん」

右手は人家で左手に果無山脈の雄大な眺望が開けている。

「すばらしい眺めですね」

18. 語り部：問合せ先＝中辺路町観光協会（TEL：0739-64-1470）／本宮町観光協会（TEL：0735-42-0735）／那智勝浦町観光課（TEL：0735-52-0555）。その他、紀州各地の「語り部」については、和歌山県観光課・（社）和歌山県観光連盟（TEL：073-441-2775）へ。

「向こうの山を越えた所が龍神温泉、こっちが中辺路。どこまで行く。近露？　あと三里だ」

「高齢者の村」であっても雰囲気は明るく、ここの老人たちは健康そうだ。近い将来、日本は間違いなく超高齢社会に突入するから、高原の老人たちの生き方はひとつのモデルケースになるかもしれない。

足を進めていくと、大きな樹々に埋もれるようにして鮮やかな朱塗りの社殿が立っていた。高原熊野神社。緑に映える社殿にカメラを向ける私に、白髪の気品ある老人が境内の落ち葉を掃く手を休めて説明した。

「この社《やしろ》は五九八年前に建てられたもので、三〇年ごとに塗り替えをします」

「あの、宮司さんでいらっしゃいますか？」

「ええ、そうです」

大阪から延々と古道を歩いてきて、初めて「宮司さん」にお目にかかり、言葉を交わすことができた。岩見賢一さん。今年（二〇〇〇年）、八一歳になられるという。

「塗り替えをするにも技術者がいませんで、今回は熱田《あつた》神宮を手がけた塗師《ぬし》の方に、格別に安い料金でお願いしました。屋根は檜皮《ひわだ》葺きですが、これも屋根を葺《ふ》ける人がいないばかりか、檜皮そのものがありません。檜の皮なら何でもいいというわけではなく、一世紀以上経った檜でないと檜皮葺きはできないのです。そんなわけで、市場価格が上がって高価になってしまいました。六〇年前の塗り替えは三〇万円でしたが、三〇年前は二〇〇万円、今回は二〇〇〇万円かかりました」

岩見賢一さん

と、岩見さんはため息をついた。

「この社は中辺路の熊野古道最古の県の文化財です。もちろん県からの補助はありますが、神社自体としても三〇〇万円は用意しなければなりません。これまでは林業と農業が神主の生活基盤でしたが、いまは肝心の林業に財産価値がなくなってしまいましたから、どうにもなりません」

岩見さんは、たまりにたまった苦悩を一気に吐き出すように語ったが、言葉はあくまで静かだった。そして、幻の彼方から記憶の糸をたぐりよせるように語り続けた。

「昔は、田辺のほうから一日に一〇〇〇人ぐらいの人がやって来ました。いまはこの集落は老人ばかりで四〇数戸しかありませんが、当時は一五〇軒ほどの家があり、一日に二七〇〇人が泊まったという記録も残っています。熊野に詣でる人は〈尊い人〉として尊敬をもってあたったものです。私が子どものころは、よく熊野詣の人が家に泊まっていきました。名前も聞かず、どちらからとも尋ねず、母は旅人を泊めていました。そして、翌日の弁当にめはりずしを持たせるのです。旅人は、二、三〇銭、いまの一〇〇〇円ぐらいでしょうか、ひと晩の雨宿り代を新聞紙か雑誌の切れ端に包んで置いていきました。一日の日当が八〇銭ぐらいのころのことです。私ら子どもは、旅人が置いていったその包みを開けるのが楽しみでした。無条件で互いを信用し、また互いに信用される言動をしていました」

拝殿には木製の小さな賽銭箱の前に参拝した人が記帳するノートが置かれているが、連日一人もしくは一組の氏名しか記されていない。賽銭は文化財修復費用の一助になっているのだが、賽銭専門のドロボーが箱ごと持ち去ってしまうので鋼鉄製に換えようかと思っていると、岩見さんは哀しげに微笑んだ。

「私は岩見家の九代目です。これまでは、よそへ行かなくともこの地で生きることができていました。でも、もう私で最後でしょう。息子は東京へ行ったきり、〝帰りたがらん病〟になってしまって戻る見込みはありません。それも当然です。ここでは生活できないのですから。これから先、この国はどうなってしまうのでしょうか。国際化が叫ばれていますが、この激変の時代、日本よ、どこへ行くのか……ですね」

宮司さんにお別れしてから、見晴らしのよい「霧の里休憩所」（高原ではしばしば朝霧の幻想的な光景が見られる）に立ち寄る。真新しいログハウス風の建物の中には、土産物や、この村に住むイーデス・ハンソン[19]さんの著書などが並べられていたが店の人は留守。自販機のジュースで喉を潤し、一〇分ほど休んで先へ進む。

伝説・伝承の峠道（十文王子／大坂本王子／近露王子）
悪四郎屋敷跡―三体月―箸折峠の牛馬童子像―「血か露か」

旧旅籠《はたご》通りを過ぎると再び人家のない山道になった。高原から約二〇分、夏草の繁る道端に一里塚跡の休憩所があった。トイレと水場が設けられ、「熊野古道9」の道標が立っている。そこからさらに一五分か二〇分、杉の森の緩い坂を上ると、右手に緑の水を湛えた静かな高原池が見えて、まもなく小さな赤い祠《ほこら》の立つ「大門《だいもん》王子跡」に着いた。『中右

高原の朝霧（右手の集落は栗栖川）

19. イーデス・ハンソン：1939年、米国人宣教師の父の赴任地インドで生まれる。1960年来日し、タレントとして活躍。1986年から人権擁護の国際組織アムネスティ・インターナショナルの日本支部長を務める。1987年６月より中辺路町高原地区の住民となった。著書に『世界人権宣言』『南西斜面からのたより』など。

記』では高原を過ぎて「水飲假屋」で宿をとっているが、「御幸記」には「水飲」の名はない。『中右記――躍動する院政時代の群像』の著者戸田芳実は、「水飲假屋」はその名からして水場のある高原池あたりと推定している。

坂をやっと上りつめ、少し下った所に「熊野古道12」の道標があり、なおしばらく下ると左手の視界が開けた。奥熊野の山なみが広がり、谷から吹き上げる風が涼しい。ここで狭い道に座り込んで、眺めを楽しみながらの昼食開始。もし、人が来たら立ち上がらなければならないが、行く手の暗い杉の森の中で食事する気にはなれない。

一二時四〇分、昼食を終えて出発。杉の森に入って、一五分ほどで「十丈《じゅうじょう》王子」に着いた。あたりは切り開かれて明るく、ベンチや切り株、行程の表示板がある。近くには屋根付きの休憩所、トイレ、水場、非常電話も設置されて、さすが文化庁指定（一九七七年）の「歴史の道」と、行き届いた設備に感心する。

王子社も参詣の旅人も消えた古道には、人家も茶店もない。鬱蒼とした杉の森を一人で歩くのは心細いかぎりで、こうした場所にかすかな人の温もりを感じてほっとするのだが、やっぱり生身の人の温もりがほしい。最小限の道標だけでいい、説明板ではなくて森林レンジャーに出会えたらどんなに心強いだろう。訪れる者は安心して熊野の森を歩き、歴史と自然への理解と認識を深め、地元の方は訪れる人の印象や考えをモニターできる。それは、人と自然の共生を探る手がかりにもなるだろう。そうなれば、熊野古道は過去の歴史の道ではなく、歴史が現在に生きる最高の道になるはずだ。

高原池

十丈王子は、『中右記』では「重點」、「御幸記」では「重照王子」で滝尻王子の次に登場する。不寝王子も大門王子も、当時はなかったようだ。高原熊野神社が本宮から勧請されたのは室町時代の一四〇三年だから「御幸記」から二〇〇年も後になるが、滝尻の宿所で一寝の後、先へ進んで一泊した「昼養山中の宿」とは高原あたりだったのではなかろうか。『中右記』には「高原」の名がある。定家は、石田河（富田川）を渡るときに足を傷め、滝尻から先は力者一二人の輿に乗って進んだ。

「江戸時代にはこのあたりに数戸の家があり、十丈王子は氏神として祀られていたが、明治末期の神社合祀で廃社になった」と説明板にあるが、つい最近まで人家があり、人が歩いていたなど想像もつかない。日本の森林は太平洋戦争前後に乱伐され、高度経済成長期の猛烈な人工林化によって自然の豊かさが失われた所が多い。このあたりの杉も、幹の太さからして戦後に植えられたものと思われる。

杉の森の上りが続き、「小判地蔵」を過ぎて、「悪四郎屋敷跡」の説明板と「熊野古道15」の地点に着く。薄暗い杉林の中で「〝悪〟四郎」などと書かれているのを見ると、追剥《おいはぎ》でも定住していたのだろうかと薄気味悪くなるが、さにあらず。悪四郎の〝悪〟は「強い」という意味、または「悪友」とか「悪ガキ」という程度の意味で、村人が親しみを込めて呼んだものらしい。悪四郎は親孝行で機知に富み、怪力無双の熊野伝説上の人物という。ここは江戸時代か、あるいはそれ以前に母親と暮らしていた悪四郎の家の跡とも、彼を祀った宮跡とも伝えられている。このあたりが、中辺路の古道でもっとも高い地点になる。

杉の森に続く道

悪四郎屋敷跡からは緩やかな下りとなり、「熊野古道17」を過ぎるとまた上りに変わって、標高六二五メートルの「上田和《うわだわ》茶屋跡」に着いた。ここは、熊野古道のいわばミステリースポットで、旧暦一一月二三日の夜、東方はるかに現れる「三体月《さんたいづき》」（三つの月）が見られると伝えられている。

熊野権現垂迹《すいじゃく》の伝承によれば、熊野神は天竺《てんじく》（インド）のマガダ国から飛来し、三体の月となって天下ったといわれ、この日は村人たちは芋や餅などを持って山に登り、月の出を待つ風習がある。見る位置によっては三体月は本当に見られるという言い伝えもあり、現在中辺路町では、旧暦一一月二三日の夜に上田和へ登る「三体月観月会」[20]が催され、この日は観光客のために田辺から臨時バスも運行される。

ひどく静かだ。大正期までは人家があって、林の中には三界万霊塔や墓が残っているらしいが、いまは高い杉の梢を渡る風の音だけ。切り株に腰を下ろして目を閉じ、耳を澄ましていると、目に見えない「何か」が忍び寄ってくるような気配を覚える。

上田和茶屋跡から一五分余り、山道を下り切って林道を横断。「休憩所まで二八〇メートル」の表示板を見て、さらに鬱蒼とした樹木の下の細道を下り続け、標高三九六メートルの「大坂本王子」の石碑に着く。「御幸記」にも名前が残る王子跡で、往時はここに社があったという。ジメジメとした谷間の薄暗い森の中で、そのころもこんな環境だったのだろうか。私だったらもう少し明るい平地に社殿を造る。湿気が多くて、ここでは木造建築はたちまち腐ってしまいそうだ。林道に白い乗用車が停まり、若い男性が二人ゆっくりと森を散策しながら、私がいま下りてきた道を上っていった。人里が近いのかもしれない。

上田和茶屋跡

20. 問合せ先：中辺野町観光協会（熊野古道館内）　TEL：0739-64-1470

木の橋を二つ渡ると「熊野古道22」の丸太の道標があり、さらに一〇分余りで中辺路のドライブインの前に出た。そのまま道標に従って箸折峠《はしおり》への山道を登ると、まもなく「牛馬童子《ぎゅうばどうじ》」を祀る箸折峠に着いた。なんと愛らしいこと！　牛馬にまたがった五〇センチほどの童子の像と、「明治二四年八月一日　尾中勝治」の銘が刻まれた山岳修験の祖役行者《えんのぎょうじゃ》の石像が並んで地面に立てられているが、思わず見とれて、山越えの疲れも忘れてしまったほどかわいい。

牛馬童子は弁財天（水神）に仕える一六童子のひとつで、このあたりは丹田の丘の水源地であることから、修験道の影響を受けた水神信仰で祀られたのではないかと『熊野中辺路　歴史と風土』に記されているが、一般的には花山院の熊野詣の姿を刻んだものといわれている。また、像の近くには古い宝篋印塔《ほうきょういんとう》があり、そこに花山院が法華経を埋めたと伝えられている。

花山天皇（九六八～一〇〇八、在位九八四～九八六）は一七歳で即位するが、藤原兼家の陰謀で出家したといわれる。愛する者に死に別れ、親しい者に裏切られた傷心をかかえて、九九二年、花山院はわずかな供を連れて熊野へ向かった。那智で山ごもりの行《ぎょう》に就くためと伝えられている。その途中、花山院がここで萱《カヤ》の茎を折って昼食の箸の代わりにしたことから「箸折峠」と呼ばれるようになり、麓の「近露《ちかつゆ》」の地名は、そのとき手折った萱の茎から赤い汁がしたたるのを見て「血か、（それとも）露か」と尋ねた花山院の言葉に由来するという。なお、「御幸記」では現在と同じ「近露」だが、『中右記』では「近津湯」とある。現在の近露に温泉があることからも私には「近津湯」が本来の呼称と思わ

牛馬童子

れるのだが、このあたりの茶店か宿に、頓知の才のある主人でもいたのではなかろうか。

箸折峠から五分ほどで休憩所のある展望台に着く。近露の里が一望の下。一気に下って日置《ひき》川に架かる北野橋を渡り、三時四五分、近露王子跡に着いた。樹林の中に、出口《でぐち》王《お》仁三郎《にさぶろう》筆[21]の「近露王子之跡」と刻んだ石碑が立つ。

道路を隔てた向かい側の「熊野古道なかへち美術館[22]」に立ち寄る。展示室一室だけのこぢんまりした町立美術館で、女性建築家妹島和世《せじまかずよ》の設計による全館ガラスの建造物が山村の風景に違和感なく溶け込んでいる。地元ゆかりの渡瀬凌雲（南画）と野長瀬晩花（日本画）の常設展以外に企画展もあり、この日は、地元の画家雑賀清子の「スケッチで見る中辺路の自然と草花」展が開かれていた。

民宿ちかつゆ

近露王子跡から五分もかからずに、日置川のほとりの「民宿ちかつゆ[23]」に着いた。庭先にある別館「温泉ひすいの湯[24]」には泊まり客でなくても入浴できるのだが、この日は私だけ。広い浴槽を独占してゆっくり汗を流してから食堂へ行く。大きなガラス窓から川原が一望できる広い和室に食卓が並び、五〇代ぐらいの浴衣姿の男性客が一人、窓際の席に着いていた。私も見晴らしのよい隣のテーブルに座る。

「いい眺めですなあ」と、男性が感心したように料理を運んできた宿の御主人に言った。

民宿ちかつゆ

21. 出口王仁三郎（1871～1948）：大本教の教祖。出口なを（大本教の開祖）の娘婿となり、予言と終末観の教義で、農民や都市労働者、知識人から軍人まで信者層が拡大。1935年に検挙され、教団は大弾圧を加えられた。近露には1933年に訪れている。
22. 熊野古道なかへち美術館：西牟婁郡中辺路町大字近露892　TEL：0739-65-0390
開 館＝9時30分～17時（入 館16時30分 まで）／有料
休館＝月曜（祝日の場合はその翌日）／年末年始／祝日の翌日／臨時休館あり
23. 民宿ちかつゆ：西牟婁郡中辺路町大字近露401-12　TEL：0739-65-0617
24. 温泉ひすいの湯：TEL：0739-65-0678

夕闇迫る藍色の山裾に、川原の樹々を通して日置川が白く光って流れている。それぞれのテーブルに、温泉の湯を使ったメイン料理の鍋物とアマゴの塩焼きが並べられた。

「温泉の湯を使うと、どうなるんですか？」と、さっそく鍋をつつきながら男性が御主人に尋ねる。

「わかりませんか？」

「ハァ……」

「柔らかくなるんです」

「ああ、なるほど。そういえば白菜も葱も柔らかい」

「でしょう？　アクが出ておいしくなるし、消化にもいいんですよ」

次々に食べきれないほどの料理を並べながら、御主人が私に言った。

「滝尻から古道を歩いていらっしゃったんですよね？　食事が終わったら、明日の道をご説明しますから」

「古道」と聞いて、男性が語りだした。

「私はバイクで旅をしているんですが、ここに来たら熊野古道があるというので、さっきちょっと行ってみたけれど、えらい細道ですな。私一人だって歩けるかどうかっちゅうくらいの幅しかない。あんな所、ほんとに昔のお公家さんが歩きなさったんだろうか。よく、女性たちが笠かぶって着物きて歩いている写真あるけど、あんな恰好して歩けるなんて思えない。履物だって、いまのような靴があるわけじゃなし。いまの我々の恰好だって難しいような所でっせ」

きょうの中辺路はまだしも、きのうの富田川沿いの極細山道は和服に虫垂衣《むしのたれぎぬ》ではゼッタイに通れないと思っていたので、男性の率直な感想に私も相槌を打った。宿の御主人も笑いながらうなずく。

「でも、あの道を歩いたんですね、昔の人は……。私はここで生まれて育ちましたが、子どものころは熊野古道があるなんて知りませんでした。二〇年ぐらい前に学者が研究にやって来て、それからです」

食事が終わってから、約束どおり、御主人が近露から熊野本宮大社までのルートを説明してくださった。

「明日の道ですが、きょうの一・二倍の距離があります。ここをよほど早く出ないと、夕方までに本宮に着けません」と前置きして、詳細地図と行程を記した観光協会発行のパンフレットをくださった。そして、時間稼ぎのために七時二分の一番バスで小広峠まで行くようにと強くすすめた。

「山の高さはきょうのコースよりは低いです。難所は、草鞋《わらじ》峠から岩神王子の間ぐらい。お昼を三越《みこし》峠で食べて、三時半には本宮に着くでしょう」

しかし、それでは比曽原《ひそはら》、継桜《つぎざくら》、中ノ河《なかがわ》の三つの王子に立ち寄れない。本宮までそんなに時間がかかるとは思ってもいなかった。朝食なしで出発しようか……。パンフレットにはコースの時間配分も書かれていたので部屋に帰って検討することにして、明日の宿についてご主人に尋ねた。

「本宮大社の近くには温泉がありますが、大社にも宿坊がありますよ」

神社の宿坊には泊まった経験がない。温泉は次の機会に回すことにして、熊野本宮大社に問い合わせの電話を入れた。若い神主さんらしい方が電話口に出て、部屋は空いているが素泊まり専門で宿泊料は三〇〇〇円。食事は近くに食堂やスーパーがあるし、七時ぐらいまでは開いていると思うと答えてくださったので予約をお願いした。

「何時ごろ着かれる予定ですか?」と、やや不安そうな神主さんの声。

「どんなに遅くとも、夕方五時までには着きます」

「わかりました。着かれたら、まず社務所に寄ってください」

本当にそれまでに着いてくださいよ、と言いたそうな雰囲気が伝わってくる。近露から本宮までは、待つ人を不安にさせるほど遠いのだろうか。

詣《もうで》道《みち》の香りただよう集落（比曽原王子／継桜王子／中川王子）
一方杉－野中の清水－とがの木茶屋－安倍晴明とめ岩

昨夜、布団の中で行程を検討したが、バスを使わなくてもなんとかなりそうだった。だいいち王子を三か所も飛ばしてしまったのでは、せっかくここまで歩いてきた意味がない。さりとて地元の方のアドバイスも無視できないので、次の比曽原王子までバスを使うことにした。

一番バスに間に合うようにと、御主人は朝食を六時半からにしてくださった。朝食もお弁当にしたかったが、途中で食事できるような場所はないというので、寝起きの悪い胃袋を〝叱咤激励〟して詰め込む。食事しながら私の計画を御主人に伝えると、せめて一方《いっぽう》杉《すぎ》まではバスで行きなさいと強くすすめる。

「そこまでは生活道路ですから、歩いても面白い道ではありません。運転手さんに言えば、一方杉の古道の入り口で降ろしてくれます。それから弁当は、一二時より早く着いても遅く着いても三越峠で食べてください」

御主人の語気に押されて、やや戸惑いながらも「はい」とうなずいてしまった。なぜ、御主人はお弁当の場所まで指示するのだろう。理由はわからなかったが、旅では地元の方のアドバイス優先だ。ここは御主人のすすめに素直に従うことにした。

小さなペットボトル二本にたっぷり水を入れ、お弁当を受け取って時間ぎりぎりに宿を飛び出すと、すぐにバスがやって来た。乗客はきょうも私だけ。御主人にすすめられたとおり「一方杉の古道の入り口で降ろしてください」とお願いして、最前列の席に座る。バスはたちまち高度を上げて山道に入っていった。左の道端に立つ「比曽原王子」の碑を車中から確認して、七時一五分に「一方杉」で下車。「ここから登ってください」と運転手さんが停めてくれた所に「熊野古道」の小さな道標があった。

「右の道を下りれば〈野中の清水〉に行きますが、一方杉はそこを登った所です」と、運転手さんは私に登山口を教えてからゆっくりバスを発車させた。

ガイドブックを見ると、近露からここまでは徒歩一時間半。御主人のアドバイスで、だいぶ時間と体力の節約ができた。朝の一時間は大したことはないが、夕方になるとこの一時間の差が大きく影響する。せっかくの節約を無駄にしないために、野中の清水への寄り

一方杉と継桜王子の鳥居

道はやめて継桜《つぎざくら》王子へ向かう。

「野中の清水」には、後日立ち寄る機会を得た。熊野詣の旅人の喉を潤した古くからの湧き水で、一九八五年、環境庁（現・環境省）の名水百選に選ばれているが、石垣に囲まれた泉は村人に大切に守られていまも透明な水を湛え、泉の縁には龍神が祀られて流水を受ける杓が置かれている。一九二四（昭和九）年、斎藤茂吉(25)は土屋文明(26)とともに熊野を訪れているが、そのとき詠んだ短歌の歌碑が清水の傍らにある。

いにしへのすめらみことも中辺路を　越えたまひたりのこる真清水

野中の清水は、「一方杉」のバス停から急な山道を五分ほど下った所にあるが、ここを訪れた私は、田辺から「本宮大社行き」のＪＲバスに乗り「野中一方杉」で降りた。そのバス停は国道311号にあり、そこから野中の清水まで、ヘアピンカーブの続く急坂の車道を延々と歩いて登らなければならなかった。「清水」に近い山の上の「一方杉」で降りるためには「高尾隧道行き」に乗る必要があったと後でわかったが、田辺–高尾隧道間を往き来しているバスは、日中と夕方の二本だけ。本宮大社行きも一日三本と、バスの本数はいずれもきわめて少なく、廃止されないことを祈るのみである。

細い山道を登ると、樹齢一〇〇〇年を超えるという巨大な杉の古木が六、七本立ち並ぶ

野中の清水に浮くモミジ

25. 斎藤茂吉（1882～1953）：歌人。東大医学部卒。1906年、伊藤左千夫の門下生となり、『アララギ』の編集を担当して、左千夫没後はアララギ派の中心的歌人となる。欧州留学後、青山脳病院長の職を継いだ後もアララギを背負って活躍。1937年、芸術院会員。1951年、文化勲章受章。

26. 土屋文明（1890～1990）：歌人。東大哲学科卒。1909年、伊藤左千夫宅に寄寓、斎藤茂吉らを知る。1917年、『アララギ』の選者の１人となり、1930年、茂吉に代わって『アララギ』の発行人となる。法政大、明大教授を歴任。1986年、文化勲章受章。歌集、研究書に、『山谷集』『青南集』『万葉集私注』など。

神社の境内に入った。杉の枝が本宮大社に向かって一方向に伸びていることから、南方熊楠が「一方杉」と命名したという県指定の天然記念物。この杉も熊楠の努力で辛うじて伐採を免れたといわれている。急勾配の石段の下から見上げると、両側に並ぶ杉の巨木は圧倒的な迫力で、「神々は天空や遠い海の果てに在って、森の高い木の頂に神霊が降臨する」と信じた古代の人々の思いが素直に理解できる。

原始の神霊を宿したような杉が見下ろす急な石段を上ると、「若一《にゃくいち》王子権現」とも呼ばれていた「継桜王子」が祀られていた。昔はここにみごとな継桜があり、それは「秀衡《ひでひら》桜《ざくら》」と呼ばれて植え継がれていたが、明治時代に水害で倒れ、一〇〇メートルほど東へ植え替えられたものが古道沿いにある。なお、熊野那智大社にも「秀衡桜」（山桜）があって、「桜花祭」（四月一四日）のころ、輝くように白い花を咲かせるという。

継桜王子の少し先に、緋毛氈の縁台を置いて、昔の茶屋のたたずまいを彷彿とさせる茅葺き屋根の「とがの木茶屋」(27)がある。茶屋の正面に熊野の峰々が連なる古道屈指のビューポイントだ。予約すれば、紀州の郷土食「茶がゆ」や「めはりずし」がいただけるし、宿泊もできるとのことだったが、まだ七時半で、障子戸は閉じられていた。

のどかな集落の道。舗装道路だが、車はほとんど通らない。左の少し高くなった道端に「安倍晴明《あべのせいめい》とめ岩」の小さな説明板があり、次のように記されていた。

「正暦三（九九二）年、安倍晴明は花山院のもとへ行く途中、崩壊を予知し、式神《しきしん》（精霊）をこの岩下に封じて災害を防いだ。安政大地震のとき、村民はここに避難して無事で

とがの木茶屋

27. とがの木茶屋：西牟婁郡中辺路町野中393
TEL：0739-65-0127

あった」

あたりを見回して、村人が何人ももぐり込めるような巨岩を目で探したが、どこにもない。結局、巨岩は私の思い込みで、とめ岩は説明板のすぐ後ろの民家の庭先にあり、「晴明の腰かけ岩」ともいわれるように、人が一人か二人腰かけられる程度の大きさだった。村人はこの岩の周りに集まって地震をやり過ごしたのだろう。高さ一・五メートルほどの斜面は石垣で固められ、とめ岩はその石垣の上の平坦地に根が生えたように鎮座しているが、昔は急斜面ぎりぎりの所に岩があり、それが落下しないことから言い伝えが生まれたのではなかろうか。

花山院はわずかな供を連れて熊野参詣に向かい、那智で一〇〇〇日の山ごもりをしたと伝えられているが、その際に安倍晴明が花山院の修行する洞窟の邪気を払ったという。また、晴明自身も立ったまま那智の大滝に打たれて修行したという伝説があるが、一三三メートルを落下する滝の真下に「立つ」というあたりがいかにも伝説に包まれた晴明らしい。

道なりに進んでほどなく「中ノ河《なかのがわ》王子跡」の前に出た。「御幸記」には中ノ河とあるが、『中右記』では仲野川、鎌倉中期の『経俊卿記』では中川。ここには「中川王子」と刻まれた緑泥片岩の碑だけが道沿いに残されていて、傍らに「熊野古道36」の道標がある。

蛭降り峠百八町（小広王子／熊瀬川王子／岩神王子／湯川王子）

小広峠―草鞋峠―岩神峠―湯川谷―三越峠

新高尾トンネル入り口脇から国道311号に出て、国道をトンネルと反対方向に二〇分ほど歩くと「小広《こびろ》王子跡」があった。「熊野古道40」の道標が立ち、緑の公衆電話があり、向かい側にはログハウス。一見、休憩所のようだが、これは企業の研修施設。国道から古道の下り道に入り、八時半、小広峠に着く。「峠」というより「谷間」といった感じ。昔の峠はもっと高い所にあって小広王子もそこに祀られていたが、明治の道路改修工事で掘り下げられて王子跡の碑も先程の場所に移されたという。小広王子は「御幸記」にはなく、里人が峠に祀った祠《ほこら》がいつしか小広王子と呼ばれるようになったとのこと。

小広峠には、明かり取りの天窓のついたきれいなトイレが設置されている。掃除が行き届き、洗面所には一輪の花が飾られていた。よく見ると布の造花だったが、地元の方の心遣いがうれしい。さらに一〇〇メートルほど下った先に東屋式の休憩所もある。

後日、中辺路町役場でうかがったところ、古道の管理や保全はおおむね各市町村の教育委員会があたり、観光課、総務課などがトイレや電話の管理をしているとのことだったが、トイレの清掃などは地元の方に委託しているらしい。業者かボランティアかは定かでないが、諸設備はどこもきれいで地元の方の努力と心配りが伝わってくる。

「学者や研究者だけでなくカップルが来てくれるようになったらと願っているのですが、最近やっとその願いがかないつつあります」と、久保道廣さん（中辺路町教育委員会）が語ってくださったが、古道にはほとんどゴミがない。プラスの相乗効果で、こうした道では歩く側にも自然にモラルが生まれてくるように思われる。

　林道が走り、休憩所があるにもかかわらず、小広峠には熊野独特の一種異様な静けさが漂っていた。気持ちを引き締め、努めて平静を保つようにしていたが、帰宅してからも小広峠は何度も夢に現れた。小広峠の名は「叱比狼《こびろう》峠」からきているといわれ（『くまの九十九王子をゆく』第二部）、小広峠の南には九二七メートルの「狼屹山《おおかみだわさん》」がそびえる。きっと、オオカミが棲んでいたのだろう。古道に茶屋の点在していた昔でさえ、このあたりには人家も茶屋もなかったらしい。地元の生物研究家後藤伸さんの話では、中辺路の古道でもっとも自然の残っている所だという。

「御幸記」では、亥の刻（二二時前後）に近露を出てこのルートをたどり、「湯河の宿所」に着いたのは真夜中だった。足を傷めていた定家は従者に守られて輿に乗っているが、「路の間、崔嵬たり。夜行、甚だ恐れ有り」と記している。従者がいても、オオカミの遠吠えの聞こえる夜間にこの道を行くのはかなり恐ろしかっただろう。

　東屋から先は山の中の登り道になった。右手の森には雑木《ざつぼく》が生い繁り、木漏れ日が射しているが、左の山肌に沿って続く道はどこまでも薄暗く、なまぬるい湿気がたち込めて不気味な静けさが重い。ここは一刻も早く通り抜けたい。立ち止まってあたりを観察する勇気も失せ、耳をそばだて足元だけを見つめてひたすら登り続け、八時五〇分、「熊瀬川王子跡」に着く。この王子は、鎌倉末期の『熊野縁起』にその名を見るだけで「御幸記」にもほかの日記類にも見られないことから小広王子との混同説もある。その先に「一里塚跡」があり、和歌山から二八里、約一一二キロと表示されている。薄暗い登り道が続く。

九時五分、標高五九二メートルの「草鞋《わらじ》峠」に着いたが、杉の森の中で展望はきかない。説明板を読むと、この付近は江戸時代には「蛭降《ひるふ》り峠百八町」といわれ、雨のように落ちてくるヤマヒルに悩まされた所だという。

一瞬、中上健次(28)の短編『紅の滝』で、熊野山中を彷徨する姫がヤマヒルに襲われる場面を思い出し、背筋が寒くなってあたりを見回したが、杉はきれいに枝打ちされ、陽光も射し込んで風通しもよく、峠から先の道には湿気も感じられない。地面を見てもヒルが落ちている様子はなかったが、それでも首にタオルを巻き、帽子の上からヨットパーカーのフードをすっぽり被って「女坂《めざか》」と呼ばれる山道を走り下りた。昔どおりの蛭降り峠だったら、そんな防御をしてもまったく無駄だったろうが。

地元の方の話では、熊野古道にはもうヤマヒルはいないそうだ。人工林が多くなった結果、動物たちがいなくなり、参詣の旅人も通らなくなった山道ではヒルも動物や人間の血を吸うことができないから、幸か不幸か消えてしまったらしい。

九時二〇分、女坂を下りきって車道を横断。栃ノ川を越え、仲人《なこうど》茶屋跡を経て、男坂《おざか》の登りにかかる。鬱蒼と樹木が繁って、道幅は女坂より広く、山の大きさと深さを感じる。道端の切り株に芽生えたばかりの若葉が、微かな木漏れ日を受けて輝いている。行く手の落ち葉がガサゴソ揺れている。近づいてみると、灰色の産毛に包まれたヒナが一羽、ヨタヨタ歩いていた。巣から落ちたのだろうか。しかし、頭上を見上げても樹々が深くて巣は見えない。早く母鳥が見つけてくれるといいけれど。

「蛭降り峠百八町」と呼ばれた道

28. 中上健次（1946～1992）：
新宮市出身の作家。1976年、『岬』で戦後生まれ初の芥川賞受賞者となる。性・暴力・宗教などの問題を斬新な視点で描き、現代日本文学の旗手と目された。『枯木灘』『鳳仙花』『化粧』『紀州木の国・根の国物語』など、故郷の熊野をテーマにした作品多数。新宮駅近くに「生育の家跡」が、新宮市内の南谷墓地に墓所がある。

一〇時、標高六五五メートルの「岩神王子跡」着。杉の森の狭い峠だが、ここが本日の最高峰岩神峠。一気に下って、非常電話のある林道に下り立ち、右へ一〇〇メートルほど歩いてから左折して再び杉の森の小道を下る。

『中右記』によると、宗忠は岩神王子社あたりで田舎から参詣に来た盲人に出会い、食料が尽きていたこの盲人に食べものを与えている。多くの庶民が熊野詣に押し寄せるのは一遍上人が時宗を広めて以降といわれるが、すでに平安後期には庶民も熊野に詣でていたらしい。それにしても、険しい山道をたどり、蛭降り峠も越えて、命がけで足を運んだこの盲人が、本宮を目前にして倒れる前にやさしい宗忠に出会えてほんとうによかった。熊野の山道で行き倒れになる巡礼は少なくなかったのだから。

一〇時半、蛭降り峠の恐怖をぬぐい去るような、湯川谷の渓流沿いの美しい小道に入る。トルコブルーの尾と柿色のすき透った羽のきれいなカワトンボや、近ごろは珍しくなったルリアゲハが光の中を舞う。緑色の背中をピカピカ光らせて小さなトカゲが草むらから出てきて、また草むらに隠れる。

ほどなく「おぎん地蔵」。村の若者との婚約が許され、嬉しさのあまり迎えも待たずに若者の下に急いだ芸妓おぎんが、ここで待ち伏せていた狼藉者に殺されたという。激しい渓流と崖に挟まれた細い山道で、再び背筋が寒くなる。

一一時、道沿いの狭い川原に下りて一五分の休憩。澄みきった川の浅瀬に、黒っぽい魚が群れ泳いでいる。

木漏れ日

苔むす木橋を渡ると、じきに杉林の中に鳥居と社の建つ「湯川王子」に着いた。昔はこのあたりに集落があり、上皇一行が宿泊できるほどの宿や茶店があったらしい。定家らは真夜中にここの宿所に着いて寒風のなかで水垢離をしているが、昭和三〇年代に廃村になり、いまは面影もない。

再び山道を登り、一一時四五分、中辺路町と本宮町の境の「三越峠《みこし》」に着いた。標高五五〇メートル、切り開かれた明るい峠で見晴らしもよい。北に連なるのは果無山脈だろうか。屋根のある休憩施設には大きなテーブルとベンチ、そしてトイレの設備もある。途中の峠はどこも鬱蒼とした森に包まれて眺望はなく、初めてほっと安らいだ気分になった。民宿ちかつゆの御主人の強いすすめに感謝しながらお弁当を開く。筍の皮の包みをほどくと、高菜で巻いためはりずしとおにぎりが現れた。おかずは、焼いたウルメの丸干し。江戸時代の熊野詣の旅人になったような情緒に浸りながら、人けのない峠で三〇分余りの昼休みを過ごす。

川魚の群れ泳ぐ湯川谷の渓流

熊野三山編

熊野本宮大社の牛王符

熊野速玉大社の牛王符

熊野那智大社の牛王符

遠くからトトロの歌が聞こえる……（猪鼻王子／発心門王子／水呑王子）

三越峠《みこし》から先は、本宮町の管轄区域になっていて杉の森の下り階段が続いていた。本宮大社の町に流れ下る音無川《おとなし》源流の渓谷沿いの道を下り、キャンプ場の前を過ぎると船玉神社。林道から小道に入って、緑泥片岩の碑の残る「猪鼻《いのはな》王子跡」を過ぎ、「たっくん坂」にかかる。約一〇分後、険しい坂を上りきってようやく発心門に着いた。広い舗装道路の向こう側に、最後の五体王子「発心門《ほっしんもん》王子」の朱塗りの社殿が祀られている。ここは熊野本宮大社の入り口で標高三一四メートル。発心門はこのあたりの地名にもなっていて、地元の人は「ほしんぼ」と呼んでいるらしい。道路の手前には東屋とベンチ、トイレ、水飲み場などが整備されている。熊野権現に試されたのか守られたのか、ともかく無事に山越えを果たしたことに深い安堵感が湧き、ひときわ神々しく映る発心門王子の鮮やかな社殿に合掌する。

定家も発心門王子にたどり着いて感動し、解放感にひたって〝落書き〟をしたらしい。ほかの人たちは王子ごとに書きつけていたが、定家はひかえていた。しかし、発心門王子に着いて初めて一首、門の柱に書きつける。この日の宿所は、かねて京で知り合っていた尼の庵で、調子にのってここにも一首書きつけ、尼に止められたが時すでに遅く、書き終わった後だった。

「紅葉風に翻る。宝殿の上に、四五尺の木、隙無く生ふ。多くは是れ紅葉なり」

発心門王子

発心門がみごとな紅葉に覆われていたらしい様子がうかがわれるが、その面影はいまも残されていて、一一月下旬から一二月初旬あたりが見頃という。

この先の道は、これまでの山道とはまるでちがう、解放感溢れる緩やかな下り坂。ほどなく人家も見え始めた。道端に、昔の分教場校舎のような懐かしい木造の建物（公民館）があり、傍らの大きな樹の梢がゆったりと風に揺れている。人影のない、昼下がりの村の道。遠くから「トトロ」の歌が聞こえてくるような風景。

「発心門」から三〇分ほど歩いて、『中右記』にも「御幸記」にもその名の残る「水呑《みずのみ》王子跡」に着く。谷川の水を引いたというおいしい水の呑み場には杓が置かれていた。ここは、一九七三年に廃校になった小学校分校の敷地。その後、白浜のホテル業者が買い占め、校舎を食堂にしてバンガローが立ち並ぶアウトドア派の宿泊施設が造られたが立ち行かず、三年ほどで撤退したらしい。地元の方が手入れしているのだろうか、学校のようにもホテルのようにも見える建物や庭がつい最近まで使われていたような雰囲気で残されている。五月の連休ごろにはそのホテル業者が植え残した杜鵑花《サツキ》が咲き誇り、いまは杜鵑花の隠れた名所になっているという。

古道は、校舎の脇の植え込みのある庭に続いている。野外バーベキューの設備も残る敷地の中を通り抜けて杉の森に入ったが、以前にこの道を歩いた人たちは、ホテルの庭や子どもたちの遊ぶ校庭を横切っていったのだろうか。

水呑王子

もうすぐ本宮大社（伏拝王子／払戸王子）

「熊野古道67」で森を抜け、集落に入って分岐点を「左」へ進む。しばらく歩いた所で麦わら帽子のおじさんに呼び止められた。

「熊野古道だろ？　だったらこの上の道だ。どうもそうじゃないかと思っていたんだが」

「ありがとうございます。分岐点の道標が逆さに立てられていて、どっちへ行くのかわからなかったものですから」

「あそこはちょっとわかりにくいからな。でも大丈夫だ。この上の道を左へ行けば、向こうから来た道と同じ所に出るから」

斜面の畑を上りきって振り返ると、おじさんは同じ所に立って見守っていた。そして、「それでいい」というように大きくうなずき、左手を上げて進行方向を指し示してくださった。私も深くお辞儀して、見晴らしのよい野菜畑の尾根道を先へ進んだ。

果無山脈の青い山なみを見ながら、一二時五五分、「伏拝《ふしおがみ》王子跡」に着いた。ここまでたどり着いた旅人たちは、谷を隔てて見える大斎原《おおゆのはら》の本宮大社を伏し拝んだという。見晴らし台のようになったスペースの一角に和泉式部[1]供養塔の古い石塔が残り、彼女が詠んだといわれる和歌が掲げられている。

晴れやらぬ身に浮雲のたなびきて　月のさはりとなるぞ悲しき

伏拝あたり

1．和泉式部：正没年不詳。
冷泉帝皇后昌子に仕え、和泉守橘道貞と結婚して小式部内侍（歌人）を生むが、のち離別。為尊親王、敦道親王兄弟と恋愛。両親王の死後、一条帝中宮彰子に出仕、紫式部とも交わる。藤原保昌と再婚し、任地の丹後に下った。『和泉式部集』『和泉式部日記』を著す。

熊野詣に来た和泉式部はこの地で月の障り（生理）となり、不浄の身で参拝できない悲しみを歌に詠んだ。その夜、熊野権現が夢枕に立って返歌を告げる。

もとよりも塵に交わる神なれば　月のさはりのなにかくるしき

式部は感激に震えながら、熊野権現を伏し拝んで参詣に向かったと伝えられている。

熊野古道を彩る有名な伝説だが、和泉式部が熊野を訪れたという確証はない。奔放に生き、恋の情熱を数々の和歌に詠んだ和泉式部の伝説は多く、全国各地に「墓」や「踏み跡」が残る。「式部の熊野詣」は、浄不浄も信不信も問わず、どんな人でも広大な慈悲をもって受け入れる熊野権現のご利益を説いて回った時宗《じしゅう》の僧や熊野比丘尼たちによってつくりだされたのではないかと推測されている。

「伏拝茶屋」と名づけられた無人の東屋があるが、土日にはここで地元の人たちがお茶の接待をしているという。しばらく眺望を楽しみ、三時一五分、出発。もうすぐ本宮大社だ。

森の中の道を下り、三時二五分、九鬼ケ口《くきがくち》吊り橋を渡る。たもとには九鬼関所跡と三軒茶屋跡の休憩所。緩やかな下りが続く。しだいに道幅が広くなり、白糸草、虎ノ尾など、白い野の花が目立ち始める。熊野古道には白い花がよく咲いていた。むせるような香気を放っていた蜜柑の白い花も忘れられない。古道沿いの家々が軒端に掲げて導いてくれた白い提灯に代わって、長かった旅を労うかのように純白の野花が道の両側を埋めて熊野本宮

九鬼ヶ口の吊り橋

大社へ誘《いざな》う。

疲労は消えて足が軽い。どうしたことか身体が軽く浮き上がり、歩幅が大きく進んでしまう。石畳の階段を、ストックでバランスをとりながら飛ぶように下りる。普段は転倒を恐れて速度をセーブするはずの石段を……。きっと昔の旅人たちも、私と同じように足を運んだ、いや運ばれていったにちがいない。

四時、「払戸王子」着。道標には「払所王子」と記されているが、いずれも「はらいど」と読むようだ。巡礼たちは、ここで旅の汚れを払ってから大社に入ったという。「熊野古道75」の丸太の道標は、滝尻王子から五〇〇メートル間隔で続いていた最後のものだ。すぐに本宮大社の北門（裏門）に着く。境内から出てきた地元の人らしい老婦人が、「払戸王子に寄っていらっしゃいましたか？　そうですか、そうですか」と、ニコニコしながらうなずいた。

宿坊「瑞鳳殿」に泊まる

定家は一〇月一六日の早朝発心門を出発し、水飲（水呑）と祓殿（払戸）の二王子を経てやっと本宮大社に着いた。京を発ってから一二日目のことである。

私は、いったん帰宅した期間を除いても、起点の窪津王子から一六日間かかった。京都からおよそ三〇〇キロの道のりだから、迷わず寄り道もせずまっすぐ熊野本宮大社に向か

熊野本宮大社

っていたら、私も一二日ぐらいで到着できた可能性はある。とはいえ、旅の環境は、彼らの歩いた当時のほうがはるかに厳しかったはずだ。もし、タイムスリップして当時の道を歩いたら、やはり一六日ぐらいかかったかもしれないし、それより目的地にたどり着けたかどうか。

イザとなれば車や電車に乗れるし、途中の市町村には医療施設があり、宿や食事の心配もなく、公衆電話やケータイという連絡手段もある現代人の私が、「一六日間かけて苦心惨憺、あなたの足跡をたどりながら、ようやく熊野本宮大社に着きました」などと定家に話しかけたら、彼は軽蔑の眼差しを投げかけてそっぽを向いただろう。

上皇の贅沢な御幸の一員であり、大勢の供人や先達を抱え、王子社もあって道筋に不安はなかったとしても、たとえ馬や輿に乗ったとしても、身分の上下や作法は厳しい、病気や怪我は自然治癒任せ、道中には盗賊やけものが潜んでいて、いつ何時何が起こるかわからない八〇〇年前、土地勘のない地域に初の〝長期出張〟で先駆けを務めた定家の心労はいかばかりたったことか。

「山川千里を過ぎて、遂に宝前に奉拝す。感涙禁じ難し」

短い文面から定家の感慨が伝わってくる。

上皇一行は巳の時（午前一〇時前後）ごろ到着。一同、水垢離をして奉幣の装束に着替え、金銀の御幣を持って、主神家津御子大神を祀る第三殿の証誠殿《しょうじょうでん》、夫須美大神を祀る第一殿と速玉大神を祀る第二殿の両所、五所権現を祀る若宮殿、一万眷属十万金剛童子など祀った四所権現の御前に参拝する。御幣は、証誠殿一本、両所二本、若宮殿五本、四所権現の御前四本と、「熊野十二所権現」のそれぞれに丁寧に納めている。

　読経供養、引き出物、舞や相撲の奉納などが華やかに繰り広げられるが、定家は疲労が極限に達していて途中で退席してしまった。咳はひどくなる、お腹の具合も悪くなる、頭も喉も痛い、これから先進めるかどうかも危ぶまれて、もう最悪である。それでも夜は二座の和歌会に召され、意識朦朧のまま務め上げる。宮仕えの悲惨というか、すっかり体力を消耗して、京に帰ってからも咳病が続き、どうにか回復するまでに一年近くかかるのである。

　足を進めてゆくと、三棟の檜皮葺きの社殿の横に出た。玉石を敷きつめた前庭に、黒いスーツの男性や訪問着の女性が大勢集まって、何かの儀式の最中のようだった。バスで「中辺路探索」をしたときに参拝しているので、遠くから拝礼してから社務所を訪ねた。

　水色の袴を着けた若い神主さんが、「ずいぶん早く着きましたね」と迎えてくださった。宿坊担当らしいその神主さんに伴われ、正面参道の石段を下りて一ノ鳥居の脇にある宿坊「瑞鳳殿《ずいほうでん》」(2)に入る。一六畳以上ありそうな広い和室に通され、続いて廊下の先にある浴室や洗面所などの場所を教えられる。ひととおりの案内が終わり、前払いの宿泊料を受け取ると、「あとはご自由に。明日の朝は好きな時間に出発してください。玄関は開けたままでかまいません」と言い置いて、神主さんはあっさり出ていこうとする。いくつもある広い和室はどこも空き部屋で、館内に人けはない。

「あの～、もし何か（用事が）あったときはどうすればいいのですか？」

2．瑞鳳殿：TEL：0735-42-0009

「ああ、そのときは大きな声を出してください。上に宮司見習いが泊まっていますから、叫べば聞こえるでしょう」

「……」（緊急事態以外は、自主自律でやりなさいということらしい。）

まだ四時一五分。急いで外出し、すぐ隣の村役場に行く。役場の建物は熊野本宮大社を意識したデザインで、外観は和風建築の立派なホテルのよう。観光課を訪ね、明日からの大雲取《おおくもとり》小《こ》雲取《くもとり》越えのコースと宿泊先の紹介をお願いする。地図と、小雲取と大雲取の間にある集落の宿泊施設「小口《こぐち》自然の家」(3)のパンフレットを出してくださったが、山道の詳しい様子を知る人はいなかった。

早めの夕食をとろうと、役場を出たその足で店を探したが、二軒しかない喫茶店兼レストランがいずれも閉まっている。七時まで開いているはずのスーパーには「節電のため三時終了」の貼り紙。慌てて瑞鳳殿の隣の茶店「珍重菴」に行ってみたが戸締まりの最中で、「私たち、これから帰るところなんです」と気の毒そうに告げられた。最後にたった一軒小さな商店が開いていたので、近くに食堂がないか尋ねた。

「ここから二キロ歩けば中華料理屋があって、そこはやっていると思うけれどね。いまからじゃ、帰りが暗くなるしなあ」

と、若い店主と母親らしいおかみさんが顔を見合わせて答えた。近くにガソリンスタンドはあるがタクシー会社は見えないし、二キロ先の中華料理店まで往復する元気はない。幸い、その店に多少の食料品もあったので、アンパンと今川焼きがそれぞれ四つ五つ入った袋と、甘夏、プチトマト、ヨーグルト、牛乳、それにミネラルウォーターを買う。これ

3．小口自然の家：東牟婁郡熊野川町上長井
TEL：0735-45-2434

が今夜から明日の昼までの三食分で、いくら甘いものが好きな私でも少々辛いが、ほかにないのだから仕方がない。

「いつもはお弁当もあるんだけれど、きょうはもうないし……。何も四時前から店を閉めなくたっていいのに」と、袋に品物を入れながらおかみさんが同情してつぶやいた。

瑞鳳殿に戻り、ケータイで「小口自然の家」に予約を入れてから、四、五人でも悠々入れそうなタイルの浴槽に湯を入れ、たまった頃合いを見計らって入浴。このままお湯を捨ててしまうのももったいないので、ついでに洗濯もすませる。

アンパンと牛乳の夕食後、ロビーのテレビをつけて「天気予報」を見ると、明日までは晴天が続くが明後日は雨！　難所中の難所「大雲取越え」が雨のなかでできるだろうか。再度「小口自然の家」に電話して尋ねると、電話口の男性は、「大雲取は逃げ道がないし、道に岩が出ていて滑る恐れもあるから、雨ならやめたほうがいい」と答えた。また、「自然の家」は村人たちがボランティア的に経営している施設なので、明日の宿泊は可能だが、その後は畑仕事などもありしばらく休業になるという。

数は少ないが、小口から新宮へ行くバスがある。明日は小雲取越えだけにして新宮市へ行き、熊野速玉大社など観ながら天候の回復を待って熊野那智大社側から大雲取を越えよう。そうすれば、「御幸記」とほとんど同じ道順にもなる。「自然の家」はキャンセルし、新宮駅近くの「ステーションホテル新宮」(4)に予約を入れた。

「十七日。夜、雨降る。今朝、猶陰る。風甚だ寒し。明日、新宮に下向。船更以て之

4．ステーションホテル新宮：新宮市駅前7031-1
TEL：0735-21-2200

れ無しと云々。御所の召し以下、皆闕如と云々。病を扶けて、未の時許りに御所に参ず。以前に出でおはしまし了んぬ。芝僧供すと云々。御所（西向きの礼殿なり。公卿左右に候す。殿上人庭に候す）、前庭（両の塔の前）の東西行に筵を敷き、客僧の座となす。山伏各々其の徒を引率し、相替りて坐す。次第に之を引かれ了んぬ。即ち、起ちて又替る。今日、人々皆、楚々の装束を著く（長袴・張りの下袴。供花の時の如し）。予、独り存せず。日来御会の装束を著く。甚だ見苦しと云々。此の間、御前に参じて、心閑かに礼し奉る。祈る所は、只出離生死臨終の正念なり。僧供し了りて、御前に参ぜしめ候《給カ》ふ。次第に御所作し了り、昨日の如くに還りおはします。殿上人は御前にあり。公卿は御後にあり。次で山伏を御覧ず。要無きに依り、委しくは注せず（公卿殿上人又御所の近き辺りに候す。山伏の作法、恒例と云々）（御前に渡り、船に乗りて、向ひの山に入る）。寒風術無し。見了りて即ち宿所に入る。今夜、種々の御遊あるべしと云々。此の先達、験競《クラベ》の事を構ふと云々。所労に依り、宿所に臥す。」

「御幸記」一行は本宮に二日間滞在した。着いた日の夜から雨になり、翌日は船も出ないというので、一七日は予定外の停滞である。定家は病が回復せず、未の時（午後二時ごろ）に御所に参上する。夜はいろいろな遊びが催されたが、定家は宿所に帰って臥している。たった一日でも、定家にとっては貴重な休息日だったにちがいない。

「人間は入るな！」——小雲取越え

熊野本宮大社前から六時五一分の新宮行きのバスに乗り、七時に請川《うけがわ》で下車。ここは川湯、渡瀬、湯ノ峯温泉方面への分岐点にもなっている。小雲取越えの登山口を探すと、バスの進行方向へ少し進んだ国道の右側に青いスチール製の案内板と、距離を示す丸太の道標「熊野古道（小雲取越え）1」があった。

登りにかかる前に案内板を読んでいると、ランドセルを背負った小学校二年生ぐらいの男の子が人なつこい笑顔で「コンニチハ」と挨拶した。

「これから学校？」

「ウン。でも、まだ早いの」

少年と別れて石段を上り、まもなく杉の森に入る。一五分ほど上ると左手に熊野川の流れが見えてきた。

後鳥羽院の一行は、一八日に船であの熊野川をくだっていった。『中右記』の藤原宗忠らも七艘の舟で新宮へ下っているが、その舟は四、五人乗りで、二〇人ほどの下人を本宮に留め置いたとあるから、宗忠の一行は総勢五〇人ぐらいでの旅だったらしい。

この日、定家は「四艘の船」で出発した。四艘の船にそれぞれ何人ずつ乗ったのかはわからないが、『中右記』の当時と同じなら全部で二〇人ほどであろうから、定家らの四艘の船は先発隊だったのだろう。

本宮から新宮まで約三七キロの川船の下りは数時間だが、上り船は二人が船にかけた綱を岸で引き、一人が船を操って二日がかりで上ったといわれる。熊野川の川船は、近年には四〇人もの人を乗せて下るほどの大きさになり、大正期にはモーターのプロペラ船も登場して、国道168号が全面開通する昭和三〇年代まで人や物資を運んでいたという。「御幸記」の足跡を忠実にたどるなら船に乗りたいところだが、いまは熊野川を下る船はなく、わずかに北山川の渓谷「瀞峡《どろきょう》」を二時間で往復する観光のウォータージェット船が志古《しこ》から運行されているだけだ。

小雲取越えの古道は、山道にしては道幅が広い。草の葉にのった朝露の玉がキラキラ光っている。

「熊野古道（小雲取越え）4」の道標を過ぎたころ、行く手の繁みから灰色のけものが道に出てきた。野犬か、カモシカの子どもか、遠いのではっきりしないが、じっとこちらの様子をうかがっている。速度を落とさずに歩き続けていくと、けものは左側の森に姿を消したが、横向きになったとき大きなサルとわかった。もしかしたらそれはボスザルで、森の中には軍団が潜んでいたのかもしれないが、サルが消えたあたりを通り過ぎても物音ひとつしなかった。

「熊野古道（小雲取越え）7」を通過するころ、黒くて丸いフンが道の真ん中に落ちているのが目につき始める。「ここはオレたちの世界。人間は入るな」と宣言しているように

瀞峡

見えるが、落とし主は、野ウサギか、それともテンだろうか。

平坦で歩きやすい道が続く。森の杉も、きのう歩いた中辺路の山より細くて、丈は低いがきれいに枝打ちされているから明るい。短い石段を下りると、標高三〇六メートルの「松畑茶屋跡」に着いた。細い丸太を三本ずつ括ったベンチが並び、「歌声ポイント」の札もある最初の休憩地だが、松畑茶屋跡はイノシシの「ヌタ場」なのだそうだ。「ヌタ場」とは、体についたノミなどを取るために転げ回って体に泥をつけるぬかるみで、動物たちの風呂場みたいなもの。イノシシのほかに、イタチ、キツネ、タヌキなどもやって来るという。

そんな場所とはつゆ知らず、ここで今川焼きとヨーグルトの〝朝食〟をすませたが、後日、本宮町の語り部坂本勲生さんからこの話をうかがったときはびっくりして飛び上がった。たしかに、ジメジメしていたしぬかるみもあったが、熊野古道は大体湿気が多いから気にもとめなかった。ベンチで二〇分ほどの朝食タイムを過ごしていた間、動物たちが繁みの中からうらめしそうに睨んでいたかもしれない。

山中にしては比較的広くて快適な道。中辺路より歩きやすいのは、かつてこの道を熊野詣の旅人や商人たちがより大勢往き来した証だろうか。本宮大社の参詣を終えて海側の速玉大社、那智大社へ急ぐ人、霊験あらたかな温泉での湯治を楽しみに本宮大社へ向かう人々の足音や話し声が聞こえそうな気がする。

「熊野古道（小雲取越え）9」は、万歳《ばんぜ》峠を経て志古へ行く道と小口へ行く道の分岐点。右側の小口へのルートをとって登りにかかる。杉の森の裾を歯朶《しだ》が深々と覆う道を登りき

松畑茶屋跡

って、標高四三〇メートルの「百間ぐら」に着いた。左側の、岩がむきだしになった山肌に小さなお地蔵さまが据えられている。右側は断崖絶壁。深く落ち込んだ谷を隔てて、はるかに大塔の峰々が連なる。狭いスペースの曲がり角で、少々怖いが眺望絶佳！　約一〇分の休憩をとって風景を堪能する。

「熊野古道（小雲取越え）13」、杉林の崖下に車道がチラチラ見える。五分で下りきって車道を横切り、車道と並行した道を三〇メートルほど歩いてからまた登りにかかる。

右側の道端から突然「何か」がダダッと駆け下りていった。三メートルも行かないうちにまた同じ音。そこは杉林の崖で、地面は丈の低い雑木《ざつぼく》と歯朶に覆われているから姿は確認できなかったが、音からしてカモシカのような足の長い動物ではなく、大きなお尻で短足の動物らしかった。たぶん朝寝坊していたサルかイノシシが、私の足音に目を覚まして一目散に駆け下りたのだろう。彼らがどんなに驚いたかと思うと、おかしいやら申し訳ないやら。こんな道端でのんびり朝寝ができるほど、普段は人が通らないにちがいない。

ほどなく、標高四〇二メートルの「石堂茶屋跡」に着く。説明板によると、昔はこの山から砥石が出たらしい。そのため、「石堂」「石砥」「石道」などと表記され、里人は「イシンド茶屋」と呼んでいたという。さらに「大雲取の石倉茶屋と小雲取の石堂茶屋には吊り天井の仕掛けがあって、旅人を殺害し、金品を奪ったという物騒な言い伝えが残る」と記されている。人里からかなり離れていることや、名前の「石」の響きの連想、あるいは近隣の同業者が流した悪宣伝かもしれないとも書かれているが、事実無根ならひどい話だし、わざわざ説明板に書き残すべきエピソードとも思えない。

時の流れや、いま現在が「朝」の故かもしれないが、そんな事件があった跡の不気味さはない。さまざまな小鳥の声のすばらしく響く場所で、時間の許すかぎり聴いていこうと二〇分ほど東屋のベンチで〝コンサート〟を楽しんだ。

丸太の階段を登り、見晴らしのない四六六メートルの「桜峠」を越えて、標高四〇三メートルの「桜茶屋跡」に着いた。桜はまだ植えられて日の浅い若木らしい。ここは小雲取越えのビューポイントで、ログハウス風の東屋からしばらく熊野の山々のすばらしい眺望を楽しんで下りにかかる。ここを下ればもう小口の集落だ。

「椎ノ木茶屋跡」を経て石畳の急坂を下ると、眼下に集落が見えて、一二時一〇分、小和瀬の集落に入る。赤木川に架かる吊り橋の小和瀬橋を渡り一キロほど歩くと、「小口自然の家」のそばのバス停「小口」に着いた。午後のバスは三本だけで、新宮行きのバスは一七時五〇分しかないが、まだ一二時半にもなっていない。

大雲取小雲取越えは古道の難所中の難所と聞いていたが、小雲取越えにかぎってみれば、道幅も広くて、きのうおとといの中辺路よりはるかに歩きやすかった。小雲取越えだけの予定でのんびり歩いてきたが、初めからそのつもりで出発していたら大雲取越えもできたかもしれないという思いがチラリとよぎる。

ビニールトタンで囲んだバス停のベンチにザックを置いてバスの時刻表を眺めていると、六〇代ぐらいの女性が「どこまで行くの？」と話しかけてきた。「新宮へ」と答えると、「一五時三分のバスで行って、神丸《かんまる》で新宮行きのバスに乗り換えたらいい(5)」と教えてくれた。そして、「まだ時間があるから、退屈だったら円座石《わろうだいし》まで行ってみたら？　二〇分ぐ

桜茶屋跡付近

5．15時３分のバスは、その後「志古」で新宮行きに接続するように変更された。バスの時刻は、随時現地に問い合わせること。

らいで行けるから」と、概略の道も教えてくれて立ち去った。

バス停のそばの自販機でコーヒーを買い、多少うんざりしながら残りのアンパンと今川焼きで昼食をすませる。まだ一時、円座石は大雲取越えの入り口にある。那智大社側から来れば出口になり、いずれ歩く所ではあるが、時間潰しに行ってみることにした。空がしだいに雲に覆われてきた。

小口のたった一軒の民宿「百福」の脇を通り過ぎ、民家の間の石段を上ってゆくと、これまでに歩いた古道のどの道よりも鬱蒼とした杉の森に入った。あたりは静まりかえって薄暗く、厚く苔むした古い石段が続いている。まもなく左の道端に、ふかふかと柔らかそうな苔に覆われた大きな岩が現れた。円座石だ。熊野三山の神々が、この岩に座してお茶を飲みながらいろいろな相談事をするのだという。

「わろうだ」とは、藁や藺草《いぐさ》などを渦巻き状に編んだ円形の敷物のこと。傍らの石段の上から見下ろすと、高さ約二メートル、幅約七メートルという岩の上部にまるい座布団を敷いたような白い輪の紋様がいくつかある。岩の正面には本宮大社の阿弥陀如来、速玉大社の薬師如来、那智大社の観世音菩薩を表す三つの梵字が描かれている。いにしえの旅の修験僧の手になるものらしい。あたりには熊野の山独特の不気味な「気」が充満して、大雲取の深さ、大きさを予感させる。重い静寂は、人間がいてはお茶も相談事も始められないと、神様たちが息を殺して私の立ち去るのを待っているかのようだ。午後のティータイムのお邪魔をしないよう、早々に元の道を引き返す。

時計が三時を回り、待ちあぐねたバスが来て、一〇メートルぐらい先の斜向かいで乗客

赤木川（小口）

を降ろしている。そこにバスストップの表示はないし、ここは終点だから当然Uターンしてくるだろうとバス停に立って待っていると、しばらくして発車したバスはそのまま進んで山の向こうに消えてしまった。バスが停まっていた所は四つ角で、Uターンするスペースは十分あるのに、あのバスはどこへ行ってしまったのだろう……。乗りそこなったのだろうか。(6)

呆然と立ちすくんでいる私の前に、右の脇道からスッと現れた白い乗用車が停まり、助手席の窓が開いて四〇代ぐらいの男性が顔を出した。

「僕らはこれから新宮へ行くのですが、もし新宮のほうへ行かれるのでしたら、乗りませんか？」

なんということだろう。車も人もめったに通らない山間の小さな集落で、しかも新宮へ向かう車が停まってくれるなんて。これを「天の助け」というのか……と思ったとたん、印南《いなみ》の宿で見た「まさか」の夢を思い出し、背筋がゾクッと震えた。

ハンドルを握っているのは二、三〇代の男性。二人は三重県の会社に籍を置くビジネスマンで、助手席の男性は支店長。もうすぐ鮎釣りが解禁になるので、場所探しに来た帰りだという。二人はスーツ姿で、どうやらお忍びの遠出だったらしい。「お仕事の帰りですか？」という私の問いかけに、クスクス笑いながら事情を明かしてくれた。

車は熊野川沿いの道をぐんぐん南下していく。走りながら、助手席の支店長はときどき車を停めさせて川の様子を観察し、「いつもは緑色をしているのに、こんな深いコバルト色をしているなんて珍しい」などとつぶやく。一時間たらずで新宮市に入り、駅近くのガ

円座石

6．樹木の陰で見えないが、バスはいったん操車場に入り、定刻に戻ってくることが後日判明した。

ソリンスタンドで降ろしてくださった。

心からの感謝を述べてお別れをしたが、二人の名前も会社名もうかがわなかった。感謝の深さに反比例して、なぜか尋ねることができなかった。何も尋ねず、好意は好意として深謝して受ける、それが最大の礼儀のように思われた。それに、このときのことは熊野の不思議な出来事として心深く刻んでおきたかったし、彼らには、どこまでも「熊野権現のお使い」でいてほしかった。民話や伝説のたぐいはこんなふうにして生まれ、現実と想像と願望を交えて膨らみ、語り継がれるものなのかもしれない。

海と川の街に祀られた熊野速玉大社

予報が的中して朝から雨。大雲取越えを断念して、きのうのうちに新宮の街に移動したのは正解だった。ホテルのレストランで朝食をすませ、フロントで道順を教えてもらって熊野速玉大社へ向かう。

ホテルでもらった地図を見ながら、二〇分ほど歩いて熊野速玉大社[7]に着いた。雨に霞んだ朱塗りの社殿が神々しい。祭神は、記紀神話で国土創成の神と伝えられる女神イザナミと男神イザナキ。第一本社「結霊宮《むすびのみや》」に熊野結大神《くまのむすびのおおかみ》イザナミが、第二本社「速霊宮《はやたまのみや》」に熊野速玉大神《くまのはやたまおおかみ》イザナキが祀られている。「速玉」は、映え輝く神徳を意味する「映霊《はえたま》」が転化したもの。また、それまで神倉山に祀られていた神を西暦一二八年に現在地に遷《うつ》した

熊野速玉大社

7．熊野速玉大社：新宮市新宮1
TEL：0735-22-2533

ことから、神倉山の「元宮」に対して速玉大社を「新宮」と称したと、由緒に記されている。

一〇月の例大祭で、一五日の「神馬渡御式」は速霊宮の神事。一六日の「御船祭」は結霊宮の神事で、九隻の早船が熊野川で競漕するという。熊野川の河口にあって海にも近い速玉大社は、海運、漁業の守護神でもあったに相違なく、勇猛果敢な熊野水軍の厚い信仰も受けていたであろう。思うに「映霊」が「速玉」に転化していったのは、海や川を力強い速度で漕ぎ進む男たちの心意気が反映してのことではないだろうか。

速玉大社は一八八三（明治一六）年に火災に遭い、現在の社殿は一九五二年に造営された。本宮大社は一八八九（明治二二）年の大洪水で破壊され、九十九王子の多くが明治の神社合祀令で消失し、神仏習合で共存していた那智大社と青岸渡寺にも神仏分離令の嵐が襲う。明治という時代は日本の歴史の大きな転換期だが、存亡の危機ともいえる事態に直面した熊野三山は、まさに当時の日本の姿を象徴していたように思われる。

「十八日。天晴る。天明、宝前を拝す。河原に出でて船に乗る（充て給う所に一艘を加ふ。私に三艘并せて四艘）。共（下人等多く、力者の法師二人、止め了んぬ）侍三人・舎人一人・雑人等を略《はか》り定むるなり。覚本《イ闍梨》房老屈を称して参ぜず。円勝房を相具す（精進屋より伴ふ所の先達なり）。川の程に種々の石等あり（或は権現の御雑物と称す）。未の一点許りに新宮に著きて、拝し奉る。小時ありて御幸例の如し。前行す。先づ宝前に参ぜしめおはします。次で御所に入りおはします。次で立烏帽子にて帰参す。良々久しくして、出でおはします。御奉幣本宮の如し。予、祝師の禄を取る、前の如し。事了りて御経供養所に入りおはしますの間、私に奉幣。稠人例の如し。帰参して、御経供養の布施を取る。次で例の如くに乱舞。次で相撲あり。此の間、宿所に退下す。夜に入り、加持のため宝前に参ず。僧等参じ差《ちが》ひて、来会せず。仍て事の由を問ひ、先達に示し、御所に参ず。例の和歌訖りて退下す。又序あり。」

玉砂利を敷きつめた広い境内の一角に、朱塗りの柵に囲まれて「熊野御幸御泊所跡」の説明板が掲げられている。九〇七年の宇多法皇から一二八一年の亀山上皇まで、熊野に詣でた歴代の上皇や女院が泊まられた跡はいまは樹木が繁るのみで、当時どんな建物があったかは想像できない。むろん、後鳥羽院もここに泊まられたのであろう。一〇月一八日午後二時ごろ到着し、本宮と同様に参拝して祀り事が行われ、夜には和歌会が開かれている。

熊野速玉大社の「熊野神宝館」（開館時間：九時〜一六時／有料）には、国宝や重要文化財が多数展示されている。まず目に映ったのは、足利義満(8)奉納の「金銅装神輿」と「朱塗り神幸船」。ともに神事用だが、実際に人がゆったり乗れる大きさで、入念な細工と塗装が施されている。神輿の重量は約一五〇貫（五五五キロ）もあるらしい。おそらく義満は、これほどきらびやかではないにしても普段この神輿に近い形の輿に乗っていたかもしれない。

全長七・二六メートルの神幸船は、天和年間（一六八一〜一六八四）に新宮の木材問屋

8．足利義満（1358〜1408）：室町幕府３代将軍。1392年、南北朝合一を成し遂げ、土岐・山名・大内など有力守護を制圧して幕府の権力を確立。1394年、将軍を義持に譲った後、京都北山に別荘「北山殿（金閣）」を建てて移り住んだ。義満の没後、北山殿は遺命により寺（鹿苑寺）とされた。

有志が江戸鉄砲州に発注して製作し、奉納したという。なぜ、わざわざ遠い江戸で造らせたのかと不思議に思ったが、考えてみれば地理上では遠くても、海の道を使えば江戸は新宮の〝隣〟のような存在なのだ。新宮は古くから海運が盛んで、木材を船で直接江戸へ運んでいた。その木材運搬船などを介して、進取の気性の強い新宮には、早くから江戸の文化が持ち込まれていたといわれている。

　館内には、室町時代に朝廷より奉納された「彩絵《さいえの》桧《ひ》扇《おうぎ》」、化粧道具を入れた「蒔絵手箱」、色糸を貼り合わせた中世の造花「挿頭華《かざし》」（宮中で儀式の際、冠に使用された）などの珍しい品々が所狭しと並べられている。下襲《したがさね》と単衣《ひとえ》の間に着用する「袙《あこめ》」も展示されていたが、「御幸記」の一〇月五日、定家の旅立ちの衣装のなかに「袙」の名が出てくる。展示品の袙は草色と金糸の華やかなものだが、定家が着けた袙は「浄衣」だから白だったろう。展示品の袙は美しく温かそうだが、旅の衣装としては不向きで、たぶん定家は身丈や袖丈ももっと短いものを着けたにちがいない。衣服が軽く、しっかりしたウォーキングシューズがあればこそ熊野古道を歩きたくもなるが、この袙で草鞋では、私だったら家から一歩も出る気になれなかったろう。

　展示品には、弥生時代の「銅鐸片」や縄文時代の「土器片」もある。「袈裟襷文銅鐸」は神倉山のゴトビキ岩の下から出土したもので、サヌカイトの打製石斧や縄文式土器片は、一九六〇年、大鳥居工事の際に発見されたものという。このあたりに、有史以前から人が住んでいた証だ。

境内には、朱塗りのかわいらしい「八咫烏《やたがらす》神社」も祀られている。『古事記』によれば、八咫烏は、のちに神武天皇と呼ばれる神倭伊波礼毗古命《かむやまといわれびこのみこと》が大和に入るときに道案内をした天の使いという。

司馬遼太郎は小説『八咫烏』で、八咫烏を出雲族と海族の混血で、勝浦に住んでいた一人の青年と想定している。青年は、勝浦に上陸したイワレ彦率いる海族軍を出雲族の住む大和まで案内する役目をおおせつかる。険阻な山道ではイワレ彦を背負って登ることもあり、肌浅黒く背の高い青年の肩に担がれたイワレ彦が熊笹の原を分けて進む様子は「遠くからみると、小柄な神が巨大な鳥にのってひらひらと飛んでいるようにみえた」と表現している。

『古事記』の伝承の正否はさておき、古代においてひとつの軍団が熊野に上陸し、陸伝いに大和に侵攻したこと自体はありえない話ではない。また、正面攻撃では太刀打ちできないほど強大な勢力をもった集団が、早くから大和平野を支配していたというのも想像に難くない。大和平野の南は険阻な山脈が要害の役割を果しているから守備も手薄で、熊野側からの侵攻は戦略的には敵の意表を突く作戦だったかもしれない。しかし、鳥や獣の後を追って偶然越えられるような単純な地形ではないから、確かな案内人を必要としたにちがいなく、そう考えると司馬遼太郎の「八咫烏＝地元の人間」説は納得できるし、想像の楽しさが膨らむ。

「八咫」は「大きい」という意味。中国の伝説でも、八咫烏は太陽の中に住む三本足のカラスで「日の神」といわれ、日本サッカー協会のシンボルマークに採用されて一躍有名に

八咫烏神社

なったが、熊野三山では「熊野牛王符《ごおう》」（「熊野三山編」の扉参照）のデザインに使われている。「熊野牛王符」は中世以来、厄払い、家内安全、病回復の神札として熊野比丘尼や修験僧によって全国に配布され、熊野詣の人々はこれを拝受することを慣習にしていたという。とくに戦国時代以降は起請文（誓約書）に使われ、牛王符の裏に約束事をしたためて「神にかけて」誓った。これは「熊野誓紙」「牛王誓紙」などと呼ばれ、違約すれば天罰必定と恐れられた。かの豊臣秀吉も、おのれの亡き後、秀頼に忠誠を尽くすことをこの牛王誓紙を用いて重臣たちに誓わせたといわれている。

新宮市内散策

神倉神社―浮島の森―徐福公園―新宮駅あたり―丹鶴城跡

速玉大社から国道沿いに二〇分ほど歩いて、熊野速玉大社の元宮《もとみや》「神倉神社《かみくら》(9)」に着いた。巨大なガマガエルが天を仰いでいるような「ゴトビキ岩」を祀る神社である。ちなみに、「ゴトビキ」とは大きなカエルの意味。

朱塗りの小さな橋を渡って、鳥居をくぐり、社務所の前の狭い参道を左に進むとまた鳥居があって、その下に賽銭箱が置かれている。その後ろに、不揃いの切り石を積み重ねた、急傾斜の古い石段がうねるように天に向かって上っていた。賽銭箱の位置から見上げても、ゴトビキ岩はまったく見えない。参拝だけならここからでも構わないようだが、御神体を間近に仰ぐにはこの石段を上らねばならないらしい。

9．神倉神社：新宮市神倉1-13-8　TEL：0735-22-7059

意を決して上りにかかる。石段は高さも幅もマチマチで、急坂の足がかりに、とりあえず石をはめ込んだだけのように見える。幅が狭くて、横向きにしないと靴が乗らない所もある。すり減った石は雨で滑りやすくなっているが、手すりはない。右手に傘、左手にストックで、足元の確かな石を選びながら源頼朝（一一四七～一一九九）が修築したという五三八段の石段をようよう上りきった。石段が終わった所は、地上六〇メートルの断崖の上の平坦地。奥の鳥居をくぐった先に小山のような巨岩が重なり合い、その上にひと抱えもあるほどの太い注連縄を巻いたゴトビキ岩が鎮座して聳え、朱塗りの祠が祀られていた。何千年間も、よくも落下せずにいるものだ。

この岩の下から弥生時代の銅鐸片が発見されているが、それ以前の、ずっとずっと大昔からゴトビキ岩はここにあったのだろう。『日本書紀』でイワレビコが上ったとされる「天磐盾《あまのいわだて》」もこの神倉山と推測されている。ここからは、新宮の市街から彼方の海まで見渡せる。御神体と仰がれるにふさわしい迫力に圧倒されながら、大自然の前にひれ伏した古代人の思いが如実に感じられた。

さて帰ろうと、石段の上から見下ろして背筋が寒くなった。石段は途中から急傾斜で落ちていて、麓が見えない。右手の眼下には新宮の町並みが広がっていて、我が身が空中に浮かんでいるような気がする。ひとたび足を踏み外せば、雨に濡れた古い石段を転げ落ちることは必定で、ストックで支えても膝が震える。しかし、逃げ道はない。助けに来てくれる人もいない。いかに恐ろしかろうと、ここは自力で下りるしかない。傘は畳んでバッグに入れ、震える足で雨の石段を一つ一つ踏みしめながら下り始める。昔の旅人や修験者

神倉神社の石段上り口

は、荒磯のもっと滑りやすい岩場や目の眩むような断崖絶壁を乗り越えていったはずだ。それに比べれば……と、自分に言い聞かせながら足を運ぶうちにしだいに平常心に戻り、無事に麓に下り立つことができたが、しばらく心臓の鼓動が鳴りやまなかった。

新宮駅に向かって帰る途中、市街地の真ん中に残された珍しい「浮島《うきしま》の森」[10]に立ち寄る。そこでは文字どおり、島が沼に浮かんでいて、寒暖両性の混生植物群落がある。八五×六〇メートルのほぼ方形の島の周囲は遊歩道がめぐり、木道を伝って一三〇余種の植物が鬱蒼と生い繁る島へも渡れるようになっている。

後日、「歴史民俗資料館」[11]の館長さんからうかがった話では、浮島の森は一九二七（昭和二）年に国の天然記念物に指定されたが、そのころは沼がもっと広くて、風が吹くと島が風下に移動し、島に渡した橋が沼に滑り落ちるようなこともあったという。いまは沼地が格段に狭くなったため島が移動することはないが、沼が小さくなったのは、やはり都市化の影響らしい。

島が浮くのは、植物の遺体が積もった泥炭でできているためで、六〇〇〇年前の縄文時代の終わりごろ、海が陸地から退いた後の沼沢地にできたものという。管理が行き届いているとはいえ人の気配がなく、島が薄暗くなるほど密に繁った樹木の中は不気味だ。こうした所の例にもれず、ここにも美しい娘が大蛇に飲み込まれて底無し沼に引きずり込まれ、二度と出てこなかったという伝説が残されている。

浮島の森は「藺《い》の沢《ど》の森」とも呼ばれ、昔は修験者以外、人の立ち入ることのない霊地

10. 浮島の森：
開園＝９時～17時（12月～２月は16時まで）／有料
＊JR 新宮駅より徒歩５分。
＊問合せ先＝新宮市役所商工観光課
TEL：0735-23-3333

11. 新宮市立歴史民俗資料館：新宮市阿須賀１-２-28
TEL：0735-21-5137
開館＝９時～17時（12月～２月は16時まで）／有料
休館＝月曜（祝日は開館）／祝日の翌日／12月28日～１月３日
＊新宮駅から徒歩12分。蓬莱山麓「阿須賀神社」境内。

だったとか。上田秋成の『雨月物語』にある「蛇性の淫」は、この藺の沢のイメージや伝説が下敷きになっているらしいが、「藺の沢」という文字からも、まだ人家が少なかった時代のこのあたりの情景が想像される。伝説は、ある程度事実だったのではあるまいか。

浮島の森から一歩外に出れば、上田秋成の世界とは皆目無縁の明るい市街が広がっている。……でも、この市街の地下はどうなっているのだろう。浮島の森のような沼は本当にここ一か所だけなのだろうか。

「浮島の森」から商店街を五～六分歩いて、新宮駅のすぐそばの「徐福《じょふく》公園[12]」へ。あたりがパッと明るくなるような、華やかな色彩の中国風の楼門が新宮の街の雰囲気に違和感なく溶け込んでいる。きれいに手入れの行き届いた園内には天台烏薬《てんだいうやく》が植えられ、マリーゴールドが彩りを添えて「徐福」に関する碑などが立つ。

徐福は、秦《しん》の始皇帝《しこうてい》（紀元前二二一年に中国を統一した初代皇帝）に命じられ、不老長寿の霊薬を求めて渡来したと伝えられている。徐福は天台烏薬が阿須賀神社のある蓬萊山に自生していることを発見し、その後は土地の人々に捕鯨、農耕、医薬、紙漉きなど、中国の新技術を教えてここに定住したといわれる。古来、妙薬とされた烏薬はクスノキ科の常緑低木で、根が健胃剤になる。本州では熊野に自生しているだけで、中国の天台山産の烏薬がもっとも良質なことから日本の本草学者が「天台烏薬」と名づけたという。

徐福伝説は日本各地に残り、熊野への渡来は伝説にすぎないかもしれないが、海に向かって開かれた新宮には昔から黒潮に乗って漂着する人々がいて、土地の人たちは何のこだ

徐福公園

12．徐福公園：新宮市新宮7178
TEL：0735-21-7672

わりもなく助け、受け入れていたのは確かなことだろう。雨が降っていても、新宮市の空気は明るい。

熊野速玉大社から国道42号を横切って新宮駅に着くまでの間には、新旧さまざまな店が並ぶ賑やかな商店街があるが、駅前は意外に閑散としている。駅前広場の中央に繋るフェニックスの下には、童謡「鳩ぽっぽ」の作詩者東《ひがし》くめ(13)を記念した歌碑とモニュメントが立ち、その周りでのどかにハトが遊んでいる。ロータリーにはタクシーも並んでいるが人通りはそれほど多くない。

駅の脇の踏切を渡って右の小路に入ると、集合住宅の間の小さな空き地に「中上健次誕生の地とその付近」と題した説明板があった（二五七ページ参照）。健次の原点であり、『岬』をはじめいくつかの作品の舞台ともなった所だ。健次が没してからはや一〇年。時代は急速に動いているのだろうか、あたりはきれいに整備されていて小説のなかのイメージからは遠いけれど、熊野に残した健次の大きな足跡が消えることはないだろう。

昼食に、駅前の小さな寿司店に入った。にぎり、ちらし、海苔巻きなどのメニューのなかに「サンマ姿寿司」があった。佐藤春夫(14)の詩にも「秋刀魚の歌」があるが、熊野灘のサンマは美味でサンマ姿寿司は郷土料理の一つ。さっそく、それをいただくことにした。背開きにして塩漬けし、さらに柚子や橙の酢漬けにしたサンマの押し寿司がまるごと一匹分、頭も尾もついたまま、一口大に切り分けて皿に盛られていた。一皿でも食べきれないほどだったが、臭みもなく、さっぱりとして実においしかった。

13. 東くめ（1877～1969）：新宮市出身の童謡作詩家。東京音楽学校卒業後、音楽教師として府立第一高女付属幼稚園に勤務。音楽学校の後輩である滝廉太郎と協力し、「鳩ぽっぽ」「お正月」「水あそび」など、日本で最初に口語体による童謡を作詩した。
14. 佐藤春夫（1892～1964）：新宮市出身の詩人・小説家。1910年上京し、生田長江・与謝野寛に師事、『三田文学』『スバル』などに詩集を発表する。1930年、親友の谷崎潤一郎前夫人千代子と結婚。『佐藤春夫詩集』『田園の憂鬱』『晶子曼陀羅』ほか作品多数。日本芸術院会員。1960年、文化勲章受章。熊野速玉大社の境内に隣接して、東京の旧邸を移築復元した「佐藤春夫記念館」がある。

新宮駅は南紀の交通の要である。鉄道はＪＲ紀勢本線が紀伊半島を一周していて、新宮駅は和歌山からの紀勢本線（きのくに線）と名古屋からの紀勢本線、双方の終着駅（名古屋からの特急は紀伊勝浦まで行く）である。バスは、南紀各方面のほか、京都、大阪、東京方面へのハイウェイバス、紀伊半島の中央を抜ける特急バスなどが発着しているし、そのほか南紀白浜には飛行場があり、那智勝浦には長距離フェリーの港もある。

だが、南紀が便利になったのは近年になってからのことだ。それまで主役だった船に代わって新宮—勝浦間に軽便鉄道が開通したのは一九一三（大正二）年のことだが、三重県側の尾鷲《おわせ》—熊野市間の紀勢線がなかなか通らなかった。曽根トンネル（二九三三メートル）が貫通し、最後に三木里《みきさと》—新鹿《あたしか》間（一二・二キロ）が開通して、紀伊半島一周の紀勢本線全線が開通したのは一九五九（昭和三四）年。特急くろしおが登場するのはさらに六年後のことで、東京から南紀に帰省する人たちは、ごく最近まで冗談まじりに「往きに二日、帰りに二日もかかるんです」などと言っていた。東京—那智勝浦—高知を結ぶフェリー「さんふらわあ」が就航したのも一九七三年のことだ。現在では一万二〇〇〇トンの大型カーフェリー「マリンエキスプレス」[15]が川崎港から那智勝浦港までは週三便、那智勝浦港から川崎港までは週一便就航している。

交通至便になったとはいえ、かつて「隠国《こもりく》」とか「陸の孤島」と呼ばれた南紀熊野は、今日でも「遠い」と覚悟しておいたほうがいい。天候などの事情でハプニングが起こることもままあるからだ。私の親戚の家族は、東京からフェリーで那智勝浦に行こうとして台風に遭い、那智勝浦港に接岸できずに四国の高知で〝観光旅行〟するハメになった。私自

新宮駅

15. マリンエキスプレス：予約／問合せ先
関東地区　03-5540-6921
関西地区　06-6616-4661
九州地区　0982-55-9090

身も二〇〇一年秋に「花の窟」に向かったときは、豪雨でダイヤが大幅に乱れ、大阪から熊野市駅まで普段なら四時間余りのところを、普通電車とバスを乗り継ぎながら一二時間の長旅となった。また、紀伊山地では、豪雨や積雪のときは車が通行規制されることもある。

熊野川のほとりにある「丹鶴《たんかく》城跡公園[16]」の高台に上ると（樹木が繁っているので三六〇度というわけにはいかないが）、雄大な景色を目にすることができる。対岸の三重県との間に驚くほど川幅を広げて悠然と流れる熊野川、上流に紫に霞んで折り重なる山々、透明な光に包まれた向こう岸の村、新宮市街、その先に果てしなく広がる紺碧の太平洋熊野灘……。見惚れるだけでなく、なぜか心が落ち着き、元気が湧いてくる南紀の景観と光——これは、険しい山塊に陸上交通を阻まれたこの地に生きる人々への、天からの最大の贈りものに相違ない。

花の窟の祭り——三重県熊野市

『日本書紀』に、次のような一節がある。

〜　一書《あるふみ》に曰はく、伊奘冉尊《いざなみのみこと》、火神を生む時に、灼《や》かれて神退去《かむさ》りましぬ。故《かれ》、紀伊《きの》

16. 丹鶴城跡公園：城跡を整備して市民に開放した公園（無料）。新宮には、関が原合戦後に浅野家（1代）が、のちに紀州徳川家の家老水野家（10代）が入って「新宮城」を築いたが、廃藩置県で廃城となった。1875年、建物はすべて取り壊され、いまは石垣だけが残っている。「丹鶴城」の名は、築城以前の同地に、源為義（1096～1156）の娘丹鶴姫が開いた丹鶴山東仙寺があったことに由来。太平洋を一望できることから「沖見城」とも呼ばれた。

国《くに》の熊野の有馬村《ありまのむら》に葬《はぶ》りまつる。土俗《くにひと》、此の神の魂《みたま》を祭るには、花の時には亦《また》花を以《も》て祭る。又、鼓《つづみ》吹《ふえ》幡《は》旗《た》を用《も》て、歌ひ舞ひて祭る。

三重県熊野市有馬町の「花《はな》の窟《いわや》」は、火神カグツチを産むときに焼かれて亡くなったイザナミが葬られた所といわれ、毎年二月二日と一〇月二日に『日本書紀』そのままの神事が行われていると知って友人と訪ねてみた。前日は、雨の多い熊野でも珍しいと地元の人も驚くほどの豪雨だったが、一〇月二日の祭りの当日は空気も澄んで、みごとな快晴となった。

熊野市駅から歩いて一五～二〇分ほど、海沿いに走る国道42号の内側の森の中に「花の窟神社」[17]がある。この神社には社殿はなく、七〇メートルほどの岩壁がそそり立つ岩山を御神体として祀っていて、そこにイザナミが葬られているらしい。私たちが到着したときはまだ準備中で、岩壁の前に緋毛氈《ひもうせん》を敷いた祭壇が設けられ、境内の一隅で、「お綱かけ神事」（県の無形文化財）に使われる長い縄に小菊などの生花を一束ずつ括り着ける作業が行われていた。縄は、この日のために地元の人たちが手にマメをつくりながら綯り合わせたという荒縄である。

祭壇は、竜胆《リンドウ》、女郎花《おみなえし》、薄《ススキ》、秋桜《コスモス》など、秋の野花で飾られている。これは、「その土地に咲く花で」をテーマに、ボランティアで国際的な活動を続けている東京の華道家、宮内流家元の宮内信江さんがイザナミに捧げて生けたもの。宮内さんは、華道史を調べるなかで、『日本書紀』に登場するこの神事が華道の原点ではないかと思い至った。そして三年

17. 花の窟神社／お綱かけ神事／産田神社：問合せ先＝熊野市役所商工観光課 TEL：05978-9-4111

イザナミの窟の頂から花の綱が張られた

花の窟神社

祭事の生花を綱に結ぶ

七里御浜まで綱を引く

宮内信江さん

衣冠束帯姿の神主さん

神楽舞

前に献花を申し出て以来、熊野の野山で摘んだ花を素材にした宮内さんの生花が花の窟神社と産田《うぶた》神社に手向けられ、お綱かけ神事を一段と美しく彩るようになったことを地元紙が伝えている。

神事が始まるまでの間に、二キロほど離れた産田神社を訪ねた。イザナミがカグツチを出産した所とも、イザナキが亡き妻のイザナミを捜しに行った黄泉の国の入り口とも伝えられている。花の窟神社と産田神社はセットになっているようで、行き交う人はこの日の神事に訪れた人たちらしい。女神の祭りだから、参詣者も圧倒的に女性が多い。途中、前日の豪雨で農道の一部が陥没して少々回り道になったが、熊野の空気がそうさせるのか、畑の間の道を、みな、ゆったりと楽しげに語らいながら歩いている。

産田神社は、花の窟神社よりもさらに鬱蒼とした森に包まれていた。静まりかえった参道の奥に社務所があるが、神主さんは花の窟神社のほうへ行ってしまったらしく、人の気配がない。社務所の奥に賽銭箱が置かれ、さらにその奥の、大きな白い玉石を敷いた中庭に板塀で囲まれた社殿が祀られていた。

小柄な老女が、「ここまでは入っていいのよ」と言いながら、もの馴れした様子で靴を脱ぎ、玉石の中庭に入って正座し、社殿に向かって合掌した。居合わせた参詣の人たちもみな老女にならって靴を脱ぎ、中庭に入って社殿に合掌して帰っていったが、老女は立ち上がって場所を移し、社殿の右端と左端でそれぞれ同様の祈りを捧げている。老女の前の地面には低く石が積まれていたが、そこは「神籬《ひもろぎ》」で、イザナキ、イザナミが座した場所だと低い声で教えてくれた。「神籬」とは、上古、神祭のとき、清浄の地を選んで周囲に

神籬に祈る老女

常磐木を植えて神座としたもの（『日本国語大辞典』参照）で、ここには社殿のなかった古代の神祭の方式がそのまま残されていたのだった。神社が社殿を造るようになったのは、華やかな寺を造る仏教の影響といわれている。

花の窟神社へ戻る前に、花屋に立ち寄って「お綱かけ神事」の花束を買い求めることにした。どんな花でもいいということだったので、友人は赤と黄の小菊を、私は白菊をそれぞれ束ねてもらい、境内で神事の縄に結びつけていただいた。

まもなく「お綱かけ神事」が始まった。色鮮やかな衣冠束帯に身を包んだ神主さんが数人現れ、祭壇の前での祝詞《のりと》が終わると白衣《はくえ》の青年たちが御神体の巨岩に裏手から登り、断崖の真上から重りをつけた綱を静かに下ろしてきた。下で待ち構えていた人たちが重りをはずし、その綱にたくさんの花束を結びつけた縄の先端を結んだ。岩の上の青年がそれを徐々に引き上げ、青空の光の中、色とりどりの花束が舞うように空中高く上ってゆく。岩山の頂に綱が固定されると、参詣者全員が太い綱を支えて国道を横切り、雄大な熊野灘が広がる七里御浜の海岸まで引いてゆく。巨岩の頂から海へ長々と張られた綱——それはイザナミが花の香りに目覚めて諸手を大きく差し伸べ、人々を祝福する姿のようにも見える。

国道の車を遮らないために一時間ほどで縄は元に戻され、その後、御神体の前にしつらえた祭壇の緋毛氈《ひもうせん》で少女たちの神楽舞が長い間奉じられた。七里御浜の波打ち際は、白、緑、黄、黒、赤……といった色とりどりの小さな玉石で埋め尽くされていた。万物創成の女神が眠る地と伝えられるにふさわしい、美しい海辺の美しい神事だった。

花の窟神社で配られた「お綱かけ神事」の図（1844年の版木による）

自然信仰の霊気漂う地
熊野那智大社－那智山清岸渡寺

熊野速玉大社を訪ねた日は終日雨が降り続き、午後は新宮駅前一二時二五分発の定期観光バスで熊野那智大社へ行くことにした。乗客は、母娘二人連れと年配の男性三人、それに私の計六人だけ。「見ている間だけでもやんでくれるといいんだがなぁ」と、六〇代ぐらいの男性がぼやく。

バスは、熊野速玉大社に立ち寄ってから国道42号を南下して熊野那智大社へ向かった。走りながら、右手の神倉神社とゴトビキ岩についてのアナウンスが流れる。国道からもゴトビキ岩はよく見える。ゴトビキ岩を頂いた千穂ヶ峰には樹木が繁っているが、どうやら千穂ヶ峰自体が岩山のようだ。国道を右折し、「補陀洛山寺《ふだらくさんじ》」を右に見て、那智川をさかのぼるように那智山登山道（県道46号）を上ってゆく。左側の「大門坂」[18]あたりには、これまでの古道沿いの杉とは比べものにならないほど太い吉野杉が鬱蒼と繁っている。ヘアピンカーブの続く急坂を上り、「那智ノ滝」に着いて乗客たちはバスを降りた。

「那智」の語源は「難地」。那智山の開基は四世紀にインドから熊野浦に漂着した裸形《らぎょう》（裸行）上人で、那智ノ滝で観音菩薩を感得したことに始まると伝えられている。浜辺の補陀洛山寺を開いたのも裸形上人だが、寺名のもととなった補陀洛山はインドの南海岸にあって観音が住むという伝説の山。上人は、那智一帯を観音の聖地と信じたようだ。

滝見台の下段は、観光客でごった返している。私は人の少ない上階へ上がった。降りし

18. 大門坂：那智山麓から熊野那智大社へ続く267段・約600メートルの石畳の旧参道。徒歩約20分、坂を登りきったあたりに大門があったことから大門坂と呼ばれた。両側に繁る130本あまりの杉並木は県の天然記念物。登り口の左右にある夫婦杉は樹齢約800年。登り初めてまもなくの道沿いに、九十九王子最後の多富気王子跡の石碑がある。

きる雨の中、大自然の力を誇示するかのように、一三三メートルの断崖を流れ落ちる那智ノ滝が折からの風に煽られて右に左に大きく揺れていた。あたりを包む熊野の霊気と瀑布の轟きが、原始の自然への畏怖心を二一世紀の私のなかに呼び覚ます。延々と歩き続けてきた熊野詣の人たちは、旅の終着に待ち構えていたこの大滝をどんな思いで見つめたのだろう。

フランスの文豪で日本美術に造詣の深い元文化相のアンドレ・マルロー（一九〇一～一九七六）は、一九七四年五月に来日のおり、根津美術館の国宝「那智の滝図」に接して深く心を動かされ、さらに熊野を訪れて実際の那智ノ滝と向かい合ったとき、「めったに私は自然というものに感動させられたことはなかったが……」と言葉少なに呟いたという。那智ノ滝は、古代から現代まで、また洋の東西も問わず、あらゆる人と心の奥底で交わす〝言葉〟を備えているらしい。

那智ノ滝からさらに山を登り、熊野灘の絶景が見渡せるという標高五五〇メートルの「那智山見晴台」に着いて、形ばかりバスは停まった。運転手さんが、「あいにくきょうは何も見えませんが」と気の毒そうに告げる。それでもいちおう全員降りて、見晴台に建立された「満願成就」の白い大きな阿弥陀如来像にそれぞれ灯明を供えた。夕方のように暗い雨の中、阿弥陀如来の台座をぐるりと囲む小さなロウソクの明かりが幻のように浮かび上がる。

絶景になるはずの熊野灘は、もののみごとに灰色の〝緞帳《どんちょう》〟で隠されてしまっていた。あたりは何もかも灰色に包まれて、見えるのはシルエットと化した森と阿弥陀像とロウソ

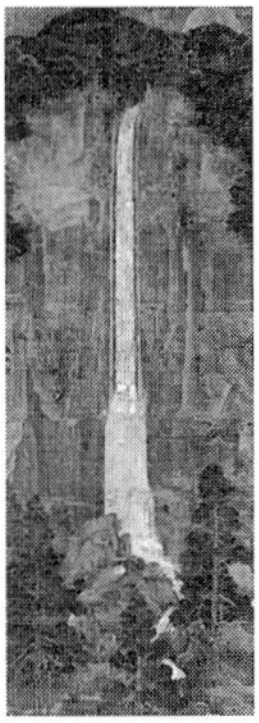
那智滝図（13世紀末）
（根津美術館蔵）

那智ノ滝

クの灯だけ。これほど徹底的に〝見えない〟と、灰色の緞帳が上がればそこに常世の国が広がっているような気がしてくる。

バスに戻り、最後の観光ポイント「熊野那智大社」「那智山青岸渡寺」へ向かう。

「十九日。天晴る。遅明に宿所を出で、又道に赴く（輿を持ち来たる。仍て猶之に乗る。伝馬等、僅に参ず。師沙汰し送る。先達の侍等之に乗る）。山海の眺望、興無きにあらず。此の道に又王子数多御坐す。未の時、那智に参著す。先づ滝殿を拝す。嶮岨遠路、暁より食せず。無力極めて術無し。次で御前を拝し、宿所に入る。小時ありて御幸と云々。日入るの程、宝前に参ず。御拝《（奉幣）》の間なり。又祝師の禄を取り了んぬ。次で神供を供せしめおはします。別当、儲くる所なり。公卿次第に取り継ぐ。一万十万等、御前の殿上人猶次第に之を取り継ぐ。予、同じく之を取る。次で御経供養所に入りおはします。例の布施を取る。次で験クラベと云々。此の間、私に奉幣し、宿所に退下す。深更御所に参ず。例の和歌訖りて退下。二座なり。一は明日香と云々。窮屈病気の間、毎事夢の如し。」

定家は朝から何も食べられないまま新宮の宿所を出て輿に乗り、未の時（午後二時ごろ）に那智に着いた。「先づ滝殿を拝す」とあるだけで、滝に関して何の記述もないのはよほど体調が悪かったのだろう。夕方から参拝の儀式が始まり、ここでも夜は御所で二座の和歌会が開かれている。

土産物店の並ぶ四七三段の長い石段を上る。明治の神仏分離令で、それまで一つにまとまっていた寺と神社の多くが強引に引き離されたが、ここは珍しく神仏習合の姿をとどめていて、熊野那智大社と青岸渡寺が同じ境内に中門を隔てただけで仲良く並んでいる。

右側の「那智山青岸渡寺[19]」は、西国三十三観音霊場の一番札所でもあって、参詣の人が絶えない。本堂は一五九〇年に豊臣秀吉が寄進したもので、国の重要文化財。明治初年、廃仏毀釈の難に遭って、いったんは廃堂となった観音堂を、一八七四（明治七）年に天台宗の青岸渡寺として蘇らせたものだ。境内の奥に朱塗りの鮮やかな三重塔が建ち、その向こうに原生林の中から流れ落ちる那智ノ滝が見える。三重塔は一九七二年に再建されたコンクリート建築で、最上階は那智ノ滝を望む展望台になっている。

左側が「熊野那智大社[20]」。主神は千手観音を本地仏とする熊野夫須美大神イザナミ。「夫須美」は「結《ムスビ》」「産《ムスビ》」と同義語で「生み出す」という意味。「ムスコ」「ムスメ」の語もこれに由来する。なお、全国三〇〇〇有余社を数える熊野神社の多くが、万物創成の女神イザナミを主神に祀っているという。

また、熊野三山には「十二所権現」が祀られているが、熊野那智大社だけは「飛瀧《ひろう》権現」と呼ばれる第一殿の滝宮（大己貴命／千手観音）が加わって「十三所権現」が祀られている。大己貴命《おおなむちのみこと》の別名は大国主命。熊野那智大社の宮司さんの言によれば、「大国」とは日本の国土といった狭いものではなく、宇宙全体を表現した尊名だという。

熊野那智大社も青岸渡寺も開基は裸形上人であり、那智ノ滝（「大滝」「一ノ滝」ともいう）を神聖視して観世音を祀り、修験道の根本道場として信仰を集めた。ここには神道も

19. 那智山青岸渡寺：
東牟婁郡那智勝浦町那智山8　TEL：0735-55-0404
20. 熊野那智大社：東牟婁郡那智勝浦町那智山1
TEL：0735-55-0321

仏教も包み込んでしまう、大自然に根ざしたおおらかな信仰がいまも息づいている。

補陀洛渡海——「那智参詣曼荼羅図」

観光客のひしめく本殿、本堂を早々に出て、熊野那智大社の宝物殿を訪ねると、入り口の正面に、あの「那智参詣曼荼羅図」（複製）が掲げられていた[21]。オリジナルは室町時代に制作されたもので、一六〇×一五〇センチ。布教のためとはいえ、熊野比丘尼はよくもこんな大きな絵を携えて歩いたものだ。一人ひとりの旅人の描写が精密で、熊野詣のありさまがよくわかる。

「曼荼羅図」の補陀洛渡海には、やはり強烈な印象を受ける。那智は観世音菩薩が住む補陀洛浄土の東門と考えられ、補陀洛山寺の住職を中心に、平安時代初期から江戸時代中期までたびたび補陀洛渡海が行われた。

補陀洛山寺[22]の境内にある御影石の記念碑には、八六八年から一七二二年までに補陀洛渡海した二五人の名が刻まれ、裏山には渡海上人の墓がある。また、かつて渡海船が出航した那智浜は、補陀洛山寺を出て国道42号を渡った紀勢本線「那智駅」の向こう側にある。現在はきれいな海浜公園で、真っ青な熊野灘が広がっている。

信仰の極限は「死をもおそれず」ということなのだろうが、現代の凡人である私には拒否反応が先立って、渡海上人の信仰心も、送り出す人の気持ちも容易には理解できない。

熊野那智大社

21.「那智参詣曼荼羅図」：
平素は複製で、実物は夏祭りの７月14日前後10日ぐらいの間のみ掲げられる。詳しい期間は熊野那智大社へ問い合わせのこと。
22. 補陀洛山寺：
東牟婁郡那智勝浦町大字浜の宮348
TEL：0735-52-2523

さらに、この「曼荼羅図」で布教した熊野比丘尼の気持ちもわからない。補陀洛渡海を彼女たちは庶民にどのように説明したのだろう。「熊野は観音浄土の地」と言うのは善しとして、もし「その先の海の彼方に浄土がある」と語っていたとしたら、それは「ハーメルンの笛吹き[23]」と同じではないか。しかし、熊野詣は近世まで熱狂的に続いたが、庶民が熊野灘になだれ込んだという話は聞かない。庶民は海の浄土と陸の浄土をどのように区別していたのだろう。それとも、補陀洛山寺が何らかの歯止めをかけたのだろうか。

観音浄土を目ざして船出していった人の数は、お供を含めれば一〇〇人を超えるかもしれないといわれるが、「蟻の熊野詣」の人数に比べればほんのわずかといえる。それでもこの〝確実な死〟への邁進には暗澹たる気持ちになるが、生命力に満ちた熊野の大気の中では、プラス志向の想像も浮かんでくる。

第一は、渡海上人たちの生死を超えたあつい信仰心だ。東北の山岳修験の道場として名高い出羽三山（山形県）周辺には「即身仏」と呼ばれるミイラが祀られているが、これは自らを浄化しつつ、衆生に代わってその苦しみを一身に受けるため、食物を断って生身のまま成仏する荒行を実践した高僧のものという。古来、幾人かの僧がこの壮絶な荒行を実践しているし、弘法大師空海も自らの死期を覚り、順次食物や飲み水を断って「即身仏」の行者と同じ道を進んだ。補陀洛渡海は、これと同じ思想に基づくのであろう。即身仏も補陀洛渡海も〝確実な死〟への旅立ちだが、そこには生命を全うしようとする炎のような意志と、これ以上にはないほどに澄みきった祈りがあったと思われる。

第二は、楽観的な推測で、渡海船は、海を知り尽くした南紀の人々が天候や潮の流れを

補陀洛山寺

23. ハーメルンの笛吹き：グリム兄弟が著した「ドイツ伝説集」の一つ。13世紀のハーメルン市（ドイツ）でネズミが異常発生した。そこへ現れたひとりの男が、笛を吹き鳴らしてネズミを集め、ヴェーゼル河におびきよせてネズミを溺死させた。ネズミはいなくなったが、市民たちは約束の報酬を支払おうとせず、男は怒って町を出ていった。しばらくして再び男がハーメルンに現れ、笛を吹き鳴らすと家々から少年少女たちが走り寄ってきた。そして、130人の子どもたちが男についてゆき、山の中へ入って男ともども消え失せたというもの。

読んだうえで送り出したのかもしれないということだ。

南紀には、古来、海からたくさんの人や物が渡来、漂着している。渡海船には一か月分の食料と灯油が積み込まれていたというから、天候と潮の流れによっては同じように太平洋のどこかの島に流れ着く可能性もある。インドから漂着した裸形上人のように、流れ着いた島を観音浄土と考えて生き延びた上人もいたかもしれない。「一か月分の食料」は、送り出す人々の、生へのかぎりない祈りが込められていたのではないか。

自然を信仰の源とした地に立ったとき、最初に皮膚感覚で迫ってくるのが「天から与えられた生命」の認識と畏れである。「生」と「死」は両極に対峙するものではなく、渾然と溶け合っているものかもしれない。生命は、死を抱え込んでこそ生命なのだ。豪雨が降り注いでも、暗い原生林に覆われていても——だからこそというべきか、那智には底知れぬ生命の気がたちこめている。この大気の中にいると「生」も「死」も透明になり、日常のうとましさが姿を消す。

熊野那智大社を最後に、バスは解散地の紀伊勝浦駅に向かった。激しい雨の、狭い急坂の下り道。何度も繰り返すヘアピンカーブで巧みにハンドルをさばきながら、運転手さんは乗客の不安を和らげるようにのんびりした口調で語る。

「私たち運転手は、こうした山道は得意なんです。厳しい訓練を受けていましてね。とくに私の上司は、意地が悪いほど厳しかったです。ときどき同乗するガイドさんがお客さんに言うんですよ。『この運転手さんは山道は上手なんですが、街なかは上手ではありませんね』なんてね。まったくそのとおりで、混雑した国道よりこうした山道のほうがずっと楽

那智浜より熊野灘を望む

ですよ」

那智勝浦の市街に入り、主だったホテルで乗客を降ろしながら三時二〇分ごろにバスは紀伊勝浦駅に着いて、解散となった。

大雲取越えを断念する

新宮へ戻る前に大雲取越えに関する情報を集めておこうと、紀伊勝浦駅構内の観光案内所に立ち寄る。オフィス内では、四、五〇代の男性が二人、椅子に掛けて係員の男性と談笑しているほかは客はいなかった。用件を述べると、「一人で大雲取越えをするのですか？」と、係員はちょっと驚いたように聞き返し、「お一人で行くのはやめたほうがいいんじゃないですか、この雨ですし……。ねえ」と、それまで話していた二人の男性客に同意を求めた。私の用件を聞いていたらしいその男性たちは真顔になってしっかりとこちらに向き直り、「あそこは、一人では危ないですよ」と係員に代わって交互に話し始めた。

「大雲取は、岩が多くて滑りやすい。私は去年登って足をやってしまい、いや、これは私の不注意ですが、治るのに一年近くかかりました。あそこは山が深くて、人家も逃げ道もなく、ケータイの電波も届きません。動物もいます。いまの時期、出ないとは思うが、クマだっていないという保証はない。休日なら、もしかしたらハイカーがいるかもしれないが、地元の人も大雲取にはめったに登りません」

大阪から熊野古道を歩き続け、中辺路を通り、きのう小雲取越えをして、あとは大雲取越えを残すだけ。むろん、雨の中を登るつもりはなく、十分天候の回復を待って登ろうと思っていると説明するが、男性たちは納得してくれない。

「このあたりの雨は、バケツをひっくり返したように一度にザーッとやってきます。あした天気が回復しても、きょうのこの雨の後では地盤が緩んでいますし、岩も滑りやすくなっているでしょう。大雲取越えの道は、ほかとは全然ちがいます。道標はありますが、万一のときのために詳しい地図と方位磁石も必要です」

「つい最近のことですが、麓にタクシーを呼んでおいて登った人が下りてこないことがありましてね。我々にその情報が入ったのは夕方になってからで、捜したけれど、ついに見つかりませんでした。お気持ちはわかりますが、複数で行ってください」

一人旅の私は、ちょっとムッとして反論する。

「危険率は、複数でも単数でも同じではないでしょうか。複数ではマイペースのリズムが狂うし、心強い反面、気が緩んで注意力散漫になります。それに、何かの危険に遭遇してしまったら、他人を巻き込まないだけ一人のほうがましだと思いますけど」

「それでも、一人が救援を求めに行けば助かる可能性がありますよ」

年嵩の男性がそうこたえてから、「きょうはお急ぎですか?」と尋ねた。

「私は新宮警察署の者で、これは弟です。きょうは非番で、もうすぐ親戚の者がこの駅に着くものですから出迎えに来ていたところです」

そして、もし急いでいなければ、彼らを近くのホテルに送り届けて帰るまで待つようにという。むろん私は少しも急いでいなかったし、大雲取を熟知しているらしいお二人の話をもっと聞きたかったのでそのまま待たせていただくことにした。その間、私たちのやりとりを黙って聞いていた係員の男性が、熊野那智大社近くの民宿のパンフレットや地図を探し出し、登山口付近の様子など説明してくれた。兄弟という二人の男性とは昵懇《じっこん》らしく、彼らは地元育ちだからこのあたりのことには詳しい、よく教えてもらったらいいですよ、などと半ば慰め顔で語った。

案内所の閉館時刻ぎりぎりに二人の男性が戻り、新宮市へ帰るついでに車で私を宿泊先まで送ってくださるという。「話は車中で」ということで、私は彼らの運転する白い乗用車の後部座席に着いた。「弟さん」がハンドルを握り、車が走り出すとすぐに、警察官の「兄さん」が助手席から振り返って言った。

「これも何かのご縁でしょう。何でも聞いてください。いまわからないことは、あとで調べて詳しい資料をお送りします」

そう言われても、私はまだ情報を集めている段階で予備知識がなく、地図も頭に入っていないからはっきりした質問や反論ができない。ほかとは様相がちがうといっても大雲取も熊野古道の続きだし、定家らは豪雨の中で越えた道だ。そんなに危険な所なのだろうか。気をつけて歩けばなんとかなるのではないかという思いが胸の中にモヤモヤと渦巻いていたが、言葉にならなかった。それでも、私の大雲取越えへの執念だけは伝わっていたらしい。彼らの言葉や態度は終始穏やかで、それ以上、大雲取の危険性を強調して脅かすようなことはしなかった。ただ、「複数で行ってほしい」ということだけは繰り返し告げた。

そこには「地元の方のアドバイス優先」主義の私には無視できない、真摯な熱意がこもっていた。

観光案内所の係員は〝職務上〟地図やパンフレットを渡してくれたが、非番であっても熊野三山の安全をあずかる新宮警察の一員としては〝職務上〟引き止めないわけにはいかないし、この「無謀登山者」を見逃すことはできなかったのだろう。〝とんだ人たちに巡り会ってしまった〟と私はひそかに思ったが、せっかくの休日に私に巡り会ってしまった彼らこそ、とんだ災難だったにちがいない。親戚の方との語らいもそこそこに、私を車に乗せてまでして翻意を促そうとした二人の行為から、大雲取越えの単独登山は軽々《けいけい》にできないことが痛いほど感じられた。

新宮市内に入って助手席の「兄さん」は話題を変え、神倉神社の「御燈《おとう》祭り」の話をしてくださった。

「御燈祭り」(24)は一〇〇〇年以上続く勇壮な火祭りで、神武東征の際、神倉神社の祭神高倉《たかくら》下命《じのみこと》が松明を持って案内したという故事にちなんだ炎の禊《みそ》ぎ神事。毎年二月六日の夜、白装束で腰に荒縄を巻いた千数百人の「上《のぼ》り子《こ》」と呼ばれる男性たちがゴトビキ岩の境内に集まり、松明をかざしていっせいに石段を駆け下りる。上り子は松明の燃え残りを持ち帰り、神迎えのために家に祀る風習があるという。

男性なら誰でも上り子になれる。県外からの参加者も多く、なかにはお父さんに抱かれた幼児もいて、駆け下りる者、ゆっくり下りる者とで松明の長い列になり、それは町なかから見ると火の川が流れ下るように見えるそうだ。

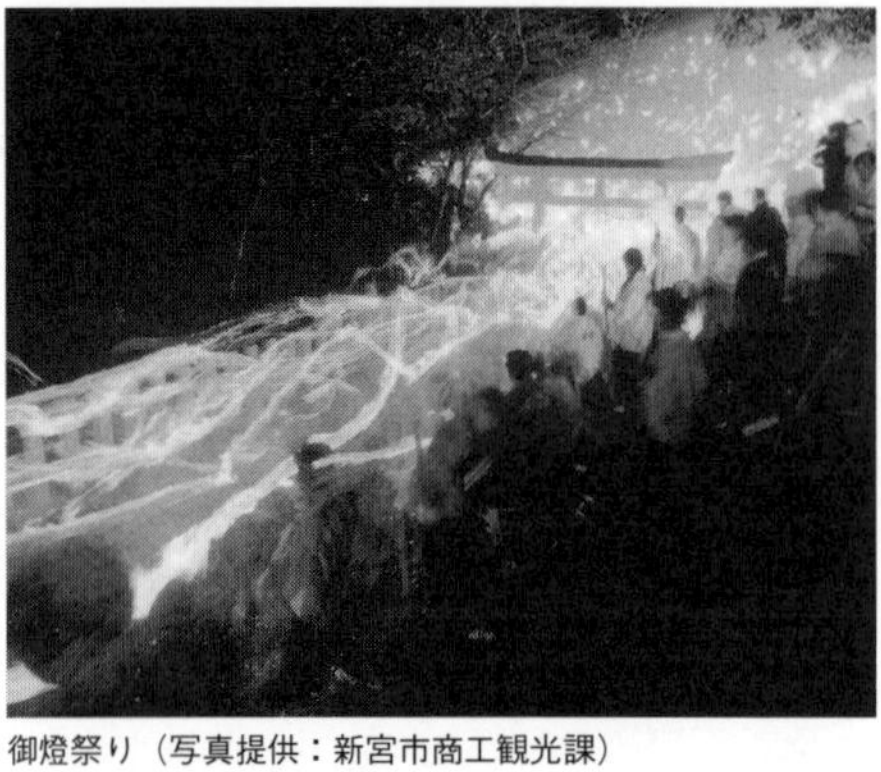
御燈祭り（写真提供：新宮市商工観光課）

24. 御燈祭り：問合せ先＝新宮市役所商工観光課　TEl:0735-23-3333
＊上り子の装束は、市内で販売されているが、市の観光課でも実費で融通している。

「あの石段を駆け下りるんですか⁉　当日は晴れているとはかぎらないでしょうし、二月の夜なら氷だって張るかもしれないのに」

　雨の石段を下りた今朝の恐怖がまざまざとよみがえり、鳥肌が立った。熊野の男たちは命知らずなんだろうか。

「南国の熊野でも、まれに雪が降ることもあります。そのころになると、駆け下りる練習をしていますがね。何人か怪我人も出ますよ」

　火には原始への郷愁を呼び覚ます不思議な力があるが、那智では真夏に大滝の前で展開される「火祭り」がある。「扇祭り」とも呼ばれる熊野那智大社の例大祭で、毎年七月一四日に行われる。金の扇を飾りつけた真紅の「扇《おうぎ》神輿《みこし》」一二基がお滝場に向かって進み始めると、白装束の若者たちが抱える一二本の大松明が階段の途中で待ち構え、円陣を描いて扇神輿を清める。重さ五〇キロの大松明が乱舞して参道いっぱいに火の粉が飛び散るダイナミックな祭りだ。

　ステーションホテル新宮の玄関先で私を降ろし、二人の車は去った。フロントでルームキーを受け取り、いささか重い気持ちをひきずりながら私は部屋に戻った。

「これも何かの〝ご縁〟でしょう」と、車中で何気なく言った助手席の「兄さん」のひと言が心にかかっていた。旅では「袖振り合うも他生の縁」でいろいろな出会いがあるが、この「車との縁」は一体どうしたことだろう。思い返せば、民宿ちかつゆの御主人の強い勧めでバスに乗って以来連続三日間、たしかに私は、本来乗るはずのない車のお世話になっている。印南での夢は正夢になってしまった。本宮、速玉、那智の御山で車に乗る縁を

火祭り（写真提供：熊野那智大社）

つくり、最後に、大雲取を警戒する男性たちの車に乗せて、熊野権現は私に何を伝えようとしたのだろう。

明日は日曜日、晴れたとしても地面の乾きを待つには最低一日はおく必要がある。大雲取越えは月曜以降になるが、ウィークデーだからハイカーの道連れを期待することはできない。岩が多く、人家も、人もなく、ケータイの電波も通じない……心細いが、山道は大体どこもそうしたものだ。転倒や滑落、迷い道などは、細心の注意を払うことでクリアできないこともない。だが、動物との遭遇、不意の落石、天変地異などの予想外の事故は、確率は低くてもぜったいに起きない保証はない。知らずに登っていたのならともかく、こうして忠告を受けてしまった以上、何らかの事故に巻き込まれたら無謀のそしりを免れないだろうし、彼らを悲しませることになる。その事故が、たとえ人智を超えるものであったとしても。そして、熊野の山には何が起こっても不思議はないような「気」が漂っている。

大雲取には「ダル」が出没するという言い伝えがある。飢えてひもじいことを「ひだるい」というが、ダルにとりつかれるとやたらに空腹を感じたり、失神して昏倒《こんとう》することもあるらしい。かの南方熊楠も大雲取でダルにとりつかれ、昏倒している。

ダルの正体は何か。後日お目にかかった本宮町の語り部坂本勲生さん（三三五ページより詳述）は、疲労、空腹、心細さが重なった精神的なものではないかと述べられたが、昔は旅の途上で餓死した亡者のしわざと考えられた。大雲取は死者の国の入り口で、那智山と妙法山の間の谷には「亡者の出会い」という所があり、亡くなった肉親や知人が歩いている姿を見かけるという言い伝えもある。また、ダル以外に「餓鬼穴」という底知れぬ穴もあり、そこを覗いても同じような状態になるらしい。ダルの正体は、健康状態や精神的なもの以外に、地面や岩石がかすかに発する一種のガスあるいは磁気のようなものの影響もあるのではないかなどとも思うのだが、大雲取の伝承はいまだに謎のままだ。

二人の男性は、そうした脅しめいたことは一切語らなかったが、私を強く引き止めた背後には、大雲取の怪奇現象への警戒心も多少は働いていたかもしれない。彼らとの〝縁〟もただの偶然で片づけられない重さがあり、「断固決行」の蛮勇はしだいに萎えていった。それに、田辺からいったん帰宅する予定を覆して旅を続行してしまった結果、登山ではいつも必ず携えている「二万五〇〇〇分の一地形図」、動物よけの鈴や携帯ラジオなどがなく、方位磁石もストックの握りに付いた簡単なものだけだった。そうしたものは新宮で買い揃えることができたかもしれないが、現に「持っていない」こと自体が登山失格のように思われ、意気阻喪させていた。中辺路や小雲取を何事もなく通過できたのは、たまたま幸運に恵まれたにすぎなかったのかもしれない。

熊野の神々は、どうやら今回、私が大雲取越えを果たして熊野古道を完歩することをお望みではないらしい。「ここで終わらせず、もう一度熊野へ来るように」と、お告げになっているのかもしれない。視界から〝常世の国〟を完全に隠したきょうの雨も、二人の男性との巡り会いも、そのメッセージのように思われる。ホテルの部屋の窓越しに降り続く雨を眺めながら、「大雲取越えを〝残して〟帰る」決意を固めた。

熊野再訪

熊野は遠い。再び来ることができるだろうか。

二〇〇〇年五月二八日、前日の雨がウソのように晴れ上がった南紀の碧空を仰ぎながら、私は初めての「熊野古道」の旅を終えて帰宅の途に就いた。この空の下なら、那智ノ滝も熊野灘も光り輝いて、いにしえの人々の想い描いた「浄土」がいっそう胸に迫って見えただろうに。多少残念な思いはあったが〝熊野権現〟が大雲取越えを許してくださらない以上、未練がましく南紀にとどまる気はなかった。たとえ、もう熊野に来ることができないとしても……。

当分来られないと観念していた南紀だったが、再訪のチャンスは意外に早くやって来た。翌年秋、さまざまな幸運が重なって、前回行かれなかったポイントをかなり訪ねることができたし、地元の方々との出会いにも恵まれた。そして〝熊野権現〟は、ついに私に大雲取越えを許し、那智原生林を歩く機会も与えてくれたのだった。

二〇〇一年一一月二三日、私は「大雲取越え」のために熊野那智大社近くの美滝山荘《みたきさんそう》(25)に泊まった。この日は熊野本宮大社近くの湯ノ峯か川湯あたりに泊まる予定だったが、秋の連休中のことで宿の空きがなく、ふと「大雲取越え」を思い立っての急な予定変更だった。大雲取越えは複数で行くようにと忠告されていたから、いずれ折をみて友人に同行して

25. 美滝山荘：東牟婁郡那智勝浦町那智山545-1
TEL：0735-55-0745

もらって登るつもりでいたため、このときも登山の特別な用意はなく、いつもどおりのウォーキングシューズ、方位磁石付きストック、略地図、ガイドブック程度しかなかったが、連休中でハイカーの道連れが期待できそうなことと、晴天で風もなく、暖かい日が続いていることが大雲取越えを決断させた。宿の取りにくいときに登山口の宿に泊まれたのも、熊野の神様が招いている証拠と勝手に解釈した。

ただ、ケータイの電波が届かないというから事故が起きても連絡はできない。「万一」を考えて、いずれ同行してくれるはずだった東京の友人に電話をして事情を伝えた。そして、夜七時までに私から連絡がなかったら警察に捜査願を出してくれるように〝遠距離サポート〟をお願いした。

「一緒に登るつもりでいたのに……。いまからじゃ、鳥でもないがぎり間に合わないじゃない」

私の突然の〝心変わり〟に友人は悲鳴を上げたが、ともかく遠距離サポートを引き受けてくれた。宿は混んでいて相部屋になった。明日の予定を御主人に告げ、早朝出発するので朝食なしで、朝・昼二食分のお弁当をお願いする。

「私はここに住んでいても、大雲取に登ったことはないが……」と言いながら、御主人はたいそう心配し、夕食のときに、同じコースを行く人を探して同行させてもらうようにとすすめてくださった。だが、大勢の宿泊者のなかに登山グループはあっても、大雲取へ行く人はいなかった。

その夜、一騒動があった。小口側から大雲取を越えてきた単独ハイカーが道に迷い、消防士が出動して、夜八時ごろに発見したハイカーの男性を美滝山荘まで連れてきたのだった。襖を隔てた隣室から、「……それで、詳しい地図などは持っていなかったのですか？」などと、調書をとる消防士の低い声が聞こえてくる。

「こんなこともあるから、ほんとうに気をつけて行ってくださいね」と、明日のお弁当を手渡しながら、御主人は心配を隠しきれない様子で私に告げた。

「廿日。暁より雨降る。松明無し。天明くるを待つの間、雨忽ちに降る。晴るる間を待つと雖も、弥々注ぐが如し。仍て、営み出でて一里許り行く。天明、風雨の間、路窄《せま》く、笠を取る能はず、蓑を著く。」

後鳥羽院一行は旧暦の一〇月二〇日、風雨の中で大雲取小雲取越えをしている。雨では松明も使えないので、明るくなるのを待って発っていった。現代の皇族なら「なんたる暴挙！」と関係者一同が立ちはだかって、ぜったいに行かせてもらえなかったにちがいない。一九九二年、現皇太子が熊野三山を訪れ、「七一〇年ぶりの皇族来訪」として話題になったが、山好きで知られる殿下が歩いたのは中辺路で、大雲取小雲取越えは、やはりコースから外されていたらしい。歴代の上皇でも大雲取小雲取越えのコースをとったのは後鳥羽院だけで、『中右記』の藤原宗忠も元の道を引き返している。

翌朝六時半、日の出とともに宿を出る。「御幸記」とほぼ同じ季節、同じ時刻だ。外はまだ薄暗く、御主人が玄関を開けて見送ってくださった。五分ほどで青岸渡寺（標高三〇〇メートル）に上り、境内の鐘楼横から登山道に入る。古い石段の道を登り、まもなく「左　妙法山　大雲かけぬけ道」と刻んだ大きな石碑の立つ分岐点に出た。熊野古道共通の青い道標が「右」を指している。

七時五分、那智高原（標高五一二メートル）。道幅の広い平坦地を回り込むように行くと、山茶花《さざんか》の植え込みのある芝生の斜面に丸太を組んだアスレチックの遊具、ベンチ、東屋などが立つ公園に出た。きれいに整えられているが、熊野の深い自然のイメージから外れて妙な違和感が漂っている。食べられる場所で食べておいたほうがよかろうと、ここで朝食用のお弁当を開く。おにぎりが三つ包まれていた。とりあえず二個食べて、残りはまた別の〝良い場所〟でいただくことにした。

いまでも「ダル」が出るのかどうかわからないが、大雲取越えでは「空腹」は禁物らしい。一九二五年八月、友人二人とともに大雲取越えを果たした歌人斎藤茂吉は、父親の訓《おし》えどおり、「麓で腹をこしらえ、頂上で腹をこしらえて」歩き通したという。

那智高原を抜けると林道に出た。「狩場刑部左衛門」と刻んだ碑と「大雲取山林道記念碑」が並び、東屋とトイレもあって、車で登ってきた人たちの休憩スペースになっている。登山道は、右奥の「熊野道」の石碑と青い道標の間に続き、「石倉峠（町界）まで七・六キロ、三時間」と記されている。杉の森の中を登り、「登立茶屋跡」を過ぎて「舟見峠」（標高八六八メートル）に到着。展望所の東屋で朝食の残りのおにぎりを頬張りながら、熊野山中随一と賞される金色に輝く熊野灘の眺望をしばらく楽しんだ。

大雲取登山道入り口

那智原生林を歩く

半月後の一二月九日、私は再び舟見峠を訪れ、この日、那智原生林を歩いている。普段は立ち入り禁止の那智原生林で、「南紀熊野21協議会」[26]主催の「水源の森探索ツアー」が行われたのだが、後藤伸さんや「いちいがしの会」の田中さん（二二七ページ「一〇〇年の計で〜」参照）からこの情報をいただいて参加を申し込んでおいた。ただし、参加募集人員は四〇人。幸い、倍以上の応募者のなかから抽選に当たり、参加できたのだった。

当日、参加者たちはマイクロバスに分乗して那智山に向かった。那智ノ滝から那智大社、青岸渡寺へのスカイラインを上り、左手に重畳たる山脈を見ながらさらに上り続け、いったん那智高原の「狩場刑部左衛門」の碑のある休憩所で停まってから舟見峠下の林道で車を降りた。

この後、林道から斜面の階段を上って舟見峠まで往復し（この日は薄曇りで、峠からの眺望は大雲取越えの日のような印象にはならなかったが）、しばらく林道を歩いてから原生林に入った。木々の葉を透してこぼれ落ちる光が美しい。進むほどに森は深くなり、湿りけを帯びた土に足をとられそうになるが不気味な雰囲気はまるでない。一一時半、「炭焼き跡」に着き、後藤伸さんを囲んで周囲の樹木や土についての解説に耳を傾けた。

ここは四〇年ほど前に炭焼きの樹木を伐採した跡とのことで、ちょっとした広場ようになっているが、鹿子《かのこ》模様の幹の鹿子《かご》ノ木や姫沙羅などが伸びている。しっかりした幹の山

舟見峠より熊野灘を望む

26. 南紀熊野21協議会：「南紀熊野体験博」をきっかけに、和歌山県と県内の16市町村が設立した公共団体。住民主体の地域づくり支援を目的とし、熊野古道のＰＲや自然保護関連事業など、2000年４月から2003年３月までの期間限定で活動。

桜もあった。ソメイヨシノとちがって山桜は葉が出てから花が咲くのが特徴だが、この熊野特有の山桜は葉が出る前に美しいピンクの花が咲くという。

　南紀は、最高級の白炭「紀州備長炭」の特産地だ。木炭は、古来、日本の「燃料」の主役を務めてきた。ことに姥目樫《うばめがし》でつくる固くて火もちのよい紀州備長炭は暖房や料理用の熱源として人気が高く、昭和三〇年代に石油、ガス、電力に燃料の主役の座を奪われるまで、紀伊山地の至る所から炭焼き窯の煙が立ち上っていた。炭焼きたちは山に分け入って窯を築き、小屋を建てて生活し、そこでの仕事が終わるとまた別の山へ移っていったが、炭にするのに必要な太さの樹木を選んで伐採し、細い木は残すようにした。だから原木をとった後、放置しておいても森林は回復した。三〇年ぐらいすると残された樹木が生長し、その場に残されている窯を使ってまた炭焼きが行われる（宇江敏勝著『熊野草紙』参照）。森林を皆伐せず、山を上手に再生しながら炭をつくっていた炭焼きのルールは、自然のうちに動植物の生態系への影響を極力抑えたものになっていたようだ。

「この土を体感してください」と、後藤さんが言った。

「皆さんの片方の靴の下に五～六万の虫がいます。その虫たちが、このフカフカした土をつくるのです」

　前夜、那智勝浦町の文化会館で開催された後藤さんの講演を改めて思い起こしながら、私は足下の「土」の感触を確かめていた。

「熊野を今に伝える那智原始林――南方熊楠の資料から一〇〇年前の那智山を考える」と題したその講演で、後藤さんは熊楠の標本を何点か示しながら、当時と現在の那智山を比

原生林探索前に後藤さん（右から２人目）より説明を受ける

較しつつ、「原生林」と「人工林」の土のちがいとそのメカニズムを語っている。

原生林には「豊かな土」がある。豊かな土とは「虫の体内を通って」つくりだされた土で、虫の体内を通らない土は「粘土」になる。那智山原生林で調べてみると、片足の下（約一〇立方センチメートル）に五～六万もの土をつくる虫がいる。これが人工林では数千、ときには数十しか見つからない所もある。人工林の土が粘土化している証である。では、なぜ人工林の土は粘土になるのか。杉、檜は、高く伸びる木の性質上、倒れないために根を横に浅く広く張る。また、広葉樹ではないから腐葉土もできない。おまけに殺菌作用があるから、微生物にはきわめて棲みにくい環境なのだ。

原生林の土は雨水を含み、一か月ぐらいかけて徐々に谷川へ水を押し出してゆくが、人工林の固い土に降った雨水はそのままするさまじい勢いで谷に流れ落ちる。川の水はそのときどきの雨だけではなく、溜め込んだ土の中の水で維持されている。したがって、土の中の水量が減れば川の水も少なくなる。総雨量は、熊楠の時代とそれほど変わりはないだろう。雨の多い那智で川や滝の水量が減っているのは、原生林や自然林に代わって人工林が山を覆ってしまったからだ、と。

現在、原生林の「豊かな土」の厚みが減り、那智ノ滝が痩せ細ってきていることが懸念されている。一〇〇年前、熊楠が「夜、明かりのついている家の窓辺で採った」昆虫が、いまは原生林の深い森の奥にしか棲んでいない。熊楠が採集した熊野特有の「歯朶」、それはいまも那智山に生き残っているが、数は少なく、形も比べものにならないほど小さくなってしまった。こうした現象は、おそらく人工林による「乾燥化」のためだろうと後藤さんは推測する。

後藤さんの目には、人工林は「緑の砂漠」として映る。自然環境の「乾燥化」には、むろん都市化の影響もある。だが、視覚的、論理的にわかりやすい「都市化」に比べて、「緑の砂漠」は見落とされがちだ。那智だけの問題ではない。那智はまだ良いほうで、「乾燥化」は日本全土の森林環境を悪化させている。

「夏休みの昆虫採集や植物採集、それを自然破壊だという人がいますが、その程度では減りません。誤解を恐れずに言えば、かなり大がかりにとっても減らないし、乱獲で部分的に減るものがあったとしても回復します。しかし、乾燥化はその回復力を奪います。乾燥化が始まると、源流域に関連している植物が最初に衰えます」

一九六〇年から一九六五年にかけて、全国的に猛烈な植林が行われた。山の頂まで自然林が伐採され、そこに杉や檜が植えられた。しかし、その影響はすぐには表面化しない。一〇年から三〇年ぐらいかかって、さまざまな形で人間に返されてくる。

「木の国」の古称をもつ和歌山県は広大な森林に覆われているが、現在、県の面積の三分の一以上が植林地になっている。人工林による環境破壊を訴える後藤さんだが、大事な地場産業である植林事業を否定しているわけではない。無謀な植林では、良い木材になるような杉や檜は育たない。問題点を明らかにすることで、「本当の植林をつくる」運動が全国的に展開することを願っている。では、「本当の植林」とはどういうものなのか。また、どうすれば「乾燥化」を緩和できるのか。

「そう難しい話ではありません。良い木材を生産するためには、不向きな場所には植えないことです。そして、人間が壊したものを元に戻せばいいのです」

現在の人工林の三分の二は林野庁も認める「植林不適切地」で、残りの三分の一は江戸時代から行われていた植林地だ。先人が選んだ「適切な植林地」――それは北向きの緩やかな斜面や谷間で、頂上付近には自然林が残されていた。杉や檜は、生長が遅いほどしっかりした木になり、広葉樹は生長が早いほどしっかりした木になる。頂上の自然林の土が植林地の地味も養い、山の土が豊かになれば木は大きく生長する。

「良い木になるように育てるべきです。林業をしている人にできるだけ間伐してもらい、隙間をあけてもらって良い土をつくることです。山の頂の人工林は、直ちに伐採する必要があります。そこに広葉樹が育てば、やがて保水力のある山になるでしょう。そうすれば、滝も川も涸れない。自然林の地中深く張った根は、山を抑えて崩壊から守る。自然林は、酸性雨を中和する力ももっています」

後藤さんの講演を聴きながら、「山」と「川」と「森」が私の脳裏で一つになって立ち上がり、広がってゆく。

鴨川、桂川、淀川、紀ノ川、有田川……熊野に来るまでの間に出合った数々の川がありありと思い出された。想像以上にみんな痩せていた。初めは、川に水が少ないのは天候のせいだと思った。川に船がないのは、乗る人がいないからだと思った。川とはきっとこうしたもので、「豊かな水の流れ下る川」は、私が勝手に美化して想像していただけかもしれないとも思っていた。もし、山々が自然林に包まれ、豊かな土に覆われていたら、川は今日でも快晴の空の下を滔々と流れている。流れが豊かになれば、川船も浮かぶようになる……。

過日、後藤さんをお訪ねしたおりにうかがった話も、戦慄をもって思い返された。

「明治時代に、本宮大社が大洪水に遭って流されていますね。それまでにも洪水はきっとあったと思うのですが、なぜあのとき格別の豪雨が襲ったのでしょう」

かねがね不思議に思っていた私の質問に、後藤さんの説明は明快だった。

「たしかに明治二二年の大洪水のときは、すさまじい雨量だったと思います。熊野では年間三〇〇〇から四〇〇〇ミリの降雨量がありますが、あのときは一週間で二〇〇〇ミリくらいの雨が源流付近に降っていますから。ただ、本宮大社を押し流した洪水は雨量だけの問題ではありません。当時の富国強兵策で、線路の枕木、木造船、燃料の炭などをつくるために熊野川源流で大量の樹木が伐採されていたのです」

一八八九（明治二二）年八月一八日から三日間、紀伊山地に滝のように降った豪雨は「災害」の通念をはるかに超えた大水害を引き起こした。山々の土が崩壊してすべり落ち、人家は流失、水没、倒壊して、多くの死者が出た。十津川では、合議のすえ、一郷二六〇〇人が北海道に移住せざるをえなかったほど甚大な被害を受けている（司馬遼太郎『街道をゆく12　十津川街道』参照）。

家屋、家財、エネルギー源……生活から産業から、ありとあらゆる面で木材が必要とされた時代、しかも日清戦争（一八九四年）に突入する時代の木材産出量は、いまの私たちの想像をはるかに超えたものだったにちがいない。銃身を装着する銃床用の木材だけでも一つの山が丸裸になるというのだから。

紀伊山地は古くから優良な木材の産地として名高く、大塔村、十津川村あたりから膨大な木材が盛んに伐り出されていた。そこは二〇〇〇メートルに及ぶ大峯山脈が迫り、山あいの深い渓谷の底を熊野川が走っている。

紀伊山地の集中豪雨は珍しいことではないが、非常に固い地盤の急峻な山々は深く根をはった原生林に守られて、崩れることはなかった。

江戸から明治に変わり、建国の意気に燃える新政府が「国家の威信をかけた」軍隊を立ち上げるために大量の樹木を伐採した。そこに豪雨が襲った。森林を失った山地から濁流が一気に流れ落ち、土石流となって渓谷の崖を激しくえぐり取っていった。そして、山は根こそぎ崩壊した。

同様の大洪水は、高野山を中心に大量の木材が伐り出された第二次大戦後の一九五三年にも発生している。険しい紀伊山地を襲った豪雨が大洪水と化し、山を削り、人家や土砂を押し流して熊野へ向かって流れ下るさまは想像しただけでも戦慄する。

自然林は「緑のダム」であり、山は「水瓶」といわれている。いつかテレビで、「一本の橅《ぶな》の根元には八トンの水が蓄えられている」という話を聞いたことがあるが、樫《かし》には橅を凌ぐ保水量があるという。自然林の伐採と人工林の粘土で、いったいどれほどの「ダム」と「水瓶」を壊してしまったのだろう。

講演会の会場には、熊野をテーマに活動を続ける写真家楠本弘児さんが活写した、「水源の森、那智山」の写真約二〇点も展示されていた。厳かで、生命力に満ちた原生林の息吹が流れてくるような作品だった。この森を観たい、触れたいと思った。

参加者は、三〇～五〇代ぐらいの地元の男女が中心で、四つのグループに分けられ、それぞれに動植物に詳しい先生と協議会のスタッフがついた。コースはアップダウンの続く細い山道で、湿りけが多く滑りやすい。できることなら一日中でもとどまって草や虫を観察したかったが、転倒しないように歩くのが精いっぱい。私の後ろに若い女性スタッフのHさんがぴったりついて、終始かばってくれた。

森には、三人でも抱えきれないほどの杉や樅《もみ》が照葉樹林の中に点在する。水が地面に滲み出て、那智四八滝の流れや泉をつくる。まさしく水晶のように澄みきった静かな泉や、三ノ滝に架かる虹に感嘆しながら、やがて二ノ滝に着いて昼食となった。

那智大滝（一ノ滝）の裏側に、これほど美しく清浄感に満ちた世界が潜んでいようとは。昔は、こんな心地よい森が古道に続いていたのだろうか。私は、「御幸記」の足跡を追いながら、定家が歩いた当時の風景をまったくちがった形で想像していたような気がする。

旅立ち前、写真などから想った熊野古道のイメージは一言でいえば「不気味」だった。実際に歩いてみて、想像ほどではなかったにしても随所に不気味な雰囲気が漂っていた。いくら熊野三山が尊いとはいえ、ヒルもオオカミもいる険しい山坂を命がけで越えて、わざわざ訪ねる昔の人の信仰心は「補陀洛渡海」同様、理解できなかった。だが、原生林に入って初めて、何度も熊野詣に足を運んだ古人の思いがわかるような気がした。空気が、これまでの熊野古道とは明らかにちがう。私の身体中の細胞が喜んでいる。心が開き、この森の中ならヒルがいても許したい気持ちになる。自然の命＝エネルギーがぎっしり詰まった照葉樹の森には、どうやら人の生命力を引き出す力があるらしい。熊野の神の正体は

二ノ滝

このエネルギーで、たんなる想像や盲信ではなかったのかもしれない。

日本は、国土の七割近くが山と一体になった森林に占められ、最古の縄文文化は森から生まれたといわれているように、この国の人々は森とともに生きてきた。森に行けば衣食住に関するあらゆるものを手に入れることができたし、そのうえ静寂で神秘に満ちた森は、奥深くに神々の宿りを想わせたとしても不思議はない。群青の大海を背景につややかな葉をつけた樹木が生い繁り、海も川も森もキラキラと照り輝く熊野は、鬱蒼たる森を抜け険しい尾根をいくつも越えてきた人々に、大きな感慨といっそう敬虔な思いを抱かせたことだろう。

自然そのものに神を見た熊野信仰。その起源は定かでないほど遠い。天地自然の恵みに育まれてきた我々日本人には、自然を愛し、尊ぶ心が脈々と受け継がれているが、もっと自然と密接だったいにしえの人々は、熊野の森に満ちている「超越的な霊気」を鋭く感じ取って、遠路厭わず足を運び続けたにちがいない。

二ノ滝から先は何度か瀬を渡ることになったが、周囲の人たちに助けられて、流れに落ちることなく進むことができた。途中、那智山を構成する熊野酸性岩の柱状節理が現れた崖なども教えていただきながら、原生林を出て青岸渡寺への下り道にかかる。

解説の先生が、道端の薄暗い山肌に冬苺《ふゆいちご》を見つけた。いまからの時季、こうした山道によく実っているという。冬の熊野を彩る、小さな赤い実を一粒口に入れてみた。野性独特の、甘酸っぱくて、どこか懐かしい味だった。

冬苺

大雲取越え敢行
定家は、最悪の条件下で最大の難所を越えた

さて、大雲取越えの足を進めねば……。九時二〇分、舟見峠を発ち、二〇分ほどで林道との出合いである「色川辻」に出たが、この間は「亡者の出会い」と呼ばれる八丁坂の下り道。亡くなったはずの親族や友人に出会ったり、ダルやガキにとりつかれるのもこのあたりらしいが、予想したほどの恐怖に襲われることもなく、無事に通過して林道を左へ五〇メートルほど進み、右手の沢へ下りて再び古道に入る。道標に「地蔵茶屋まで二・八キロ。六〇分」とある。

緑鮮やかな苔の石畳を下ると、山から滲み出た水がせせらぎをつくり、爽やかな音を立てて流れ下っている。流れに架かる橋を渡った所で、測量機器を携えた青年と出会った。「気をつけて行ってください」と声をかけてくれたが、地元の青年との出会いに、不安でコチコチになっていた心がほぐれて足どりも軽くなる。

一〇時三五分、地蔵茶屋跡の休憩所に到着し、ひと息ついていると女性五人のハイカーがやって来た。今朝七時に「小口自然の家」を発ったという。休憩している間に、さらに中年男女二人連れのハイカーが到着。やはり小口から来たとのこと。私は〝同行者〟を期待してゆっくり進んでいるのだが、那智側からのハイカーはいっこうに現れない。二〇分ほど休んで地蔵茶屋跡を発った。林道から離れ、約一五分山道を登ると標高八〇五メートルの石倉峠に着いた。

地蔵茶屋跡そばの地蔵堂

紀伊のくに大雲取の峰ごえに　一足ごとにわが汗はおつ

斎藤茂吉の歌碑が迎えてくれたが、見晴らしのない寂しい峠道だ。水の滲み出た石畳の道を下り、一・二キロ先の「越前峠」を目ざす。

「熊野古道11」の丸太の道標を過ぎると、突然左側の視界が開けて大塔の山なみが姿を見せたが、道はすぐにまた森の中へいざなう。続いて「熊野古道10」の道標。五〇〇メートルごとの丸太の道標は、小口側から番号順に続いているらしい。林道に下りて道なりに右へ行くと、「越前峠まで〇・五キロ」の道しるべが現れた。渓流のそばに長塚節《ながつかたかし》（一八七九〜一九一五）の歌碑が立つ。

虎杖《いたどり》のおどろが下をゆく水の　たぎつ早瀬をむすびてのみつ

「おどろ」とは、いばらや草木のひどく生い繁っている所のこと。また「おどろの路」は、和歌では「公卿」の掛け詞になるが、承元二（一二〇八）年五月、住吉御歌合で後鳥羽院は次のような歌を詠んでいる。

おく山のおどろが下も踏みわけて　道ある世ぞと人に知らせん

大雲取の険阻を喘ぎ登りながら長塚節は、ふと、後鳥羽院のこの歌を思い浮かべたのではなかろうか。燃え上がるような帝王後鳥羽の「おどろ」に対して、農民文学作家長塚節の「おどろ」はどこまでも清澄自然である。

ここから石畳の急登になり、「熊野古道9」あたりから土の急坂に変わって、一一時五〇分、鬱蒼とした杉の森の「越前峠」に着いた。標高八七〇メートル。大雲取の古道最高の峠だが、見晴らしはなく、これまでにない不気味な雰囲気が重く漂っている。小口からのハイカーには何度か出会ったが、この時刻ではもう登ってくる人もいない。しかし、なぜ小口からのグループばかりで那智側からのハイカーがいないのか。一人歩きの心細さが身にしみるが、いまさら引き返すわけにもいかない。この先は、麓まで約四キロの一方的な下り道。ここを下りきれば小口だと我が身を励まし、石畳の急斜面を下り始めた。

これまでの道では、たしかに大雲取は深いが、なぜそれほど「気をつけなければならない」山なのか、はっきり得心できずにいた。逆コースで登っても同様に感じたかどうかはわからないが、越前峠に至って初めて〝恐怖〟が走った。それは、急坂の物理的恐怖を超えて、山自体が発している雰囲気にあった。これが「大雲取」だ。小動物でも出てきてくれたら、まだしもほっとしただろう。

道の両側は深い杉の森に閉ざされ、背後から矢のように射し込む鋭い陽光が極端な明暗をつくり、先が見えにくい。森全体が息を殺して私を見つめているような、物音ひとつしない行く手の暗やみに赤い玉が光って浮かんでいる。鳥か動物か、それとも……。近づいて、杉の幹の一点に反射した光線のしわざとわかったが、生き物でなかったことで一段と空気が冷やかになる。

大雲取の道

土の下からのぞく岩盤、浮き石、ゴロ石が容赦なく続く急坂は、悪名高き「胴切坂《どうぎり》」で、三〇分下っても角度を落とす気配がない。坂や階段の上りは息が切れるが、下りより足の負担は少ない。小口からのハイカーが多かったのはこのためだったのか。それでもこの長い急坂を上るにはそうとうのエネルギーを要するだろう。行き倒れになった巡礼の古い墓石らしいものもあって、重い空気がのしかかる胴切坂から一刻も早く脱出したかったが、足の疲れに耐えきれず、道端に座り込む。

「輿の中、海の如く、埜の如し。終日嶮岨を超ゆ。心中夢の如し。未だ此の如き事に遇はず。雲トリ、紫金峯に立つが如きか。」（御幸記）

豪雨の胴切坂では、おそらく滝のような勢いで水が流れ落ちていたと想像される。快晴の下でさえ怖じけづく急坂を、お供の人たちは輿を担いでどうやって下ったのだろう。「御幸記」には記されていないが、事故はなかったのだろうか。人命にかかわるほどではないにしても、骨折や捻挫した人が皆無だったとは思えない。揺れに揺れる輿の中で、定家はずぶ濡れになりながら生きた心地もなかったにちがいない。

傾斜が少し緩くなり、道標「5」あたりからきれいな杉の森になってやっと歩きやすい道になる。楠久保旅籠跡を過ぎ、石畳の急傾斜を下りて、午後一時二〇分、水場のある休憩所に着いた。「円座石《わろうだいし》まで一・五キロ」、それなら一時間以内に小口に着くだろう。

ほっとして昼食の弁当を開いて足を休めていると、ザックにつけているらしい鈴の音が聞こえて、ほどなく若い男性が一人駆け下りてきた。待ちあぐねていた〝同行者〟だが、そのまま走り過ぎてしまった。胴切坂の恐怖に駆り立てられてか、それとも小雲取越えに急いだのだろうか。

私もできるだけ早く麓に下りてしまいたい。昼食は一〇分で切り上げて出発。苔むした古い石段を下り、いちだんと総毛立つような雰囲気の「円座石」に着く。前年、小雲取を越えた日に円座石まで来ているが、苔の石畳の道がそのときよりも長く感じられる。一時五五分に「熊野古道1」の道標を過ぎて集落に入り、二時一〇分、小口のバス停に到着した。

バスを待つ間に、〝遠距離サポート〟の友人にケータイで連絡しようとしたが、小口でも「圏外」で電波が届かない。夕方四時半ごろ、新宮のホテルに着いてから、友人と美滝山荘の御主人に無事に下山したことを報告した。二人とも「よかった！　安心したァ」と、こちらがびっくりするほど喜んでくれた。一日中、胃が痛くなるような思いでいたらしい友人と宿の御主人に、電話口でひたすら平身低頭するばかりである。

「山中只一宇の小家あり。右衛門督の宿なり。予、相替りて、其所に入る。形の如くに小食し了んぬ。又衣裳を出す。只水中に入るが如し。此の辺りに於て、適々雨止み了んぬ。前後不覚。戌の時許りに本宮に著き、寝に付く。此の路嶮岨、過ぎ難し。大行路に於て、遑記《いとま》(27)する能はず。」

背後から見た円座石

27. 遑記：「遑」は、あわただしい・いそがしいの意。急いで記す。走り書きする。

この日、定家らは「山中只一宇の小家」で昼食をとっているが、思うにこの小家＝右衛門督の宿は、大雲取と小雲取の間の小口にあったのではなかろうか。私は途中何度も食事しながら、休み休みの超スローペースで二時に小口に入ったが、当時の人の健脚なら、雨の中でも昼ごろには小口に着いただろう。越前峠より前では昼食には早すぎるし、その後は急傾斜の胴切坂で、御幸一行が食事しながら休めるような場所はない。それに、大雲取には近世の旅人を泊める宿や茶屋、炭焼き小屋などはあったとしても、中世の時代に人が定住するには小口のほうが適している。

一行は、さらに小雲取を越えて戌の時（午後八時ごろ）に本宮に着いたが、筆まめな定家が、途中、メモもとれなかったほどの難路だった。

定家らは本宮で一泊して帰路に就いた。翌二一日の「御幸記」は「天晴る」で始まっている。蛭降り峠や小広峠が雨でなくて、ほんとうによかった。京へ帰り着いたのは六日後の一〇月二六日、新暦で一一月末ごろのことである。

「髪を洗ひ沐浴し了りて寝に付く。今夜魚食なり」

旅の間は禁じられていた魚に舌鼓をうちながら、ほっと寛ぐ定家の様子が目に浮かぶ。私もここで「定家」とお別れし、本宮の温泉で寛ぐとしよう。

終章

那智ノ滝落下口から那智山と熊野灘を望む

紀州の郷土食「茶がゆ」——川湯

熊野には火山はないが温泉は豊富で、熊野本宮大社の近くにも「湯《ゆ》ノ峯《みね》」「渡瀬《わたぜ》」「川湯《かわゆ》」(1)といった温泉地がある。連休明けの月曜日、川湯のユースホステル「かじか荘」(2)に宿泊の予約がとれた。バスが通っているが、小雲取越え登山口の請川《うけがわ》から歩いても三、四〇分で川湯に着く。川底や河原のあちこちから温泉が湧く大塔川沿いに宿が並び、夏は川遊びをしながら河原を掘って自分だけの露天風呂を楽しむのだが、一一月から二月までの冬季は、川をせき止めた巨大な「千人風呂」が出現する。葦簾《よしず》を巡らした脱衣場で水着に着替えた人たちが湯けむりの中を行き来する千人風呂を過ぎて、まもなく「かじか荘」に着いた。民宿を兼ねたユースで、部屋は二階の和室。バイクでツーリング中という方と、小口に移住した友人宅を足場にして熊野を歩いているという方と、いずれも一人旅の若い女性と相部屋になった。誰でも気軽に旅行ができるようになった今日でも、宿の確保に苦労する一人旅を愛する女性にとって、ユースはあらゆる意味でまことにありがたい存在なのだ。連休直後のこの日は「素泊まり」が条件で、食事はつかない。

「さっき一回りしてきたけれど、このあたりには食料品を売っているお店がありません。喫茶店が閉まらないうちに、食事しておいたほうがいいですよ」というバイクの女性のアドバイスで、ユースの近くの喫茶店で早めに簡単な夕食を済ませてから千人風呂に行くことにした。千人風呂は、夜一一時まで照明《あかり》がついているという。

大塔川をせき止めた千人風呂

1．湯ノ峯・渡瀬・川湯：問合せ先＝本宮町観光協会　TEL：0735-42-0735
2．かじか荘：東牟婁郡本宮町川湯1408　TEL：0735-42-0518

本当に一〇〇〇人でも入れそうなほど広い露天風呂の周囲は川石を積み上げた土手になり、浴槽の内側は土手が崩れないようにブロックで固められている。足を投げ出して座ると、肩まで沈むことができるくらいの深さ。温泉は川の中にポイント的に湧出していて、場所によって冷たい所も熱い所もある。

初冬の山間の、凛とした空気と温泉の温もりの温度差で身体中の血が駆けめぐり、夜風が心地よい。冴えわたった夜空に満月が輝いている。しだいに人影が減って、それでもまだ一〇人近く入っているのに、ここではなぜか話し声も静かで風の音のように聞こえる。大きなサワガニが一匹、ときどきハサミで湯加減をみながら川縁を移動していった。

入浴後、少しおなかがすき始めた。幸い、一軒だけ「しば」[3]という喫茶店の明かりがついていた。店主は七〇代初めぐらいの女性で、客はいない。カウンターに掛けてコーヒーとホットケーキを食べながら、「熊野古道を歩いて〈めはりずし〉は味わえたが、もうひとつの紀州の郷土食〈茶がゆ〉の店はとうとう見つからなかった」と何気なく語った。すると、店主の女性が「冷たいのでよかったら、ごちそうしましょうか」と言う。思いがけない申し出に一も二もなくうなずいた。

「茶がゆ」は、紀州出身の人にとってはふるさとの味の代表と聞く。店主の芝倭文《しず》子《こ》さんの息子さんにとっても茶がゆは何ものにも代えがたい味になっていて、「この味はどこにもない。かあさんのつくった茶がゆがいちばんおいしい」と懐かしみ、帰郷した日は真っ先に食べたがるという。

芝さんが、お漬物を添えて茶がゆを出してくださった。通常のねっとりしたお粥ではな

3．しば：東牟婁郡本宮町川湯　TEL：0735-42-0258

く、香り高い番茶で炊き込んだ、お茶漬けに近いサラリとした舌ざわりがおいしい。さっそくつくり方をうかがう。自慢の茶がゆだが、芝さんは勿体ぶるふうもなく教えてくださった。

まず、番茶を入れる晒《さらし》木綿の袋を用意する。

「市販の紙バッグを使えば面倒がなくていいという人もいるけれど、晒の袋のほうがお茶の粉が出ないし、おいしくできるような気がするの」と、芝さん。

これに二握りほど番茶を入れる。関東では番茶は緑茶の一種だが、ここでいう番茶は「ほうじ茶」のことだ。熊野では茶も栽培されている。芝さんはこの新茶を購入し、少し湿らせてからとろ火にかけてゆっくりと煎り上げる。すると、いっそう香り高い番茶ができて、それをたっぷり使う。

次に、鍋に水と番茶を包んだ袋を入れて煮立たせるが、このときの「水」と「米」の比率は米一カップに対して水は一〇カップ。通常のお粥よりはるかに水の量が多い。帰宅してから実際につくってみたが、六〜七カップの水ではサラリとした感触の茶がゆにはならなかった。この煮立った湯茶に、直前に一回だけサッと洗った米を放り込む。洗い置きしないほうがお茶の香りがよくしみ込むのだろう。無洗米ならなおよいかもしれないと思い、これも実験してみたが、通常の米のほうがおいしくできた。

強火のまま、米が鍋に焦げつかないようにしゃもじでときどきかきまぜながら約一五分煮立てて茶袋を箸でしっかり絞って取り出し（ここで一つまみ自然塩を入れるのも美味しい）、火を止めて蓋をし、一〇〜一五分間蒸らすと出来上がる。

「夏は早いうちに炊いて、冷めてからいただくの。こうすると、食欲のないときでも食が進む」という芝さんの言葉どおり、冷めても番茶の香りは失せず、喉ごしもよくて、お漬物と一緒にいくらでも入りそうだ。

茶がゆは、もともとは、米の生産量の少ない山村で節約のために考え出されたのだろう。甘藷《さつまいも》を入れた「芋茶がゆ」、麦を四分ぐらい入れた「麦茶がゆ」などのバリエーションもある。茶がゆは強火で炊くのがコツだ。昔、炭焼きの茶がゆがいちばんおいしいといわれたのは、谷川の清水を使い、火力の強い薪で炊いたためだろうという。芝さんは、お米もできるだけ上質のものを使う。芝さんの茶がゆは、すべてのカード（素材）が揃っているうえに、伝統の味を知り尽くした舌と熊野の空気が切り札となって絶妙の味に仕上がっていた。

私は、とくに野外で、海苔で包んだ梅干しのおにぎりを食べるたびに日本人に生まれた幸せを感ずるが、米と番茶、それに水と火のハーモニーでつくりだす茶がゆも、日本人ならではの芸術的料理と思う。

湯の花が創り出した本尊――湯ノ峯

湯ノ峯温泉は、川湯から本宮大社行きのバスで約一〇分、徒歩なら四、五〇分の、渡瀬温泉を経て山あいを上る途中の谷間にある。湯の谷川沿いに数軒のひなびた宿が立ち並び、その中程の川べりにある板壁の小屋が小栗判官（九一ページ「小栗判官・照手姫の道」参照）蘇生伝説の「つぼ湯」[4]だ。橋を渡って小屋の前に行くと、扉に番号札が掛けられ、傍らのベンチで若い女性が順番待ちをしていた。ほかに公衆浴場もあるが、観光客もチラホラしか見えず、三番目に入れるというのでつぼ湯の入浴券を買って順番を待つことにした。

つぼ湯のそばにある東光寺[5]の本尊は、高さ約三メートル、周囲約六メートルという湯の花が化石化してできた自然の造形の薬師如来。像の胸のあたりの穴から霊泉が湧き出していたことから「湯胸《ゆのむね》薬師」と崇められ、この地は「湯ノ胸」と呼ばれていたが、それがいつしか「湯ノ峯」に転化したらしい。いまでも東光寺周辺には熱い温泉が湧き出ているが、像の胸から湧き出ていた湯はいつのまにか止まって薬師像が残されたようだ。御住職の話では、寺の本堂はこの薬師像を囲んで築かれたもので、本尊をわざわざ堂内に運び入れた様子はないとのこと。

東光寺の由緒書によれば、湯ノ峯温泉を発見したのは熊野《くまの》国造《くにのみやつこ》であった大阿刀足尼《おおあとのすくね》で、一七七〇年あまり昔にさかのぼる。その後、那智開山の裸形上人がこの地に来て薬師如来を感得し、草庵を結んだのが東光寺の始まりで、熊野詣の歴代上皇はこの寺に奉拝し、ことに鳥羽院は堂塔を建立して寺領を下賜し、勅願所と定めたという。

熊野詣の盛んなころは、湯ノ峯温泉で一泊し、心身を潔めてから本宮大社に参詣するのが習わしだった。今日でも「湯登り行事」としてその慣習が残り、四月一五日の本宮大社例祭の前々日、神事に奉仕する人々の潔斎が湯ノ峯で行われる。

東光寺の湯胸茶屋には緋毛氈《ひもうせん》の縁台が出ている。ここで御住職が運んでくださったぜん

つぼ湯

4．つぼ湯：７時～21時30分／無休。入浴券は、つぼ湯のそばの湯ノ峯温泉公衆浴場（TEL：0735-42-0074）で取り扱っている。
5．東光寺：東牟婁郡本宮町湯ノ峯112　TEL：0735-42-0256

ざいを味わいながら待つうちに、つぼ湯の順番が回ってきた。扉に番号札を掛け、靴を脱いで（これが「入浴中」の印になる）小屋に入る。中は自然石の狭い〝岩場〟で、入り口の岩に脱衣籠が置かれているが、大きなザックなどを置くスペースはない。四、五段の石段を下りた所に、二、三人がやっと入れるほどの狭い流し場と湯壺がある。やや熱めの白濁した湯（日に七度色を変えるという）を湛えた湯壺は大きな自然石の窪みで、底には小さな川石が敷き詰められているらしい感触がある。野趣溢れる雰囲気で天井が高いから窮屈な感じはなく、茶室に入ったような落ち着きを覚える。

地獄から蘇った小栗判官はこの湯で癒えて元の姿に戻るのだが、「蘇る」とは黄泉《よみ》から帰る＝生き返ることだという。板壁の隙間から射し込む柔らかな陽光、谷川の音、温かい湯に包まれて、私のなかから何かが溶けだし、解放感とともにたしかに何かが蘇ってくる。

本宮町の語り部・坂本勲生さんと語る

湯ノ峯温泉を出て、〝湯登り〟よろしく本宮大社へ向かうバスに乗る。本宮町役場に紹介していただいた「語《かた》り部《べ》」（二三九ページ参照）の方に会うためで、約束の午後四時、大社の向かい側にある山村開発センターの町史編纂室に「本宮町語り部の会」の坂本勲生さんをお訪ねした。

本宮町には現在一七人の語り部が登録されている。語り部は、熊野古道の文化や地理に

坂本勲生さん

詳しい地元の人たちのガイド組織だが、その知識と経験を買われて、定年退職してから語り部を務めるようになった方が多い。坂本さんも一四年ほど前、学校長退職直後に、役場からすすめられて語り部になられたという。

「幸い、語り部になりたいという希望者は多くて、後継者も徐々に育ってきています。二〇代の女性と三〇代の男性も参加していますし、三分の一は女性の語り部なんですよ」

語り部は依頼があれば団体でも個人でも案内するが、語り部が一人でガイドする対象人数は三〇人以下。それ以上は二人であたるが、平均四〇人前後の、定年退職したカップルや中高年女性のツアー客からの依頼が多いという。

「川湯に泊まった修学旅行の高校生を四〇人ほど、二人で案内したこともありました。五、六月のことでしたが、その日は雨で、途中から激しい雷雨になりました。迎えの車を呼ぼうと思ったのですが、彼らは最後まで歩きたいと言って。小広峠から草鞋峠、岩神峠、三越峠を越えて発心門から大社まで、険しい山道に馴れない子どもたちがよく歩き通したと思います」

本宮町のコースは、一日なら発心門から旧社地の大斎原までの約七キロ。一泊二日の場合は、初日に大斎原から湯ノ峯への大日越えをし、翌日、発心門から本宮大社まで歩く。団体で歩いた後に、もう一度歩きたい、もっと知りたいというリピーターも多く、坂本さんはそうした要請を受けて、中辺路や小雲取などへも案内する。ＮＨＫの朝の連続テレビ小説『ほんまもん』（二〇〇一年）で紹介されたことから熊野への関心が高まり、撮影の舞台になったコースをガイドすることもある。

質問は「信仰」に関するものが多く、とくに「王子社とは何か」ということをよく尋ねられる。「語り部の会」では、年二回、研修会を行い、こうした質問への回答、史実と伝承の確認、コースのどこでどのような説明をするかなどの打ち合わせをし、語り部によって説明にちがいが生じないように調整をはかっているという。

熊野三山は、信仰と、それにまつわる歴史や伝承が輻輳《ふくそう》していて、ガイドブックだけでは理解しにくい部分が多い。観光客にとって、知識豊富な語り部とともに歩く旅は、通り一遍の観光とは一味も二味もちがった印象深いものとなるだろう。

私も思い出すままに熊野古道での体験と印象を語ると、そのポイントのいくつかについて坂本さんがコメントしてくださった。

私が目にした野生動物はサルとキジと小鳥だけだったが、森にはイノシシ、シカ、キツネ、タヌキ、イタチなどが棲んでいること。ヤマヒルはほとんど姿を消したが、梅雨のころ、大雲取の胴切坂あたりでは出るかもしれないこと。大雲取小雲取越えは厳しくて、歴代の上皇でこのコースをとったのは後鳥羽院のみであること。熊野信仰の根源は自然信仰に基づいた浄土信仰で、本宮は熊野川と森、新宮はゴトビキ岩、那智は大滝をそれぞれ神聖視していること等々……。

坂本さんは窓辺に私を誘った。町史編纂室の窓から、大斎原の森が真正面に見える。

「いまの音無《おとなし》川は江戸時代につけかえられたものですが、それ以前はこのあたりを流れていました。本宮に到着した定家らは、その道を通って音無川を渡り、あそこに見える大斎原にあった本宮大社に詣でたのです。『ぬれ藁沓の入堂』、いわゆる『ぬれわらじの入堂』

ですね」

「御幸記」一六日の項に「御共して宝前に参ず（公私に是れ、ぬれはうへの入堂(6)と云ふと云々）」とある。本宮に着いた巡礼は、音無川をザブザブ渡ったその足でまず宝前《ほうぜん》（神前・仏前の敬称）に額ずき、後刻改めて参拝するのが習わしだった。音無川を歩いて渡るのは禊《みそ》ぎの意味もあったから、たとえ厳冬のさなかでも、男も女も、上皇も従者も、みんな足元をぬらして渡ったのだろう。定家一行には先達が同行していて、掟を厳守させた様子は「御幸記」の随所にうかがえる。

『広辞苑』では、「ぬれわらじ」は「旅でぬれた草鞋《わらじ》を脱ぐ」意味で、「外来者がその土地へ来て初めて世話になった家」と解説している。熊野詣では、実際ぬれた草鞋（藁沓）で宝前に立つのだが、この習わしが語源となって一般に広まったらしい。

坂本さんの説明を受けながら、いまは田んぼの中にまっすぐ続く大斎原の参道に目をやると、そこを、汗と泥でよれよれになった白衣と草鞋を着けた一行の、安堵と喜びに満ちた長い行列が粛々と進んでいくような気がしてくる。

二〇〇一年四月、「紀伊山地の霊場と参詣道」が世界遺産暫定リストに登録された。暫定リストに登録されれば、五～一〇年のうちに正式に世界遺産に登録される可能性が非常に高い。

「熊野古道は、日本の貴重な文化の一つ。大切にしていきたいのですが、いかに維持するかが課題です」と、坂本さんは語る。

6．ぬれはうへの入堂：『神道大系（文学編五）参詣記』（神道大系編纂会編・発行、1984年）の『熊野道之間愚記』（藤原定家）には「公私是云、ぬれわらうつの入堂云々」とある。また、住心院僧正實意の『熊野詣日記』では「ぬれわら沓」、藤原頼資の『熊野詣記』では「塗藁沓」と記されている。

一九五六年、四つの村と一部の集落が一つになって現在の本宮町になった。しかし、当時約一万六〇〇〇人あった人口が、一九六五～一九七〇年の間に流出し、いまは三八〇〇人ほどに激減してしまった。しかも、その三五パーセント以上を高齢者が占めている。

「林道が山奥まで入ったときは、楽になった、便利になった、これで村も活性化する、と思いました。ところが、その林道に乗って家族ぐるみの移住が始まったのです。高度経済成長期の人口流出はすさまじいものでした。私はそのころ在校生三五〇人ぐらいの小学校に教頭として赴任しました。僻地としては大きい学校です。その学校で、三月の春休みに多いときは三五人の転校書類を書くこともありました。結局、六年間在職するうちに、在校生は一八〇人に半減しました」

その後、坂本さんは七年間の中学校長時代、卒業生たちに、「高い教養や技術を身につけたら村へ帰るように」と訴え続けた。だが、帰ってきた若者はごくわずかしかいない。実際、帰ってきても、林業を生業にしていた村に生活を維持するだけの仕事はなかった。

「手入れの必要な山はたくさんあるのですが、給料制ではありませんからね。山仕事がコンスタントにあれば事情はちがってくるのでしょうが……」

林業の雇用問題は、森林が面積の大半を占める和歌山県全体の問題でもある。

坂本さんから話をうかがった二週間後の二〇〇一年一二月一一日、「紀伊民報」に〝ビッグニュース〟が掲載された。国が第二次補正予算で「緑の雇用事業」に関連する雇用対策費三五〇〇億円を組み、和歌山県に対して四二億五〇〇〇万円の配分を通知してきたのを受けて、県では緊急雇用創出特別基金を新設し、基金の半分近くは林業関係の雇用対策費とするなど「緑の雇用事業」に乗り出したという。このなかには、熊野古道周辺森林環境の整備、森林の広葉樹林化、不在地主の森林現況調査、緑の流域環境保全、自然環境保全のための現況調査と美化活動などに従事する人の雇用費が含まれ、間伐や風倒木の撤去などの費用も別枠で計上されている。環境保全と雇用、そして地域振興を一体として取り組むこの和歌山県の新事業は「和歌山方式」と呼ばれて、いま大きな反響を巻き起こしている。

　そして、二〇〇二年六月二五日の「日本経済新聞」は、県外からの移住者一三五人（平均年齢三八・七歳）と、県内三〇一人の、計四三六人が「緑の雇用事業」に参加することが決まり、いよいよ七月から下草刈りなどの山作業が始まることを伝えている。ただ、国の基金が雇用期間を六か月に限定していることから、県の採用期間もそれと同じ期間になるが、和歌山県は、「この事業を短期間で終わらせず、恒久的な施策として長期雇用に向けて努力する」という。

　この計画が一日も早く軌道に乗り、長期雇用に発展することを祈りたい。村を離れた人たちも、好き好んでふるさとを捨てたわけではないだろう。仕事があって暮らしのメドが立てばきっと帰ってくる。自然の危機が叫ばれている今日、山での仕事に意欲を燃やす人も大勢いるはずだ。官民一体となって本当の「緑」の再生に取り組

紀伊民報　2001年（平成13年）12月11日 火曜日　第17695号　日刊

紀伊民報

発行所 © 紀伊民報社
和歌山県田辺市秋津町100番地 〒646-8660
電話・0739(22)7171(代)
営業FAX・0739(26)0077
編集FAX・0739(25)3094
振替口座・00930-2-21977
和歌山支局 電話073(428)7171
南部支局 電話0739(72)1717
串本支社 電話0735(62)6691
新宮通信部 電話0735(31)7174

54.5億円の「緑の雇用事業」提案
3年3カ月間に4000人規模

【和歌山】県は10日再開の定例県議会に、総額54億5000万円の県経済の再生を図る緊急対策費（緑の雇用事業）の補正予算案を提出した。国が第2次補正予算に「緑の雇用事業」に関連する雇用対策費3500億円を組み、県に対して同交付金42億5000万円の配分を通知してきたのを受けたもの。交付金で緊急雇用創出特別基金を新設し、平成16年度末までの約3年3か月間に4000人規模の雇用（1人3か月計算）を創出する方針。基金の半分近くは林業関係の雇用対策費とするなど、同雇用事業の全体像が浮かび上がってきた。

予算案によると、42億5000万円の緊急雇用特別創出基金を新設し、本年度内に222人を雇用する（雇用期間3カ月分で計算）。

雇用の内訳は▽熊野古道の良好な景観と快適な森林環境の確保をするため古道周辺森林環境を整備する＝19人▽森林の効用樹林化のため森林を整備する＝66人▽紀州材活用アドバイザーによる巡回セールス＝5人▽不在地主の森林などの現況調査＝79人▽緑の流域環境保全＝18人▽自然環境保全のための現況調査と美化活動＝8人。

また、従来の山林保全事業基金から、森林景観保存に必要な道路や林道の周辺林の除間伐、風倒木の撤去など自然に親しむ環境づくりに27人を雇用する。

雇用者の大半は、地元の森林組合などに雇用を委託する。Iターンなどの就職希望を、全国のハローワークや県のホーム

「那智の滝」水源の森を歩く

9日、那智勝浦町「那智の滝」の水源となっている那智原始林（原生林）などを歩く「水源の森探案ツアー」が開かれ、東京などから約40人が参加した。聖域のため、普段は立ち入りできない。広い植林地から原生林域へ入ると、多様な植生の中に天然スギやモミノキの巨木の姿も。「自然林の土は、踏むとフカフカで、水がしみ出てくる」。参加者は原生林の豊かさに酔いしれていた。

（10面に関係記事）

めば、自然のいのちが蘇る。そして、人も蘇る。これは、和歌山県や林業関係者だけの問題にはとどまらない。自然と人間のかかわり方は、「いのち」そのものの問題として全世界の人々が真剣に取り組まなければならない今世紀の課題なのだ。人類は、目先の欲望であまりに自然を壊しすぎた。古来、自然と深くかかわって生きてきた我々日本人は、世界に先駆けてこの課題に取り組む義務がある。

「紅葉する木、実をつける木を植えて、路を大切にしていけたらと思います。熊野古道には〈自然林〉と〈並木道〉とがありました。江戸時代、三越峠―本宮間と小雲取越えには松並木があったと請川の古文書に記されています。当時の熊野古道は、大勢の人が行き来して、いまの国道のようなものだったのではないでしょうか」

小雲取越えの道に松並木があった。そこを、国道のように大勢の人が行き来していた様子は私にもイメージできる。国道とのちがいは何かといえば、そこに「祈り」があったことだろう。しかし、私が歩いた熊野古道から「祈り」はかすかにしか見えてこなかった。

四国八十八か所の遍路道には祈りと温もりと解放感があったが、熊野古道ではそこかしこで沈黙と拒絶を感じた。同じ「信仰の道」なのに、熊野権現はあらゆる人を受け入れたというのに、なぜ熊野古道は私を拒むのだろう――ずっとそう思いながら歩き続けた。

「修験道を歩かなければ、熊野古道の意味はわからない」と、何人もの方から聞かされたし、坂本さんもそのとおりだろうという。残念ながら、私はまだ大峯奥駆道を歩いていない。だが、那智原生林に触れて、いくらかその謎が解けたような気がした。現代の古道は、かつての定家の道ではなかったのだ。かつては、歴代の上皇や「蟻の熊野詣」の人々のいのちを回復させる力をもった、「生命体」の森が熊野を包んでいた。それがいまは消えている。そのうえ、人も通らなくなった。熊野古道は、いのちも役割も失っていた。だから、何も語りかけてくれなかったのではないか。

都会暮らしの私は、ちょっと郊外に出ただけでも空気のおいしさを感ずる。自然が大切なことは、ある程度理解していたつもりだった。だが、土も水も樹木も草も虫も動物たちも生きている森と、そうでない森のちがいは、那智の原生林に入ってみるまではっきりわからなかった。「生命」は、いのちの循環のなかで保たれる。「生」と「死」は生命の原理原則だが、あらゆる生き物は自らの死を容認しない。人もまた本能的に「生きよう」とし、生きる力を与えてくれるものを尊ぶ。それが純化し、信仰の対象にまで高められたのが熊野三山の自然だったのではなかろうか。

紀伊半島には、日本列島の自然が凝縮している。寒地性と暖地性、山地性と海岸性の多種多様の動植物が入りまじって棲息し、生命の「気」に包まれていたかつての熊野には、おそらく「神々が棲んでいた」のだ。熊野古道は、その神々の下へ通う道だったのだ。

古来、日本人は「自然」に親しんで生きてきた。そこに「神」の摂理をみた。自然を司る神々は、暮らしの隅々にまで降りてきて人々を包んでいた。現代は、「神」から遠ざかると同時に「自然」との関係も希薄になった。現代人は科学によって迷信から救われたが、古代人に比べて、どれほど自然を、いのちを、大切にしているというのだろう。

「熊野」を、たんなる「遺産」として歴史の博物館に閉じ込め、鑑賞の対象に終わらせてはならない。なぜなら、まだ科学の発達していなかった時代、自然の原理原則に則って生きたいにしえの人々が「霊地」と崇めたその場所は、大自然のいのち輝く所だったから。記紀の時代をはるかにさかのぼる昔から、人々はその「生命体」の懐に入って蘇り続けたのだから。

聖地熊野とそこへの道は、生きた緑の立体曼荼羅として、未来へ引き継いでいかなければならない。

熊野那智大社宮司・朝日芳英さんと語る

二〇〇三年四月一四日、南紀を訪ねる間にたまたまご縁をいただいた地元の方の紹介で、熊野那智大社に朝日芳英宮司さんをお訪ねした。この日は「桜花祭」で、午前中、桜花の小枝を付けた烏帽子に雅びな衣装の神主さんたちが大滝の前で祝詞を捧げ、髪に桜を飾った巫女さんの舞なども奉納されたようだったが、私は残念ながら時間的条件が整わず、これを観ることはできなかった。旅の間の急な訪問だったにもかかわらず、熊野古道を歩いているという私のために朝日宮司さんは、午後の貴重な時間を割いてお話を聞かせてくださった。

「世界遺産にも登録されることになって、いま熊野古道が注目されていますが、熊野古道という道がずっと存在していたわけじゃないんです」

桜花祭（写真提供：熊野那智大社）

熊野連山を一望する大きな明るいガラス戸の社務所の応接室で、開口一番、宮司さんは語った。

「私は一九五八年にここに就任しましたが、そのころ熊野古道はなく、熊野古道という言葉もありませんでした」

中世から大勢の人が歩き続けた熊野古道が、その呼び名さえ「なかった」という話に私は愕然としたが、以前、修験者の方に「道は、人が歩かなければ二週間で消えます」と聞かされたことを思い出した。明治の神社合祀令で多くの王子社が消えたことと、太平洋戦争まで続いた軍靴の響きのなかで、熊野古道に人の足音は絶えてしまっていたのだろう。

「蟻の熊野詣」の時代のように、大勢の人が熊野に来るようにならないものだろうか、という思いを、熊野三山とそのお膝元で暮らす人々は抱いていた。あるとき熊野那智大社を訪れた地元の方が、そのことを宮司さんに訴えた。

「人が来るには道が必要だ。まず、昔の熊野詣の盛んだったころの道を探してみよう」ということで、先代の篠原四郎宮司の呼びかけで「熊野の古い道を歩く会」が組織され、一九六〇年ごろから古道の探索が始まった。

「毎年春秋の彼岸休みに――彼岸は坊さんは忙しいが、神主は暇なんですよ――神官や地元の人たちが一〇〇人ぐらい参加して、埋もれていた熊野の古い道が少しずつ明らかになりました」

都合三～四年間、和歌山県下の熊野古道は熊野那智大社と地元の方々の努力で発掘されていったが、今日、固有名詞化している「熊野古道」という名称やその後の整備について

朝日芳英さん（背景は那智ノ滝）

は大社側はノータッチだという。憲法の「政教分離」の下では、市町村の行政と神社が手を携えて事にあたるのは難しい面があるらしい。

和歌山県内に入ってから「王子跡」の表示板と説明板が目立つようになり、ルートがわかりやすくなったのは嬉しかったが、それは「歴史の道」であって、熊野古道らしい信仰の香りがうすれていることに私はいささかとまどいを覚えていた。

四国八十八か所の遍路道（全長約一四〇〇キロ）には、非常にわかりやすい道しるべがある。これは町や村の公共機関がつくったものではなく、「へんろみち保存協力会」（松山市）主宰の宮崎建樹さんが三年がかりで独力で立てたものであるが、遍路道にマッチして違和感がない。不安定な時代背景や遍路を温かく迎える「お接待」の風習もあってのことと思うが、その道しるべと宮崎さん作成の詳細地図に導かれて近年徒歩遍路が急増し、幅広い年代層の人たちが四国路で心を洗っている。

熊野古道にふさわしい道しるべがほしい。だがその前に、「生きている」王子社、もしくはそれに代わる何かが必要だろう。道中に、住職在住の寺をもつ四国路と、王子社の消えた熊野古道のハンディは大きいが、たとえば古道沿いにある神社や寺が（熊野信仰には、もともと神道と仏教の隔てはなかったのだから）現代版王子社となり、旅人や地元の方々に熊野詣の意味や心構え、次の王子社へのルートなどを教え導くなど、できないものだろうか。

上皇の熊野詣が続いた中世の熊野は大いに栄えて政治的にも大きな力をもったが、承久の乱で後鳥羽院に加担せざるをえなくなり、結果的に衰退の憂き目をみる。次に一遍が現れ、やがて盛大な「蟻の熊野詣」時代を迎えるのだが、これは庶民の信仰による自発的参詣で、政治的意味合いはない。信仰とは、本来こうした個々人の魂に因ってこそ、健全な姿になるのだろう。

太平洋戦争以後、日本の神道はその羽をもぎ取られてしまったような感がある。神社数は激減し、維持してゆくのも困難な状況が続いているらしい。私は神道全般についてはあまり知らないが、熊野にみるかぎり、そこには古来からの日本人が尊び、大切にしてきた根源的モラルと安らぎが凝縮しているように思う。熊野にふれると、この日本という国土と、そこに生まれ育った日本人のもつ本来の美しさが見えてくる。

「私たちは、太陽が昇れば自然に手を合わせますね。那智ノ滝の前に来た人も、知らず知らずに手を合わせて、じっと滝を見つめています。アンドレ・マルロー（二九七ページ参照）もそうでした。大自然に感謝する気持ち、それが神道なんです。

ここには韓国の方も観光でよくみえますが、神前で頭を下げたくないという。理由《わけ》を聞くと、日本を戦争にかりたてた神様には頭を下げたくないのだと言う。私は言います、神が信じられなければ信じなくともいい、ただ、自然の恵みには感謝してくださいと」

戦争は、人間の奢りに根ざしていると朝日宮司さんは言う。

「いまもあっちこっちでやっていますが、メチャクチャやっておきながら、我々には神がついていて神風が吹く？　そんなもの、吹きやしませんよ」

太平洋戦争時代の日本軍を引き合いに出しながら、九州男児の宮司さんは一刀両断で片づけた。戦争は、いつの時代でも、どんな理由があっても、大自然と生活者にとっては、問答無用の犯罪だ。

「出向いて挨拶するのは、感謝の最大の意思表示です。参詣とは、ありがとうの意思表示に出かけることで、この〝出向く〟という行為が熊野詣発生の根源でしょう。

仏教は、ほとけの教え。道を踏まえて教えを尊ぶのが神道。自らの足を使って、繰り返し行って、初めて道の意味が出来てきます」

上座《かみざ》は客間のもっとも奥まった所にあるが、地の果ての、奥まった所にある熊野は神の野であり、大地の上座（神座）、聖なる所と考えられた。人間たちのそうした想いに応えるように、熊野には感動的な大自然がある。なかでも那智の大滝は、それを見つめる者の魂を鷲づかみにして跪かせずにはおかない、圧倒的な力をそなえている。大滝の前では、もう、「なぜ」という小賢しい推理や疑問は成り立たない。言葉も消える。滝があって、その前に立つ自分がある、ただそれだけだ。大滝は熊野那智大社の信仰の原点であり、熊野三山の信仰は、とらえようもない大自然、宇宙の摂理に根ざしている。「神」とは、この大自然のエキスの代名詞ではなかろうか。

「それまでの教育の反動なんでしょうが、戦後、〝平等〟ばかりが謳われて、みんな平面で考えるようになってしまった。宇宙は、大きな球。〝縦〟の世界の存在も認識する必要があります。縦の世界というのは、たとえば親から子へ、子から孫へと受け継がれる世界です。人間としては対等であっても、親と子の関係は生命と知恵の伝達であり、平面的に割り切れるものではないでしょう。

この縦の関係をもっとも美しく表現したのが祭りです。祭りは、神人和合。自然、生命、祖先などへ感謝し、神々と人間たちがともに楽しみ、喜び合うものです。那智の祭りは、素晴らしいですよ」

宇宙……自然……日本人の心に帰らなければ……。世界的にも、いまそのときが来ているのでしょう、と朝日宮司さんは結んだ。

この二日後、私は宮司さんのお許しをいただき、那智大滝の源流域へ登る機会を得た。快晴の空の下、大社の庭師山本知さんの案内で、木漏れ日を踏みながら原生林をしばらく歩くと、眼前に幅一〇メートルぐらいの清冽な川が現れた。大小の岩を分けて、流れが限りなく透明な水を滔々と運んでいる。川上も川下も、樹々の枝が深々と覆いかぶさって、巨大な緑のトンネルの中を水路が走っているようだ。

「川上のほうには、泉のようなものがあるのですか?」と問うと、「いえ、地面のあちらこちらから滲み出た水が集まったものです」と山本さんは答えた。

原生林がたくさんの水を含んでいることは後藤伸さんから伺っていたが、毎日毎夜、大滝に毎秒一トンもの水量を落下させ続ける、この澄みきった川を、この原生林が潤していることには深い感動を覚えずにいられない。さらに、水源保全に尽力する、熊野那智大社と青岸渡寺、地元の方々の熱い思いと行動も胸を打つ。

ここ一〇数年、那智大滝がやせ細り、その姿の変わりようが注目されるようになった。「自然の国宝」ともいえる那智大滝が危ない。二〇〇一年、地元の那智勝浦町が動いた。

平成一年度に国から交付された「ふるさと創生資金」一億円をそっくり投じて、「那智ノ滝源流水資源保全事業基金」を設立したのである。那智の滝守である熊野那智大社の朝日芳英宮司と青岸渡寺高木亮亨住職は、感謝を込めて同基金に計五〇〇万円を寄付した。大滝の水資源保全のために、政教分離の原則を超えて、町と那智山が手を携えたのだ。

また、二〇〇二年元旦、地元紙の「紀伊民報」は、『那智の滝』水源の森の再生を」と題して、那智原生林の現状を憂慮する大がかりな特集を組み、広く読者に訴えた。とかく「明るく、おめでたい」記事で紙面を埋めたくなる、元旦の特集に、である。

人類は発生以来、自然の猛威と戦いながらも調和をはかって、その恩恵に浴してきた。しかし、産業革命が始まった一九世紀以降の、自然の原理原則を忘れた破壊行為はすさまじかった。それが、自然の一部である人間自身の首を絞める結果になることに、現在、世界中の人々が気づき始めている。だが一方で、自然との調和調整を二の次にし、生命よりも、欲望の充足を最優先する人間の奢りの拡大はとどまることを知らない。二一世紀は、人類の真の叡智が問われる時代と思われるが、自然は、人類の存続をいつまで許しておいてくれるだろうか。

紀伊民報
2002年(平成14年)1月1日 火曜日 第17713号
「植林は森林ではない」
那智原生林
滝の水源、どうすれば守れるのか
後藤伸さんと歩く
(写真1)「那智の滝」正面※本社撮影

「水はいのちの母です」と語った朝日宮司さんの言葉を思いつつ、この清冽な水を抱え込む原生林に、大地と天の営みに、私は深い感謝の祈りを捧げずにはいられなかった。

熊野を発つ

「御幸記」一行の帰路は、すさまじい強行軍だ。往きに一二日間かけた道を、帰りは五日間でこなしている。帰路初日の一〇月二一日は、本宮大社を出て近露に泊まっているが、この間、約二五キロ。これは並足の速度だが、翌日からがすごい。二二日はなんと約七五キロを踏破している。真砂《まなご》（清姫の里）で昼養し、日没後田辺の宿所を発って切目を過ぎ、鶏の鳴くころ、つまり夜明け近くに「イハ」の宿に着いて仮眠。「イハ」は日高川のほとりの岩内王子あたりであろう。二三日、日の出とともに日高川を渡り、小松原（御坊駅あたり）を過ぎて鹿ヶ瀬峠を越え、一一時ごろ湯浅の宿に入って、この日は「終日偃れ臥」して休息している。近露から湯浅まで、一〇〇キロ以上を仮眠しただけで飛ばしたのだから当然だろう。

二四日は雨の中の山越え。藤代の宿所で昼食し、夕方には信達宿（大阪府下）に入っている。距離は五五～六〇キロぐらいだが、「雨甚し。路頭度を失ふ」。もう、難路に馴れたはずの定家が平常心を失ったというのだから、いくつもの険しい峠を越えるこの道は大雲取越えに匹敵するような状況だったかもしれない。信達からは緩やかな道とはいえ、二五日は「皆瀬」の宿まで約八五キロも進み、翌二六日、京に帰着している。

いくら輿や馬を使ったとしても、険しい山坂を越えて、一日平均六、七〇キロはかなりのハイペースだ。それに、乗り物を使える身分の人より、荷物を負って全コース歩かなければならない従者のほうがはるかに多かったはずで、これが通常の速度としたら感心するほかはない。また、狭い輿の中で終日脚を折りたたんで揺られている側も楽ではなかったにちがいない。

定家はすでに往路で中辺路に入るあたりから体調を崩したが、ときどき輿に乗る以外はほとんど通常どおりに動いているのも驚かされる。旧暦一〇月は新暦の一一月、寒風の吹く日もあったにちがいないが、風邪だろうが腹痛だろうが水垢離は欠かさず、深夜の山越えをし、夜更けの和歌会にも必ず呼び出されている。この熊野御幸に定家はよほど懲りたとみえて、その後、二四回（あるいは二七回）繰り返された後鳥羽院の熊野詣に随行した様子はない。

私は同じコースで帰ることはやめて、紀伊半島中央部を通って奈良県五条市へ向かう特急バス(7)に乗った。新宮駅から終点の大和八木駅までは六時間ほどかかる。

九時、バスはわずかな客を乗せて新宮駅前を発車し、国道42号を南下していった。車窓に、「つれもてしようらシートベルト」の交通標語。「つれもてしよら」は「みんなでしましょうよ」という和歌山地方の方言で、日常的によく使われる言葉らしい。

まもなく右折して国道１６８号に入り、ゴトビキ岩の山を潜る越路トンネルを抜けると

7．特急バス：2003年現在、奈良交通バスが運行中。出発時刻が変わっているので最新の時刻表で確認のこと。

右手に悠然と流れる熊野川が現れた。小雲取越えをした日、鮎の釣り場探しに来た男性たちの乗用車で走った道だ。あのときはコバルトブルーだった川が緑色に変わっている。対岸の崖を見て「すごい崖ですね」と言ったら、「崖じゃありません。建材用に削り取った跡です」と支店長が説明してくれた〝崖〟も見える。山はもう四分の一ほども削り取られている。

高田口トンネルを通過すると、まさしく「掌《たなごころ》を立てたような」山が大きく高く迫ってきた。観光ジェット船の発着場「志古」を通過し、トンネルを抜けると眼下の瀞峡を白いジェット船が上ってゆくのが見える。熊野川の淵に岸壁がそそり立つ山水画のような世界が展開するが、船から仰ぎ見たらかなりの迫力だろう。

「小雲取登山口」の表示板が立つ下地橋バス停を過ぎて橋を渡ると、川が左手に変わった。熊野川の支流、大塔川だ。道幅も川幅も狭くなり、流れの音が聞こえるまでに接近する。川湯温泉、渡瀬《わたぜ》温泉を過ぎて山あいの林道に入り、山を巻くように登り続けて湯ノ峯温泉を通り、ひと山越えて、一〇時二三分、本宮大社前に着いた。こうして海辺の新宮からさかのぼってみると、熊野本宮大社がいかに険しく奥深い位置に祀られたか、徒歩で深山に分け入った当時の人たちの目に、大斎原の中州の森に立つ大社がどれほど神秘的に映ったか、わかるような気がする。運転手が降りて、バスは五分間の小休止。足の不自由な老女が杖にすがりながら下車し、一ノ鳥居前で礼拝をすませてバスに戻った。六〇代ぐらいの男性が一人乗客に加わる。

右手に熊野川を眺めながら、バスは流れをさかのぼるように走り続ける。やがて越える果無山脈の峰々を、厚い雲が覆っている。大井口からバスはいったん川と別れて山中に入ったが、再び右手に川が現れた。行く手に立ちふさがるようにそびえる山の中腹に、ひとかたまりの集落が見える。果無山脈の圧倒されるほど深い山あいの急傾斜地で、県境の奈良県南端にポツンと拓かれた十津川村七色。林業を営む人たちの村であろうが、これほど深い山地の集落を私は初めて目にした。右手の断崖の下を十津川が流れ、急カーブが続く。バスから見下ろしているだけで膝が震えてくるような深い谷底にチラリとダムが見え、車がやっとすれ違える程度の道を下って、一一時三分、ダム湖畔の十津川温泉に着いた。ここで七分の休憩になる。「時間があまりありませんから、トイレに行くだけにしてください」と、運転手さんが乗客に注意を促した。

このあたりは山間の平地で、熊野川と同じ緑色の水を湛えたダム湖の中央に噴水が上がっている。バス停の近くは温泉旅館が立ち並んで賑やか。ここで乗客が一気に増えて、バスはほぼ満席になった。十津川温泉の西の玉置山《たまきさん》には、熊野三山の奥ノ院ともいわれる玉置神社があり、（まったく古人の健脚には唖然とするほかないが）花山院、白河院、後白河院などは熊野から十津川に来て詣でたという。玉置神社には天然記念物の大杉が群生し、格別に身の引き締まるような雰囲気が漂っているというが、そこへ行くには十津川温泉からタクシーで四〇分、さらに二〇分ほど歩いて登らねばならないらしい。紀伊山地のど真ん中にある秘境十津川は、ついでに立ち寄ってすむような地域ではない。いずれ改めて訪ねることにして、バスの旅を続けた。

十津川村の集落がずっと続いているものの、左は川、右は切り立った山肌で細いカーブの道が続く。「この先、転落するぞ」「スピード落とせ」の表示。高滝口、人家なし。さすがに十津川村役場あたりは開けていて、歴史民俗資料館、道の駅などがあり、十津川の流れに釣り糸を垂れる人の姿も見える。

川を右に左にしながら、一二時一〇分「上野地《うえのじ》」に着き、一二時三二分まで昼の休憩になる。釣り具の古びた看板を掲げた家があるところをみると渓流釣りの村らしい。小さな集落に数台の観光バスが駐《と》まってゾロゾロ人が歩いているが、地元の人の姿は見えない。「谷瀬《たにせ》の吊り橋」のたもとに一軒あるだけの食堂は、昼食をとる観光客であふれ返っている。停車時間は二〇分しかないので、売店でパンを買い、バスで食べることにした。

十津川の渓流に架けられた長い吊り橋の入り口にも大勢の人がたむろしている。吊り橋の常で、一度に大勢渡れないから順番待ちをしているらしい。水面からの高さ五四メートル、長さ二九七メートル。ワイヤーに板を敷いただけだから、隙間から足下の川が見えるし、揺れも激しいのだろう、途中まで渡りかけた中学生ぐらいの男の子が「こわ〜っ！」と叫びながら引き返してきた。

昼休みを終えたバスは予定通りに発車し、広い十津川村を出て同じように広い大塔村《おおとう》に入った。古い旅館も見えるが、断崖の底を谷川が流れ、そのわずか上の細い道沿いの崖にへばりつくように家々が並んでいる。

一三時一分、大塔村役場の前を過ぎたが、熊野古道の富田川沿いにも同名の村があった。県がちがうし、地理的にも遠く離れているが、二つの村に共通するのが大塔宮護良《おおとうのみやもりよし》親王（一八九ページ参照）だ。護良親王は、鎌倉幕府を倒して建武中興を実現し、のちに南朝

谷瀬の吊り橋

を開設した後醍醐天皇の第一皇子。若くして天台座主となったが還俗し、父とともに倒幕の構想を立てる。その密議が漏れて天皇は隠岐に流され、親王は吉野、熊野、十津川に落ち延びるのだが、熊野から十津川へ逃れた護良親王が、さらに北上していまの大塔村あたりに潜伏した様子が『太平記』に記されている。奈良県の大塔村の地名はこれに由来し、それまで「十二村荘」と読んでいた地名を明治に入ってから改称した（『街道をゆく12 十津川街道』参照）。

和歌山県の大塔村は、一九五六年に鮎川、三川、富里の三つの村が合併して誕生した村で、やはり大塔宮護良親王に因むとされている。同村には護良親王の剣を祀る剣神社（明治末年、近くの住吉神社に合祀）があり、東には大塔山もあるが、山名は古くからのもので、山頂の「大きな鞍部（＝おおたわ）」から名づけられたと地元の古記にあるという（『和歌山県の歴史散歩』参照）。

猿谷トンネルを抜けると、目のさめるような猿谷貯水池沿いの道に出た。橋を渡り、またトンネルに入る。西の山の向こう側は弘法大師空海開山の「高野山」、東は修験道の根拠地「天川村《てんかわ》」。バスはダム湖の縁を回り込んで、五条・西吉野と天川村の分岐点「阪本」を通過し、大塔村北端の、最後の峠「天辻」に向かって上ってゆく。

紀伊半島は、想像を絶する高波のうねる地球創成時代の海がそのまま陸地となって固まったような地形をしている。次々に行く手に立ちはだかる険しい山なみを上り、また深いトンネルをくぐり抜けて進むバスが、大波に翻弄されながら大海を乗り切ろうとする小舟のように思えてくる。

乗鞍岳（九九三メートル）の西の鞍部に穿《うが》たれた長さ一キロ余りの新天辻トンネル（一九五九年竣工）を抜けて西吉野に入ると、バスはブレーキテストをしてから下りにかかった。山が開いてきたような感じ。しだいに平地面積が広がってだんだん人家が増え始め、やがて町に入った。無意識の緊張の糸がほどけたらしく、バスのシートに初めてドッと身を委ねた。

吉野川の大川橋を渡り、一四時五分、五条駅に着き、五条バスセンターで小休止してから広い舗装道路を軽快に走り続ける。坂を越えると、さらに大きな街が地平線まで広がって見えた。市街に入ってからひどい渋滞に遭って二一分遅れとなったが、近鉄御所《ごせ》駅、高田市駅を経て、一五時二一分、終点の大和八木駅に到着し、バスの旅は終わった。

軽い目まいを覚えながら、乗客の最後にバスを降りた。街も、人波も、渋滞さえも、なぜかひどく懐かしい。私は浦島太郎さながらにカメならぬバスに乗せられて熊野から送り返され、たったいまここに放り出されたような気がする。

海、空、滝、岩、森、それに人……熊野古道の旅の、ありとあらゆる記憶がフラッシュバックし、車窓から眺めた紀伊山地の圧倒的な山塊風景がそれに重なる。険しい紀伊半島の奥の、自然神の棲む「隠国《こもりく》」が遠く宝石のように輝いて思い起こされた。

記憶の玉手箱を抱えて、顔見知りは誰一人いない街を呆然と歩く。南紀熊野に続く快晴の空がまぶしい。

あとがき

京都から熊野三山までおよそ三〇〇キロあまり。熊野古道の旅は、遠かった……といっても、距離だけのことではない。人が歩いて旅をした時代の遠さであり、熊野古道に流れた悠久の時の長さである。

藤原定家の「御幸記」の道をたどってみようと出発はしたものの、人家が少なく、宿の施設も食料も不十分で、野にはケモノが満ちていた中世当時の旅は、いくら歩いてみても体験できないし、想像がつかない。近世の「蟻の熊野詣」の時代になって、街道の往来が盛んになり、宿や茶店が軒を連ねていたころの風景さえ、思い描くのは困難だった。王子社も巡礼の姿もなく、海岸は埋め立てられ、山も切り拓かれ、住宅が密集し、鉄道や自動車道が敷かれて、歩いて旅をする必要のなくなった今日の熊野古道から、いったい何が見えてくるのか、想像も予想もできなかった。

だが、「日本の原郷」と言われる熊野に続く古道は、万華鏡を覗き見るようなおもしろさに満ちた道だった。そこには教科書からは知り得ないこの国の歴史が、伝説・伝承とまじり合い、幾層にも折り重なり合って隠れていた。私は「現在の道」を歩きながら、「過去への階段」を何度も昇り降りしなければならなかったが、私の頭のなかで孤立していた一つ一つの歴史や物語がつながりあい、しだいに大きな輪郭ができて、なんの変哲もない風景のなかにいきいきと立ち上がってゆく。「点」との出合いが関連しあって「線」となり、「面」に広がり、やがて「立体」に生長してゆくようなおもしろさは、熊野古道の、それも徒歩の旅ならではの醍醐味だったかもしれない。

それにしても、熊野のなんと〝奥深い〟ことか。今回の旅ではついに足を延ばせなかった所、調べつくせなかった事柄も多く、初心者の私は、結局「熊野」というヒマラヤのトレッキングしか果たせなかった。

「御幸記」を含む藤原定家の日記『明月記』の現代語訳がなかったことは、古文に疎い私にとって大きな痛手だった。十分に読みこなすことができなかったことを読者の皆様にはお詫びするほかないのだが、「古語辞典」と数冊の解説書の助けを借りて拾い読みする間に、なんとか概略だけは理解できたように思う。

財団法人三井文庫（東京・中野区）には、定家自筆の「熊野御幸記」（国宝・「熊野道之間愚記」）が所蔵されている。『明月記』とは別に「熊野道之間愚記」と題した記録があるのは、定家の旅日記を読みたいとせがむ周囲の要請にこたえて公開したのかもしれないが、部分的にわずかな表現の違いがあるだけで、内容は『明月記』のままだ。

小松原（現・御坊駅付近）でのこと。定家は、先に宿所に入っていたにもかかわらず、後から来た身分の高い内府の家人によって追い出されてしまう。「只人の涯分に依りて偏頗するか」と怒りをあらわに記しているが、それもそのまま書かれている。「熊野道之間愚記」が公開のためのものなら、当然「内府」なる人も読むにちがいないのだが、定家は遠慮していない。

「承久の乱」の当時、定家は後鳥羽院の勅勘を被って自宅謹慎中だったが、これは、ある日突然現れた後鳥羽院の使いの者たちが、定家邸の庭の柳二本を強引に持ち去ったことへの抗議を込めて巧みに詠んだ歌が後鳥羽院の目にふれ、激怒を買ったことによる（『定家明月記私抄続篇』参照）。

身分制度の厳しい時代にあっても、定家は持ち前の真っ直ぐな気性を折ろうとはしなかったようだが、華奢な定家のどこからこの激烈なエネルギーが湧いてくるのだろうか。また、比較的現代人に近い感覚の人だったらしく、「御幸記」には人間的でユーモラスな側面も見え隠れして、思いのほか親しみを覚えた。二〇〇三年二月五日付けの朝日新聞によれば、注釈と細かな人名索引を付けた『訓注明月記』（稲村栄一著、松江今井書店）が昨年末出版されたとのことなので、おりをみて、もう一度『明月記』を拾い読みして定家に再会したいと思っている。

旅の重要な要素の一つに「人との出会い」がある。そこには藤原定家をはじめとする歴史上、伝説上の人物も含まれるのだが、現在に生きる人との出会いがあって初めて、歴史も風景も血肉をもって立ち上がってくるように思う。今回の旅では、多くの地元の方々との出会いに恵まれ、貴重なお話をうかがうことができた。本書にそのすべてを記すことはできなかったが、道を教えてくださった方、挨拶してくださった方も含めて、心に残る旅を創ってくださったお一人お一人に深謝申し上げたい。一人旅では、出会った方のほほえみや、たったひと言の挨拶も心に温かく刻み残される。

ただそのなかで、「いちいがしの会」会長の後藤伸先生が本年一月二七日に逝去されたのが残念でならない。二〇〇一年の晩秋、「ふるさと自然公園センター」に後藤先生をお訪ねした日のことがありありと思い起こされる。この日と、「那智原生林探索ツアー」の講演で、私は後藤先生の〝集中講義〟を受けて「熊野古道」への認識を新たにした。熊野と熊野古道を過去の文献の中だけに探っていくと巨大迷路のような闇に突入してしまうのだが、後藤先生の指し示す「生命」に視点を据えたとき、熊野と熊野古道がイキイキと光り輝いて見えはじめたのだった。あつい感謝とともに、後藤伸先生のご冥福をお祈りしたい。

なお、後藤先生は没後、初の「南方熊楠特別賞」を受賞された。かけがえのない先達を失った哀しみは大きいが、熊野という地は、第二第三の熊楠や後藤先生を生み出す無限のエネルギーを秘めているように思われてならない。

私たち日本人の感性が自然と深く結びついていることは、たとえば「雨」一つとってみても、時雨・五月雨・梅雨・驟雨・穀雨・氷雨等々があるように、自然を表す言葉の豊富さを思うだけでも明らかだが、熊野信仰の〝謎〟をひもといてゆけば、私たち日本人が遠い祖先から受け継いできた感性、信仰の域にまで高めて大切にしようとした「何か」に触れて、自分自身への理解も深まるような気がする。古代から近代まで、熊野詣がなぜ長い間続いたか、何が大勢の人々を熊野に引き寄せたかを別の角度から問い直しながら、熊野詣の道をもう一度歩いてみたいと思っている。日本の原郷熊野の魅力は尽きない。

なお、タイトルを『「熊野古道」みちくさひとりある記』としたが、本書は一人歩きを勧めているわけではない。私が歩いたかぎりでは、熊野古道は総じて一人歩き向きの道ではなく、地元の人に出会うことも少ないので、安全面からも二人以上で行くことをお勧めする。また、気の合った仲間同士であれこれ話し合いながら歩けば、旅の収穫はより大きなものとなるだろう。熊野古道は「話題」には事欠かない道である。

複雑で長い歴史を擁する「熊野古道」の旅は、浅学非才の私には予想以上の時間を費やす結果になってしまった。この間、貴重な情報提供やさまざまな便宜をはかってくださった現地の方々、取材の足場にと長期にわたる滞在を許してくださった関西のK・Mさん、忙しい時間を割いて上町台地やミナミを案内し、大阪の特徴を教えてくださった東方出版株式会社の稲川博久さん、いつも温かい励ましで包んでくれた恩師や友人、そして最後まで辛抱強く見守り、出版の機会を与えてくださった株式会社新評論社長武市一幸氏に、心からの感謝と御礼を申し上げます。

二〇〇三年　七月　一四日

細　谷　昌　子

参考文献一覧

・網野善彦『日本とは何か』講談社、二〇〇〇年
・有吉佐和子『紀の川』新潮社、一九六四年
・歩く旅シリーズ『熊野古道を歩く』山と渓谷社、二〇〇〇年
・石部正志・藤田友治・古田武彦編著『天皇陵を発掘せよ』三一書房、一九九三年
・宇江敏勝『熊野草紙』草思社、一九九〇年
・上田秋成『雨月物語』＝石川淳『新釈雨月物語』角川書店、一九九四年
・梅原猛『海人と天皇』新潮社、一九九五年
・梅原猛『日本の原郷　熊野』新潮社、一九九〇年
・永積安明『太平記』岩波書店、一九八四年
・大阪府の歴史散歩編集委員会『大阪府の歴史散歩』山川出版社、一九九〇年
・織田作之助『木の都』（ちくま日本文学全集『織田作之助』所収）筑摩書房、一九四四年
・梶原正昭校注・訳『義経記』（日本古典文学全集）小学館、一九七一年
・上方史蹟散策の会編『熊野古道』向陽書房、一九九五年
・熊野路編さん委員会編『熊野中辺路――歴史と風土――』熊野中辺路刊行会、一九九四年
・栗田勇・橘俊道・足助威男・越智通敏『遊行ひじり一遍』愛媛県文化振興財団、一九八四年
・神坂次郎『縛られた巨人』新潮社、一九九一年

・神坂次郎『熊野まんだら街道』新潮社、二〇〇〇年
・後白河法王撰『梁塵秘抄』（小林芳規・武石彰夫・土井洋一・真鍋昌弘・橋本朝生校注『新日本古典文学大系56　梁塵秘抄　閑吟集　狂言歌謡』）岩波書店、一九九三年
・小松茂美編『続日本の絵巻　法然上人絵伝』中央公論社、一九九〇年
・小松茂美編『日本の絵巻　一遍上人絵伝』中央公論社、一九八八年
・小松茂美編『日本の絵巻　信貴山縁起』中央公論社、一九八七年
・五来重編『吉野・熊野信仰の研究』名著出版、一九七五年
・坂村真民『一遍上人語録　捨て果てて』大蔵出版、一九八一年
・坂本太郎・家永三郎・井上光貞・大野晋校注『日本書紀』岩波書店、一九九四年
・十返舎一九『東海道中膝栗毛』（『十返舎一九全集〈第一巻〉』所収）日本図書センター、一九七九年
・司馬遼太郎『街道をゆく　四　郡上・白川街道、堺・紀州街道ほか』朝日新聞社、一九七八年
・司馬遼太郎『街道をゆく　十二　十津川街道』朝日新聞社、一九八〇年
・司馬遼太郎『八咫烏』（新潮文庫『果心居士の幻術』所収）新潮社、一九七七年
・住心院僧正實意『熊野詣日記』（宮内庁書陵部編『圖書寮叢刊　伏見宮家九条家旧蔵　諸寺縁起集』所収）明治書院、一九七〇年
・白洲正子『西行』新潮社、一九八八年
・白洲正子『明恵上人』新潮社、一九九九年
・神道大系編纂会編『神道大系（文学編五）参詣記』神道大系編纂会、一九八四年
・武田祐吉訳注／中村啓信補訂解説『古事記』角川書店、一九七七年

・戸田芳実『中右記――躍動する院政時代の群像』そしえて、一九七九年
・中上健次『紅の滝』（講談社文芸文庫『化粧』所収）講談社、一九九三年
・西口　勇『くまの九十九王子をゆく』燃焼社、一九九八年
・藤原宗忠／増補「史料大成」刊行会編『中右記』臨川書店、一九六五年
・藤原定家／今川文雄訳『訓読明月記』河出書房新社、一九七七年
・藤原定家『明月記』国書刊行会、一九一一年
・藤本篤・前田豊邦・馬田綾子・堀田暁生『大阪府の歴史』山川出版社、一九九六年
・堀田善衛『定家明月記私抄』新潮社、一九八六年
・水原一　考定『新定　源平盛衰記』新人物往来社、一九八八年
・森浩一『日本神話の考古学』朝日新聞社、一九九九年
・和歌山藩編纂『紀伊續風土記』（復刊）歴史図書社、一九七〇年
・和歌山県高等学校社会科研究協会編『和歌山県の歴史散歩』山川出版社、一九九三年
・「橋弁慶」（藤井隆編著『未刊　御伽草子集と研究（二）』所収）、未刊国文資料刊行会、一九五七年

著者紹介

細谷　昌子（ほそや・まさこ）

1941年、東京生まれ。
女子美術大学卒。
1973年よりフリーで出版物編集関連の仕事に従事。
著書『詩国へんろ記』（新評論、1999年）

「熊野古道」みちくさひとりある記　（検印廃止）

2003年8月31日　初版第1版発行

著　者　細　谷　昌　子

発行者　武　市　一　幸

発行所　株式会社　新　評　論

〒169-0051
東京都新宿区西早稲田3-16-28
http://www.shinhyoron.co.jp

電話　03(3202)7391番
振替・00160-1-113487

定価はカバーに表示してあります。
落丁・乱丁はお取替えします。

印刷　フォレスト
製本　桂川製本
装丁　山田英春
写真　細谷昌子
（但し書きのあるものは除く）

ISBN4-7948-0610-8 C0026
Printed in Japan